CHRISTOPH HIRSCH

Kulturhoheit und Auswärtige Gewalt

Schriften zum Öffentlichen Recht

Band 70

Kulturhoheit und Auswärtige Gewalt

Von

Dr. Christoph Hirsch

DUNCKER & HUMBLOT / BERLIN

Die Arbeit wurde im Frühjahr 1966 abgeschlossen

Gedruckt 1968 bei Alb. Sayffaerth, Berlin 61
Printed in Germany

Inhaltsverzeichnis

Zweiter Teil

Abschluß und Transformation übergreifender Verträge nach dem Grundgesetz

Abkürzungsverzeichnis

AA	= Auswärtiges Amt
AJIL	= The American Journal of International Law
AöR	= Archiv des öffentlichen Rechts. Tübingen (1. 1886 ff.)
aRV	= alte Reichsverfassung (Verfassung des Deutschen Reichs vom 16. April 1871, RGBl S. 64)
AVR	= Archiv des Völkerrechts
BGBl. I; II	= Bundesgesetzblatt Teil I; Teil II (1951 ff.)
BK	= Bonner Kommentar (Kommentar zum Bonner Grundgesetz). Hamburg 1950
BR	= Bundesrat
Bulletin	= Bulletin des Presse- und Informationsamtes der Bundesregierung (1. 1951)
BVerfG	= Bundesverfassungsgericht
BVerfGE	= Entscheidungen des Bundesverfassungsgerichts (1. 1952 ff.)
CCC	= Council for Cultural Cooperation
DÖV	= Die Öffentliche Verwaltung. Zeitschrift für Verwaltungsrecht und Verwaltungspolitik, Stuttgart und Köln (1. 1948 ff.)
DVBl	= Deutsches Verwaltungsblatt, Köln-Berlin (65. 1950 ff.) vorher: Deutsche Verwaltung
EWG	= Europäische Wirtschaftsgemeinschaft
EWGV	= Vertrag zur Gründung der Europäischen Wirschaftsgemeinschaft vom 25. 3. 1957
Fschr	= Festschrift
GG	= Grundgesetz für die Bundesrepublik Deutschland v. 23. 5. 1949 (BGBl. S. 1)
GG-Bericht	= Schriftlicher Bericht zum Entwurf des Grundgesetzes für die Bundesrepublik Deutschland. Parlamentarischer Rat. Bonn 1948/49
GVBl.	= Gesetz- und Verordnungsblatt
HA-Prot.	= Verhandlungen des Hauptausschusses des Parlamentarischen Rates. Bonn 1948/49
HChE	= Herrenchiemseer Verfassungsentwurf (Entwurf eines Grundgesetzes für den „Bund deutscher Länder“)
HdbDStR	= Handbuch des Deutschen Staatsrechts. Hrsg. von Gerhard Anschütz und Richard Thoma. Tübingen 1930 und 1932.
JöR	= Jahrbuch des öffentlichen Rechts der Gegenwart, Tübingen (N. F. 1951 ff.)

JZ	= Juristenzeitung, Tübingen (6. 1951 ff.; Fortsetzung von: Deutsche Rechtszeitschrift u. Südd. Juristenzeitung)
KMK	= Kultusministerkonferenz
Konkordatsprozeß	= Der Konkordatsprozeß In Zusammenarbeit mit Hans Müller hrsg. von Friedrich Giese und Fr. August v. d. Heydte. München 1956. (Veröffentlichungen des Instituts für Staatslehre und Politik, Mainz, Bd. 7)
L. ed.	= United States Supreme Court Reports Cases Argued and Decided in the Supreme Court of the United States. Lawyers Edition. Rochester N. Y. 1903 ff.
NJW	= Neue Juristische Wochenschrift, München u. Berlin (1. 1947/48 ff.)
OECD	= Organization for Economic Cooperation and Development
Proceedings	= Proceedings of the American Society of International Law
Prot.	= Berichte und Protokolle des 8. Ausschusses der Verfassungsgebenden Deutschen Nationalversammlung über den Entwurf einer Verfassung des Deutschen Reiches. Berlin 1920 (Aktenstück Nr. 391)
Rdn.	= Randnummer
RGBl. I; II	= Reichsgesetzblatt (1871—1945); ab 1922: Teil I u. Teil II
Sten.	= Stenografisch(e)
StenProt.	= Stenografische(s) Protokoll(e)
Triepel, Quellen	= Heinrich Triepel, Quellensammlung zum Deutschen Reichsstaatsrecht. 5. Aufl. Tübingen 1931
Unesco	= United Nations Educational, Scientific and Cultural Organization
VVdStRL	= Veröffentlichungen der Vereinigung der Deutschen Staatsrechtslehrer, Berlin (1. 1924 ff.)
Wehrbeitrag I, II	= Der Kampf um den Wehrbeitrag. Zweiter Band der Veröffentlichungen des Instituts für Staatslehre und Politik e. V. Mainz. Halbband 1: Die Feststellungsklage. Halbband 2: Das Gutachtenverfahren. München 1952/53
WRV	= Weimarer Reichsverfassung (Die Verfassung des Deutschen Reichs vom 11. August 1919, RGBl. S. 1383)
ZAkDR	= Zeitschrift der Akademie für Deutsches Recht
ZaöRuVR	= Zeitschrift für ausländisches öffentliches Recht und Völkerrecht, begründet von Bruns (1. 1929—12. 1944; 13. 1950/51 ff.)

Einleitung

Es gehört zum Wesen des Bundesstaates, daß die staatlichen Aufgaben zwischen dem Zentralstaat und den Gliedstaaten aufgeteilt sind. Zu den wichtigsten Zuständigkeiten des Bundes gehört regelmäßig die Außenpolitik. Da aber die Außenpolitik selbst vielfältig auf fast alle innerstaatlichen Bereiche zurückwirkt, sprengt sie das System der Kompetenzaufteilung nach Gesetzgebungsbereichen. Der immer stärker werdende „Zusammenhang der Innenpolitik mit der Außenpolitik, für die der Bund allein zuständig ist“[1], läßt die Frage unausweichlich werden, ob die außenpolitische Gestaltungsfreiheit des Bundes oder die Selbständigkeit der Länder den Vorrang hat.

Die vorliegende Arbeit beschäftigt sich mit diesem bundesstaatlichen Problem. Ihr Titel müßte deshalb etwas ausführlicher „Kulturhoheit *der Länder* und Auswärtige Gewalt *des Bundes*“ heißen. Denn nicht die Begriffe Kulturhoheit und Auswärtige Gewalt stellen als solche schon Gegensätze dar; die Problematik ergibt sich erst aus der Zuständigkeit des Bundes für die auswärtigen Angelegenheiten und der Zuständigkeit der Länder für die Kulturpolitik.

Solange es nur darum geht, die Bundesrepublik in internationalen Gremien zu repräsentieren, ist der Vorrang, ja die Alleinzuständigkeit des Bundes unbestritten. Zum Konflikt wird der latente Gegensatz erst bei dem Abschluß von Verträgen des Bundes, die Fragen der Landesgesetzgebung betreffen. Wenn diese Verträge mit ihrer innerstaatlichen Geltung den Rechtszustand der Länder ändern, dann steht die Forderung nach unbeschränkter völkerrechtlicher Bindungsfähigkeit des Bundes der Forderung nach strikter Unantastbarkeit des Landesbereichs in voller Schärfe gegenüber. Die Kernfrage, mit der sich die vorliegende Arbeit zu beschäftigen hat, lautet deshalb: Darf der Bund Verträge schließen, die Fragen der Landesgesetzgebung betreffen? Wenn ja, hängt ihre innerstaatliche Geltung von einer Entscheidung der Länder ab?

Da mithin im folgenden sehr oft von den Verträgen des Bundes die Rede sein wird, die Gegenstände der Landesgesetzgebung betreffen, ergibt sich die Notwendigkeit, für sie eine abkürzende Bezeichnung zu finden. Sie werden hier *„übergreifende Verträge“* genannt, weil sie

---

[1] Werner *Weber*, Spannungen und Kräfte im westdeutschen Verfassungssystem, S. 75.

ihrem Gegenstand nach in das Gebiet der Landesgesetzgebung übergreifen. Dieser Ausdruck selbst soll also keine wissenschaftliche Erkenntnis repräsentieren, sondern nur der vereinfachten Verständigung dienen.

Da die Kulturpolitik neben der „Ausgestaltung der eigenen Verfassungs- und Verwaltungsorganisation einschließlich des Kommunalwesens"[2] nach dem Grundgesetz den Kern der Vorbehaltsmaterien der Länder bildet und im Gegensatz zu den übrigen Gebieten einer internationalen Regelung zugänglich ist, bildet das Schul- und Hochschulrecht das Gebiet, auf dem sich der Gegensatz zwischen außenpolitischen Interessen des Bundes und der Eigenständigkeit der Länder am deutlichsten ausprägt. Die Lösung dieses Zuständigkeitskonflikts ist „um so dringender, als die Kulturabkommen mehr und mehr zum Bestandteil der allgemeinen Außenpolitik werden, die nicht den Gliedern, sondern dem Bundesstaat zusteht"[3].

Der sachliche Inhalt der Verträge ergibt jedoch keine juristische Kategorie. Entscheidend ist nur die Frage, ob ein Vertragsgegenstand zum Bereich der Bundes- oder der Landesgesetzgebung gehört. Die Problematik der übergreifenden Verträge wird deshalb im folgenden ganz allgemein behandelt. Das gilt besonders für den ersten Teil der Arbeit, der eine Übersicht über die entsprechende Rechtslage in den USA und der Schweiz gibt und die Rechtsentwicklung im Deutschen Kaiserreich und in der Weimarer Republik nachzeichnet. Hier sind auch die Vertragsschlußrechte der Gliedstaaten behandelt. Nicht in ihren theoretischen Teilen, sondern nur in dem Abschnitt, der auf die Praxis der Bundesrepublik Deutschland eingeht, hat die Arbeit deshalb einen ausgesprochen kulturpolitischen Akzent (S. 58—63). Die Erörterung der durch das Grundgesetz getroffenen Regelung im zweiten Teil der Arbeit schließt wieder alle Verträge ein, die sich auf Vorbehaltsmaterien der Länder beziehen.

---

[2] Werner *Weber*, a.a.O, S. 77.

[3] *Mosler*, ZaöRuVR, Bd. 16, S. 7.

Erster Teil

Rechtsvergleichender Historischer und Politischer Überblick

A. Die Zuständigkeit zum Abschluß völkerrechtlicher Verträge in den USA und in der Schweiz

I. Die USA

1. Das Vertragsschlußrecht der Einzelstaaten

a) Art. I, Abschnitt 10 der Verfassung der Vereinigten Staaten bestimmt:

„(1) Kein Einzelstaat darf einen Vertrag, ein Bündnis oder eine Verbindung eingehen...

(3) Kein Einzelstaat darf ohne Zustimmung des Kongresses... mit einem anderen Einzelstaat oder mit einer auswärtigen Macht Vereinbarungen oder Abkommen eingehen ...[1]."

Damit sind den Einzelstaaten der Union drei Arten von völkerrechtlichen Verträgen, nämlich „treaties", „alliances" und „confederations" verboten; aber auch der Abschluß der verbleibenden „agreements" oder „compacts" ist ihnen nur mit Zustimmung des Kongresses erlaubt. Wie sich die erstgenannte Gruppe von der zweiten unterscheidet, ist im einzelnen nicht klar. Offenbar sollte den Einzelstaaten die Möglichkeit, Vereinbarungen mehr technisch-verwaltungsmäßiger Art einzugehen, erhalten bleiben. Eine eindeutige Kompetenzabgrenzung stellen die gewählten Bezeichnungen aber nicht dar[2]. Fest steht jedoch, daß Verträge von grundsätzlicher politischer Bedeutung den Gliedstaaten verwehrt sind[3].

b) Diese Beschränkung hat dazu geführt, daß die amerikanischen Gliedstaaten von den ihnen verbliebenen Möglichkeiten des Vertrags-

---

[1] „(1) No State shall enter into any Treaty, Alliance, or Confederation;...
(3) No State shall, without the Consent of Congress... enter into any Agreement or Compact with another State, or with a foreign Power..."

[2] *Crandall*, S. 141; *Paur*, S. 21 f.; *Bernhardt*, S. 77.

[3] *Willoughby*, S. 306.

schlusses nahezu gar keinen Gebrauch gemacht haben. Art. I, Abschnitt 10, Absatz 3 wird deshalb gelegentlich als insofern nahezu bedeutungslose Verfassungsvorschrift angesehen[4].

2. Das Vertragsschlußrecht der Union

a) Der Vorrang der Bundesverträge vor der Staatengesetzgebung

Die Väter der amerikanischen Verfassung gingen mit solcher Selbstverständlichkeit davon aus, daß die Außenpolitik einheitlich in den Händen der Zentralgewalt liegen müsse, daß sie der Union das Vertragsschlußrecht nicht ausdrücklich zugewiesen haben. In der Verfassung ist lediglich das Recht des Präsidenten, völkerrechtliche Verträge unter Zustimmung einer Zweidrittelmehrheit des Senats abzuschließen und diplomatische Vertreter zu entsenden, festgelegt (Art. II, Abschnitt 2) und bestimmt, daß völkerrechtliche Verträge der Union oberstes Recht des Landes seien (Art. VI, Absatz 2). Die letztgenannte Vorschrift ist für den föderalistischen Aspekt des Vertragsschlußrechtes besonders wichtig. Sie lautet:

„Art. VI, (2): Diese Verfassung, die auf ihrer Grundlage erlassenen Gesetze der Vereinigten Staaten und alle von den Vereinigten Staaten in Ausübung der Staatshoheit bereits abgeschlossenen oder künftig abzuschließenden Verträge sind oberstes Gesetz des Landes. Und die Richter jedes Einzelstaates sind daran gebunden, auch wenn die Verfassung oder die Gesetze eines Einzelstaates in irgendeinem Punkt in Widerspruch dazu stehen sollten[5]."

Wenn in dieser letztgenannten Bestimmung ausdrücklich der Vorrang der völkerrechtlichen Verträge der Union vor der Staatengesetzgebung angeordnet wird, so kann das nur so verstanden werden, daß in diesen Verträgen auch Materien geregelt werden können, die sonst den Einzelstaaten vorbehalten sind; denn ohne diese Voraussetzungen könnte es zu einer Normenkollision überhaupt nicht kommen.

Da die Bundesverträge in den USA ohne Beteiligung der Legislative (nur mit Zustimmung des Senats, nicht des ganzen Kongresses) völkerrechtlich und innerstaatlich verbindlich werden, kann ihre Geltung nicht auf ein Vertragsgesetz zurückgeführt werden. Damit entfällt die Möglichkeit, die Transformationstheorie für das amerikanische Verfassungsrecht heranzuziehen. Völkerrechtliche Verträge stellen vielmehr eine eigene, neben die Gesetze tretende Quelle innerstaatlichen Rechts dar. Diese Rechtslage enthebt auch die amerikanische Verfassungstheorie der

---

[4] *Corwin*, S. 211.

[5] „This Constitution, and the Laws of the United States which shall be made in pursuance thereof; and all Treaties made, or which shall be made, under the Authority of the United States, shall be the supreme Law of the Land; and the Judges in every State shall be bound thereby, any thing in the Constitution or Laws of any State to the Contrary notwithstanding."

Schwierigkeit, die umfassende Vertragszuständigkeit der Union trotz einer beschränkten Gesetzgebungszuständigkeit zu erklären[6].

Es steht auch nicht im Ermessen der Einzelstaaten, ihr entgegenstehendes Recht aufzuheben, sondern dies ist mit dem wirksamen Abschluß des Vertrages ungültig. Das wird in der ersten Entscheidung des Supreme Court, die sich mit diesen Fragen beschäftigte, der Entscheidung des Falles Ware v. Hylton[7] aus dem Jahre 1796 mit aller Deutlichkeit betont:

„Wenn ein Gesetz eines Einzelstaates, das einem Bundesvertrag widerspricht, nicht ungültig wäre, sondern nur aufhebbar durch einen Widerruf oder eine Annullierung durch das Parlament des Einzelstaates, dann bedeutete dies unzweifelhaft, daß der Wille eines kleinen Teils der Vereinigten Staaten den Willen aller bestimmen oder aufheben könnte[8]."

Nach Ansicht des Supreme Court gehört die Auswärtige Gewalt nicht zu den Kompetenzen, die der Union von den Einzelstaaten erst übertragen werden mußten. Sie ist vielmehr unmittelbar vom britischen Mutterland auf die Union übergegangen und unterliegt deshalb auch nicht, wie die übrigen Bundeskompetenzen, der einschränkenden Auslegung. Diese Konstruktion, die von dem auch sonst scharf herausgestellten Unterschied zwischen den inneren und äußeren Angelegenheiten ausgeht, hat der Supreme Court in der Entscheidung des Falles United States v. Curtiss-Wright Export Corporation vom 21. Dezember 1936[9] dargelegt:

„Es wird zur Klärung der Frage beitragen, wenn wir zunächst die Unterschiede betrachten, die sich zwischen der Kompetenz der Bundesregierung in auswärtigen Angelegenheiten einerseits und ihrer Kompetenz in inneren Angelegenheiten andererseits ergeben. Daß zwischen diesen Kompetenzen Unterschiede bestehen und daß diese Unterschiede grundsätzlicher Art sind, kann nicht bezweifelt werden.

---

[6] Vgl. *Paur*, S. 100.

[7] 3 Dall. 199; 1 L. ed. 568: Im Jahre 1777 erließ der Staat Virginia ein Gesetz, das alle britischen Forderungen beschlagnahmte und die angeordnete Zahlung an eine staatliche Stelle mit Erfüllungswirkung ausstattete. Die Beklagte, die amerikanische Firma Hylton & Co., zahlte daraufhin im April 1780 vorschriftsmäßig statt an ihren britischen Gläubiger an das „loan office of Virginia". Der Friedensvertrag zwischen Großbritannien und den Vereinigten Staaten vom 3. September 1783 erklärte in seinem Art. 4 u. a. das Gesetz von Virginia für ungültig und ließ die Schuld wieder aufleben. — Tatsächlich verurteilte der Supreme Court die Beklagte, die Schuld noch einmal zu zahlen, da der Vertrag der Union dem Gesetz des Einzelstaates vorgehe. (Siehe dazu *Sutherland* I, S. 1314.)

[8] 3 Dall. 237; 1 L. ed. 584: „If a law of a state, contrary to a treaty, is not void, but voidable only by a repeal, of nullification by a state Legislature, this certain consequence follows, that the will of a small part of the United States may control or defeat the will of the whole."

[9] 299 U.S. 304 ff.; 81 L. ed. 255; vgl. *Corwin*, S. 173.

Die beiden Kompetenzen sind sowohl hinsichtlich ihres Ursprungs als auch hinsichtlich ihrer Natur verschieden. Die allgemeine Aussage, daß die Bundesregierung nur die Zuständigkeiten in Anspruch nehmen kann, die ausdrücklich in der Verfassung aufgezählt sind, sowie solche ungeschriebenen Kompetenzen, die notwendig und geeignet sind, die ausdrücklich genannten Zuständigkeiten auszuüben, ist uneingeschränkt nur im Hinblick auf unsere inneren Angelegenheiten richtig ... Und da die Staaten als einzelne niemals die auswärtige Gewalt besaßen, konnte diese auch nicht von der Masse der Rechte der Einzelstaaten abgespalten werden, sondern wurde offensichtlich von einer anderen Quelle her auf die Vereinigten Staaten übertragen ...

Als Ergebnis der Tatsache, daß sich die Kolonien von Großbritannien trennten und dabei als eine Einheit handelten, ging die auswärtige Gewalt von der Krone nicht auf die einzelnen Kolonien über, sondern auf die Kolonien in ihrer korporierten Form als Vereinigte Staaten von Amerika ...

Daraus ergibt sich, daß die Übertragung der Auswärtigen Gewalt auf die Bundesregierung nicht von der ausdrücklichen Zuweisung durch die Verfassung abhing[10]."

Die Einheit nach außen betont auch die Entscheidung Chae Chan Ping v. United States vom 13. Mai 1889[11]:

„Während unserer Verfassung und Regierungsform entsprechend die große Masse der örtlichen Angelegenheiten durch lokale Behörden geregelt wird, sind die Vereinigten Staaten in ihrem Verhältnis zu anderen Ländern und ihren Untertanen oder Bürgern eine einzige Nation ...[12]."

Es ist aber nicht nur der von der Verfassung nachdrücklich betonte Vorrang der Bundesverträge vor dem Recht der Einzelstaaten, der zu einer umfassenden Auslegung der Vertragskompetenz der Union zwingt;

---

[10] 299 U.S., 315 f; 81 L. ed. 260 f.: „It will contribute to the elucidation of the question if we first consider the differences between the powers of the Federal government in respect of foreign or external affairs and those in respect of domestic or internal affairs. That there are differences between them, and that these differences are fundamental, may not be doubted. The two classes of powers are different, both in respect of their origin and their nature. The broad statement that the Federal government can exercise no powers except those specifically enumerated in the Constitution, and such implied powers as are necessary and proper to carry into effect the enumerated powers, is categorically true only in respect of our internal affairs ... And since the states severally never possessed international powers, such powers could not have been carved from the mass of state powers but obviously were transmitted to the United States from some other source ... As a result of the separation from Great Britain by the colonies, acting as a unit, the powers of external sovereignty passed from the Crown not to the colonies severally, but to the colonies in their collective and corporate capacity as the United States of America ... It results that the investment of the Federal government with the powers of external sovereignty did not depend upon the affirmative grants of the Constitution."

[11] 130 U.S., 581; 32 L. ed. 1068.

[12] 130 US., 604; 32 L. ed. 1075: „While under our Constitution and form of government the great mass of local matters is controlled by local authorities, the United States, in their relation to foreign countries and their subjects or citizens are one nation ..."

es ist auch die Tatsache, daß die Einzelstaaten ein gegenüber ihrer innerstaatlichen Zuständigkeit nur sehr verkümmertes Vertragsabschlußrecht besitzen. Das würde zu einem weißen Fleck in der bundesstaatlichen Kompetenzordnung führen, wenn die Union nicht ein umfassendes Recht zum Abschluß völkerrechtlicher Verträge hätte. Dies drückt der Supreme Court in der berühmten Entscheidung Missouri v. Holland vom 19. April 1920[13] mit den Worten aus:

„... es kann nicht ohne weiteres angenommen werden, daß sich in Angelegenheiten, die ein nationales Handeln erfordern, ‚eine Kompetenz, die zu jeder modernen Regierung gehören und irgendwo eingeordnet sein muß', nicht finden ließe[14]."

In der Tat hat der Supreme Court nie einen Vertrag mit Rücksicht auf die bundesstaatliche Kompetenzordnung für verfassungswidrig erklärt, welchen Inhalt er auch gehabt haben mag[15]. Allerdings gab es vor dem Bürgerkrieg eine „föderalistische Periode" des Gerichts und entsprechende Urteile zur treaty-making power der Union, die gewisse Zweifel aufkommen lassen konnten[16]. Die Auffassung des Gerichts ist aber spätestens seit der Entscheidung Missouri v. Holland, die letzthin im Jahre 1957[17] bestätigt worden ist, festgelegt im Sinne einer nur durch die Grundsätze der Verfassung begrenzten treaty-making power der Unionsregierung[18].

b) Self-executing Treaties

Soweit der Wortlaut völkerrechtlicher Verträge ihre unmittelbare innerstaatliche Anwendung gestattet (self-executing treaties), sind sie nach amerikanischem Verfassungsrecht mit ihrem wirksamen Abschluß unmittelbar geltendes Recht[19]. Das hat der Supreme Court ausdrücklich festgestellt für die in einem zwischen den USA und Japan am 5. April 1911 abgeschlossenen Niederlassungsvertrag vereinbarte Gleichberechtigung zwischen Japanern und US-Bürgern[20]:

---

[13] 252 U.S., 416; 64 L. ed. 641.

[14] 252 U.S., 433; 64 L. ed. 648: „... it is not lightly to be assumed that, in matters requiring national action, ‚a power which must belong to and somewhere reside in every civilized government' is not to be found" (Zitat aus Andrews v. Andrews, 188 U.S. 14 (33); 47 L. ed. 366 (370)).

[15] *Willoughby*, Const. Law, I, 561; *Stoke*, S. 109.

[16] Vgl. dazu *Stoke*, S. 110.

[17] Reed v. *Covert*, 354 U.S., 1 (18); vgl. *Schwartz* II, S. 136.

[18] Zu den Grenzen vgl. unten S. 21 ff.

[19] *Loewenstein*, S. 311.

[20] 265 U.S., 332; 68 L. ed. 1041 — Asakura v. Seattle, Urt. v. 26. Mai 1924. Eine Behörde der Stadt Seattle, Washington, hatte einem japanischen Staatsangehörigen, dem Kläger Asakura, die Zulassung als Pfandleiher auf Grund einer städtischen Verordnung aus dem Jahre 1921 verweigert, die dies Gewerbe US-Bürgern vorbehielt. Das Gericht erklärte die Bestimmung für ungültig, weil sie dem genannten Vertrag widersprach.

„Sie (sc. die vereinbarte Gleichberechtigung) steht auf der gleichen höchsten Stufe wie die Bestimmungen der Verfassung und die Gesetze der Vereinigten Staaten. Sie hat ihre Geltungskraft aus sich heraus ohne die Transformation durch irgendeine Gesetzgebung der Einzelstaaten oder der Union ...[21]."

c) *Non self-executing Treaties*

Verträge, die zu ihrer Erfüllung eines die Vertragsverpflichtung ausführenden Gesetzes bedürfen (non self-executing treaties) haben die Frage aufgeworfen, ob die Union auch zum Erlaß eines solchen Ausführungsgesetzes zuständig ist. Die endgültige Antwort auf diese Frage hat der Supreme Court am 19. April 1920 in der Entscheidung des Falles Missouri v. Holland gegeben, den Loewenstein zurecht als „Schlüsselfall" bezeichnet[22].

Der Entscheidung[23] lag folgender Sachverhalt zugrunde: Im Jahre 1913 erließ der Kongreß ein Gesetz, das das Töten von Zugvögeln einer strengen Regelung unterwarf und weitgehend verbot. Das Gesetz wurde von zwei unteren Gerichten für verfassungswidrig erklärt, weil die Zugvögel Eigentum des jeweiligen beherbergenden Einzelstaates seien und die Materie deshalb nicht von der Union im Rahmen ihrer Gesetzgebungszuständigkeit für den Handel geregelt werden könne. Um ihr Ziel doch noch zu erreichen[24], schloß die Bundesregierung im Jahre 1916 einen Vertrag[25] mit Großbritannien zum Schutz der Zugvögel, in dem sich beide Staaten zu den notwendigen innerstaatlichen Maßnahmen verpflichteten. Zwei Jahre später erließ der Kongreß ein entsprechendes Gesetz, das das Töten, das Fangen und den Handel mit den im Vertrag bezeichneten Zugvögeln verbot; Ausnahmen konnte das Landwirtschaftsministerium bestimmen[26].

Der Staat Missouri klagte daraufhin gegen den mit dem Schutz des Wildes beauftragten Bundesbediensteten Holland und stellte den Antrag, ihm die Durchführung des Gesetzes zu untersagen. Die Klage wurde vom Supreme Court abgewiesen[27]. Das Gericht kam zu dem Schluß, daß nicht nur die Verträge der Union frei von den sonst üblichen Kompetenzgrenzen seien, sondern daß der Kongreß auch im Gefolge eines Vertrages jedes erforderliche Ausführungsgesetz erlassen könne.

---

[21] 265 U.S., 341; 68 L. ed. 1044: „It stands on the same footing of supremacy as do the provisions of the Constitution and laws of the United States. It operates of itself, without the aid of any legislation, state or national ..."
[22] S. 312.
[23] 252 U.S., 416; 64 L. ed. 641.
[24] *Sutherland* I, S. 1317.
[25] Migratory Bird Treaty v. 8. Dezember 1916.
[26] Gesetz vom 3. Juli 1918.
[27] Vgl. zu diesem Fall *Corwin*, S. 175; *Stoke*, S. 111; *Ferguson-McHenry*, S. 375; *Sutherland* I, S. 1317 f., *Schwartz* II, S. 134; *Bernhardt*, S. 71.

Dabei wird betont, daß ohne einen vorhergehenden Vertrag auch eine nationale Notlage die Kompetenzgrenzen nicht zu sprengen vermag:

„Es ist klar, daß es Angelegenheiten von größter Bedeutung für das nationale Wohl geben kann, mit denen sich ein Gesetz des Kongresses nicht, wohl aber ein von einem solchen Gesetz gefolgter Vertrag befassen kann...[28]."

d) Beschränkungen der Treaty-making Power

Trotz der sehr weiten Auslegung der treaty-making power der Union hat der Supreme Court mehrfach auch auf ihre immanenten Grenzen hingewiesen. Diese Genzen werden zunächst durch die Natur völkerrechtlicher Verträge als Instrumente zur Verfolgung außenpolitischer Interessen umrissen: Verträge, die in innerstaatliche Rechte der Gliedstaaten eingreifen, dürfen dies nicht in der ausschließlichen Absicht tun, dadurch eine bestimmte innerstaatliche Rechtslage herbeizuführen. Schon der amerikanische Präsident Jefferson (1801—1809) hat betont, zulässiger Gegenstand eines Staatsvertrages könne nur sein, was auch die betreffende ausländische Nation angehe, was üblicherweise im Vertragswege geregelt werde und auf andere Weise nicht geregelt werden könne[29]. Das läßt sich indirekt auch aus der Entscheidung De Geofroy v. Riggs vom 5. Februar 1890[30] entnehmen, wo es heißt:

„Es ist klar, daß das Vertragsrecht der Vereinigten Staaten sich auf alle Gegenstände erstreckt, die sich für eine vertragliche Regelung zwischen unserer Regierung und den Regierungen anderer Nationen eignen[31]."

Daneben bilden die Grundsätze der Verfassung die Grenzen, die auch durch Vertragsbestimmungen nicht angetastet werden können und damit eine feste Schranke der treaty-making power bilden:

„Das Recht, Krieg zu erklären, Verträge abzuschließen... all das sind Rechte, die der obersten Regierungsgewalt vorbehalten sind und die in ihrer Ausübung nur durch die Verfassung selbst und durch die Grundsätze der Politik und der Gerechtigkeit beschränkt werden, die mehr oder weniger das Verhalten aller Kulturnationen bestimmen[32]."

---

[28] 252 U.S., 433; 64 L. ed. 647 f.: „It is obvious, that there may be matters of the sharpest exigency for the national wellbeing that an act of Congress could not deal with, but that a treaty followed by such an act could..."

[29] Zit. nach Wilhelm *Kaufmann*, S. 50.

[30] 133 U.S., 258; 33 L. ed. 642.

[31] 133 U.S., 266; 33 L. ed. 645: „That the treaty power of the United States extends to all proper subjects of negotiation between our government and the governments of other nations, is clear." Die Formulierung geht auf die Entscheidung Holmes v. Jennison, 14 Peters 540 (569) aus dem Jahre 1840 zurück; vgl. *Ferguson-McHenry*, S. 374. (Bestätigt in Asakura v. Seattle v. 26. Mai 1924, 265 U.S., 332 (341) / 68 L. ed. 1041 (1044).)

[32] Chae Chan Ping v. United States, Urteil des Supreme Court vom 13. Mai 1889, 130 U.S., 581 (604) / 32 L. ed. 1068 (1075): „The powers to declare war, make treaties... are all sovereign powers, restricted in their exercise only by the Constitution itself and considerations of public policy and justice which control, more or less, the conduct of all civilized nations."

Noch stärker wird die Bindung der Auswärtigen Gewalt an die auch sonst geltenden verfassungsmäßigen Schranken in der Entscheidung De Geofroy v. Riggs vom 5. Februar 1890[33] betont. Hier wird aber auch deutlich, daß es nicht in erster Linie die Grundsätze des bundesstaatlichen Aufbaus sind (dies trifft offenbar nur für das Verbot, die äußeren Grenzen ohne Zustimmung des betroffenen Staates zu verändern, zu), sondern die Prinzipien der Gewaltenteilung und der Demokratie, die die treaty-making power einschränken:

„Das Vertragsrecht ist so, wie es in der Verfassung formuliert ist, dem Wortlaut nach unbegrenzt, abgesehen von den in der Verfassung enthaltenen Kompetenzbeschränkungen der Regierung und ihrer Abteilungen und den Schranken, die sich aus der Natur der Regierung selbst und derjenigen der Einzelstaaten ergeben. Man kann nicht behaupten, daß das Vertragsrecht so weit reicht, daß es ermöglichen könnte, was die Verfassung verbietet oder daß es erlaubte, den Charakter der Regierung oder eines der Einzelstaaten zu ändern oder einen Teil vom Territorium eines Einzelstaates ohne dessen Zustimmung abzutreten ... Aber von diesen Ausnahmen abgesehen, ist nicht zu erkennen, daß es eine Grenze für die vertagliche Regelung von Fragen geben könnte, die irgendeine Angelegenheit berühren, die geeigneterweise den Gegenstand eines Vertrages mit einem auswärtigen Staat bildet[34].“

Das Gericht hat die Frage nicht in weiteren Einzelheiten erörtert, doch dürften die Folgerungen weitgehend eindeutig sein. So ist auch in der amerikanischen Literatur nie bezweifelt worden, daß die Bürgerrechte und andere ausdrückliche Verfassungsschranken durch Verträge nicht stärker eingeschränkt werden dürfen als durch Gesetze des Kongresses[35]. Beispielsweise wäre ein Vertrag, durch den die Angehörigen einer bestimmten Konfession vor anderen bevorzugt würden, wegen Zusatzartikel 1 ungültig[36]. Ebenso könnte ein Vertrag nicht vorsehen, daß nicht mehr alle Staaten der Union gleiches Stimmrecht im Senat hätten[37].

Aus dem Gesagten ergibt sich, daß Verträge der USA nur in *einer* Beziehung ein weitergehendes Gestaltungsrecht haben als Gesetze, näm-

---

[33] 133 U.S., 258; 33 L. ed. 642.

[34] 133 U.S., 267; 33 L. ed. 645: „The treaty power, as expressed in the Constitution, is in terms unlimited except by those restraints which are found in that instrument against the action of the government or of its departments, and those arising from the nature of the government itself and of that of the States. It would not be contended that it extends so far as to authorize what the Constitution forbids, or a change in the character of the government or in that of one of the States, or a cession of any portion of the territory of the latter, without its consent ... But with these exceptions, it is not perceived that there is any limit to the questions which can be adjusted touching any matter which is properly the subject of negotiation with a foreign country.“

[35] *Wright*, S. 47 (vgl. auch S. 49); *Stoke*, S. 87.

[36] *Stoke*, S. 84.

[37] *Ferguson-McHenry*, S. 374.

lich insofern, als sie in die „reserved powers“ der Staaten eingreifen können. In jeder anderen Beziehung sind sie an die auch für die Bundesgesetzgebung geltenden Grenzen gebunden.

Andererseits ist dem Eingriff in die Zuständigkeit der Einzelstaaten offenbar auch eine gewisse Grenze gesetzt: Das Verbot, „den Charakter der Regierung . . . eines der Einzelstaaten zu ändern“, zwingt zu der Folgerung, daß „die Eigenständigkeit der Länder wohl nicht durch laufende, umfangreiche Eingriffe der Treaty-Making Power ausgehöhlt oder ein wesentlicher Teil ihrer Funktionen auf zwischenstaatliche Institutionen übertragen werden darf“[38].

e) Reformbestrebungen

Die rein theoretisch betrachtet bedrohlich weiten Kompetenzen der Union haben in den USA vielfach Sorge hervorgerufen. Schwartz[39] zitiert einen Kritiker, der die Frage stellt, ob der Präsident nicht am Ende mit Hilfe einer Zweidrittelmehrheit des Senats die Macht habe, durch einen Vertrag die Einwohner Kaliforniens nach Formosa zu verschleppen und statt dessen Kalifornien mit Japanern zu besiedeln. Neben solchen demagogischen Übertreibungen gibt es aber auch Stellungnahmen wie die des Senators Bricker, der mit aller Nüchternheit feststellte:

> „Durch Mißbrauch der Vertragsgewalt ist es für den Präsidenten und den Senat möglich, alle den Einzelstaaten durch den zehnten Zusatzartikel vorbehaltenen Kompetenzen auf Washington zu übertragen. Ich sehe nicht, wie einem solchen Mißbrauch begegnet werden könnte[40].“

Bricker war es denn auch, der mit seinem Verfassungsänderungsantrag, dem sog. Bricker-Amendment, den wichtigsten Vorstoß zur Einschränkung der Vertragsgewalt der Union unternommen und damit einen „der erbittertsten Verfassungskontroversen der neuen Zeit“[41] ausgelöst hat. Senator Bricker brachte seinen Antrag zuerst am 14. September 1951 und ein halbes Jahr später, am 20. Februar 1952, mit geringen Änderungen zusammen mit 58 anderen Senatoren erneut im Senat ein[42].

Brickers Antrag verfolgte zwei Ziele: Einmal wollte er die sog. „executive agreements“ des Präsidenten unterbinden. Executive agreements

---

[38] *Bernhardt*, S. 75.

[39] II, S. 135.

[40] „By misuse of the treaty power it is possible for the President and the senate to transfer to Washington all the powers reserved to the States by the Tenth Amendment. I do not see how any such abuse can be prevented.“ Zitiert nach *Sutherland* I, S. 1307, Anm. 10.

[41] *Loewenstein*, S. 310.

[42] Wortlaut der Fassung vom 7. 2. 1952 bei *Sutherland* I, S. 1306, Anm. 6; die spätere Fassung in Gegenüberstellung zu einem Parallelantrag v. Juli 1953 des Senators Knowland bei *Sutherland* II, S. 283 ff.

sind Abkommen mit auswärtigen Staaten, die ohne Beteiligung des Kongresses vom Präsidenten abgeschlossen werden[43]. Das Bricker-Amendment wollte nun durch eine Reform der executive agreements dem Senat die Kontrolle über die völkerrechtlichen Vereinbarungen der USA übertragen.

Die eigentliche Stoßrichtung zielte aber auf das unbeschränkte Vertragsschlußrecht, das auf den Umfang der innerstaatlichen Zuständigkeit zurückgeschnitten werden sollte. Senator Bricker wollte nämlich mit seinem Änderungsvorschlag erreichen, daß jeder Vertrag zu seiner innerstaatlichen Gültigkeit eines Gesetzes bedurfte, das sich — wie alle Gesetze — im Rahmen der Gesetzgebungszuständigkeit der Union halten mußte. Dies wurde mit den Worten ausgedrückt:

„A treaty shall become effective as internal law in the United States only through legislation which would be valid in the absence of a treaty[44]."

Loewenstein nennt den letzten Relativsatz, die sog. „which-Klausel", zu recht den „Kern oder den Pferdefuß des ganzen Amendments"[45]. So sehr der Antrag aber der Sorge um die Selbständigkeit von Legislative und Einzelstaaten entsprungen zu sein scheint, so war es doch in Wirklichkeit „ein verkappter Vorstoß des traditionellen Isolationismus und Anti-Internationalismus"[46]. In Wahrheit war es Bricker nur darum zu tun, die völkerrechtliche Vertragsfähigkeit der USA auf die wirksamste Weise zu lähmen. Insbesondere war das Bricker-Amendment gegen die Menschenrechtskonvention der Vereinten Nationen gerichtet[47]. Obwohl sich für das Amendment u. a. das Committee of Peace and Law der einflußreichen American Bar Association einsetzte[48], scheiterte der Antrag im Senat 1954 — wenn auch nur mit einer Mehrheit von einer Stimme[49].

Allerdings haben sich auch gegenläufige Tendenzen nicht durchgesetzt, die eine einfache Mehrheit an die Stelle der bei Verträgen erforderlichen $^{2}/_{3}$-Mehrheit des Senats setzen wollten und vor allem auch eine Beteiligung des Repräsentantenhauses vorsahen. Ein entsprechender Antrag kam nicht einmal zur Plenardebatte im Senat[50].

---

[43] Obwohl um sie — besonders wegen ihrer zeitweise rapide wachsenden Zahl — eine sehr lebhafte Diskussion entbrannt war, bleiben sie hier unerörtert, weil sie nicht das Spannungsverhältnis Zentralstaat-Gliedstaaten, sondern die Gewaltenteilung zwischen Exekutive und Legislative betreffen.

[44] *Sutherland* II, S. 284.

[45] S. 310.

[46] *Loewenstein*, S. 311.

[47] *Wright*, S. 49.

[48] *Sutherland* II, S. 282.

[49] Über die Entwicklung im Jahre 1954 vgl. W(illiam) W. *B(ishop)*, AJIL Vol. 48 (1954), S. 494—495.

[50] *Loewenstein*, S. 313.

f) Die Praxis

Die Praxis hat von den weitgehenden Rechten, die ihr von der Verfassung in der Auslegung des Supreme Court eingeräumt werden, nur selten vollen Gebrauch gemacht. So haben sich die USA mehrfach internationalen Verträgen nicht oder nur mit einem Vorbehalt — der sog. federal clause — angeschlossen[51]. Es muß allerdings offenbleiben, wieweit der US-Regierung der Hinweis auf die Rechte der Einzelstaaten nicht in Einzelfällen ein willkommener Grund war, internationalen Bindungen auszuweichen[52]. Die meisten übergreifenden Verträge regeln die Rechtsstellung ausländischer Staatsangehöriger in den USA. Dabei geht es insbesondere um das Recht der Ausländer, Grundstücke erben und kaufen zu können, und um eine steuerliche Gleichstellung mit den US-Bürgern[53].

Zu besonderen inneramerikanischen Konflikten führte der Vertrag mit China von 1868, in dem den jeweiligen Staatsangehörigen die Einreise und die Niederlassung gestattet wurde. Da sich die Gliedstaaten durch diskriminierende Gesetze gegen die Gleichstellung der Chinesen wehrten, mußte der Supreme Court des öfteren eingreifen[54]. Im Bereich der Kulturpolitik ergab sich eine Kontroverse zwischen der Stadt San Franzisco und der Union wegen eines Schulgesetzes, das die Kinder der Chinesen, Japaner und Koreaner in eine besondere „oriental public school" verwies. Auf den Protest der japanischen Regierung, die sich auf entsprechende Bestimmungen eines japanisch-amerikanischen Vertrages berufen konnte, zwang Präsident Theodore Roosevelt im Jahre 1906/07 die Stadt, die asiatischen Kinder in ihre allgemeinen Schulen aufzunehmen[55].

Wie der ehemalige Staatssekretär Dulles im Jahre 1955 vor einem Senatsausschuß erklärte[56], will sich die amerikanische Bundesregierung aber auch in Zukunft in der Frage übergreifender Bundesverträge volle Zurückhaltung auferlegen.

3. Zusammenfassung

Zusammenfassend läßt sich feststellen, daß die amerikanische Verfassung der Bundesregierung beim Abschluß völkerrechtlicher Verträge

---

[51] Vgl. *Paur*, S. 106; zu den Beratungen über die Menschenrechtskonvention der Vereinten Nationen vgl. *Wright*, S. 54.

[52] *Paur*, S. 111.

[53] *Crandall*, S. 247 ff.; *Paur*, S. 112.

[54] Vgl. *Paur*, S. 112.

[55] *Crandall*, S. 257; *Paur*, S. 112 f.; *Loewenstein*, S. 312.

[56] Am 2. 5. 1955, U.S. Department of State Bulletin, Vol. 32, No. 829, S. 820—823 (zit. nach *Bernhardt*, S. 74, Anm. 286).

die gleiche Stellung gegeben hat, wie sie ein Einheitsstaat besitzt. Das ergibt sich aus den Bestimmungen, nach denen das Vertragsschlußrecht der Einzelstaaten äußerst beschränkt, das entsprechende Recht der Union aber nicht begrenzt ist, andererseits aber Bundesverträge ausdrücklich jedem Recht der Einzelstaaten vorgehen. Soweit sich aus diesen Bestimmungen die Rechtslage noch nicht mit völliger Klarheit ergibt, hat sie der Supreme Court in zahlreichen Entscheidungen mit aller Deutlichkeit festgestellt. Eine kluge Zurückhaltung der Bundesregierung hat es dennoch vermieden, bei den Einzelstaaten ein Gefühl der Bedrohung durch die übergreifenden Verträge der Union aufkommen zu lassen.

II. Die Schweiz

1. Die Zuständigkeit der Kantone

a) Das Recht des völkerrechtlichen Vertragsschlusses ist in der Schweizer Bundesverfassung (BV) von 1848 im wesentlichen in den Artikeln 8 bis 10 geregelt. Die Bestimmungen, die nie — auch bei der Totalrevision von 1874 nicht — geändert wurden[57], lauten folgendermaßen:

„Art. 8

Dem Bund allein steht das Recht zu, Krieg zu erklären und Frieden zu schließen, Bündnisse und Staatsverträge, namentlich Zoll- und Handelsverträge mit dem Auslande, einzugehen.

Art. 9

Ausnahmsweise bleibt den Kantonen die Befugnis, Verträge über Gegenstände der Staatswirtschaft, des nachbarlichen Verkehrs und der Polizei mit dem Auslande abzuschließen; jedoch dürfen dieselben nichts dem Bunde oder den Rechten anderer Kantone Zuwiderlaufendes enthalten.

Art. 10

Der amtliche Verkehr zwischen Kantonen und auswärtigen Staatsregierungen sowie ihren Stellvertretern findet durch Vermittlung des Bundesrates statt.

Über die im Art. 9 bezeichneten Gegenstände können jedoch die Kantone mit den untergeordneten Behörden und Beamten eines auswärtigen Staates in unmittelbaren Verkehr treten."

b) Art. 9 BV beläßt den Kantonen nur das ausdrücklich als Ausnahme bezeichnete Recht, völkerrechtliche „Verträge über Gegenstände der Staatswirtschaft, des nachbarlichen Verkehrs und der Polizei" einzugehen. Das bedeutet, daß die innerstaatliche Zuständigkeit der Kantone für sich allein nicht zum Vertragsschluß berechtigt, sondern daß die ver-

---

[57] *Schwarzenbach*, S. 21; *Paur*, S. 14.

traglich zu regelnde Materie zusätzlich noch unter eine der drei bezeichneten Gruppen fallen muß[58]. Die Kompetenzgrenze zwischen Bund und Kantonen deckt sich also für das Vertragsschlußrecht nicht mit der Abgrenzung der Gesetzgebungszuständigkeiten. Zwischen der (weiteren) Zuständigkeit der Kantone in Gesetzgebung und Verwaltung und der (engeren) Zuständigkeit zum Vertragsschluß unterscheidet auch Art. 10 BV, der den amtlichen Verkehr der Kantone mit dem Ausland regelt und in seinem Absatz I auf die allgemeine Zuständigkeit der Kantone, in Absatz II auf „die im Art. 9 bezeichneten Gegenstände“, also auf den (engeren) Kreis der erlaubten Vertragsmaterien abstellt.

Trotzdem wird heute „entgegen dem Wortlaut und ursprünglichen Sinn von BV Art. 8 und 9“[59] fast allgemein die Beschränkung auf „Gegenstände der Staatswirtschaft, des nachbarlichen Verkehrs und der Polizei“ fallengelassen. Schon Fleiner[60] sah in diesen drei Gebieten „keine erschöpfende Aufzählung“ und nahm an, daß den Kantonen nur die hohe Politik verwehrt sei. Für eine solche Ausweitung dient nicht nur die Schwierigkeit einer genauen Abgrenzung als Begründung[61], sondern besonders der allgemein im Schweizer Verfassungsrecht beheimatete Grundsatz, daß die Kantone von der Kompetenz des Bundes Gebrauch machen dürfen, solange und soweit dieser sie nicht ausübt[62].

In der Praxis wird die Zuständigkeit der Kantone ebenfalls in dieser Weise extensiv ausgelegt[63].

c) Für den Abschluß eines Vertrages mit einer auswärtigen Regierung müssen sich die Kantone der „Vermittlung des Bundesrates“ bedienen (Art. 10 I BV). Den Kantonen selbst ist jeder diplomatische Verkehr untersagt[64]. Fraglich kann nur sein, ob die Kantone nicht zumindest Verwaltungsabkommen mit „untergeordneten Behörden[65] und Beamten eines auswärtigen Staates“ selbständig abschließen können, da ihnen doch erlaubt ist, mit ihnen „in unmittelbaren Verkehr“ zu treten (Art. 10 II BV). Man wird dies bejahen müssen[66], da ein unmittelbarer Verkehr in einer sachlichen Frage ohne die Möglichkeit einer verbindlichen Einigung nicht sinnvoll ist.

---

[58] *Fleiner-Giacometti*, S. 812 (vgl. auch die dort S. 811 Anm. 3 genannten Autoren).

[59] *Ruck*, S. 326, Anm. 8.

[60] S. 752.

[61] *Burckhardt*, S. 89; *Pinösch*, S. 118.

[62] *Ruck*, a.a.O.; *Schwarzenbach*, S. 62; *Paur*, S. 79.

[63] *Burckhardt*, S. 89 ff.; *Pinösch*, S. 116; *Schwarzenbach*, S. 80 f.; *Paur*, S. 96; *Fleiner-Giacometti*, S. 814.

[64] *Fleiner-Giacometti*, S. 815; *Schwarzenbach*, S. 110.

[65] Zum Begriff der untergeordneten Behörden vgl. *Pinösch*, S. 34; *Schwarzenbach*, S. 116; *Paur*, S. 16; *Fleiner-Giacometti*, S. 816.

[66] Dagegen *Burckhardt*, S. 96; *Pinösch*, S. 35.

Bei der Verhandlungsführung ist der Bundesrat nicht an die Weisungen des Kantons gebunden[67]. Da der Bund den Vertrag im Namen des Kantons abschließt, ist der Kanton Vertragspartner. Der Vertrag wird jedoch nur mit Genehmigung des Bundesrates wirksam (Art. 102, Ziff. 7 BV)[68].

2. Die Kompetenz des Bundes

Wer Art. 8 BV unbefangen liest, hat den Eindruck, daß dem Bund nicht nur das Recht zusteht, Verträge *jeden* Inhalts einzugehen, sondern daß ihm dies Recht auch *ausschließlich* zusteht. Denn einmal handelt es sich bei den Staatsverträgen um einen Begriff, der vielleicht formal, aber nicht inhaltlich (nach dem geregelten Fragenkreis) eingrenzbar ist. Und zum anderen heißt es ausdrücklich, „dem Bund allein" stehe das Recht zu, diese Verträge einzugehen.

Was nun die vermeintliche Ausschließlichkeit der Bundeszuständigkeit angeht, so belehrt einen bereits der nachfolgende Art. 9, daß auch die Kantone — wenn auch nur ausnahmsweise und sehr beschränkt — zum Abschluß von völkerrechtlichen Verträgen berechtigt sind. Aber auch die Unbegrenztheit der materiellen Zuständigkeit des Bundes ist nicht unbestritten. Denn es ist zwar die herrschende, aber keineswegs die einhellige Meinung in der Schweizer Staatsrechtslehre, die dem Art. 8 ein in jeder Hinsicht unbeschränktes Recht des Bundes entnimmt, sich völkerrechtlich zu verpflichten. Die Gegenmeinung legt Art. 8 als formale Zuständigkeitsnorm aus, die den Bund wohl zum Aushandeln und zum Abschluß der Verträge ermächtigt, einen Eingriff in die Kantonsgesetzgebung jedoch nicht gestattet. Es stehen sich demnach zwei grundsätzlich verschiedene Auffassungen gegenüber[69]:

a) Die sogenannte zentralistische Ansicht

Nach der herrschenden sog. „zentralistischen" Ansicht gibt Art. 8 dem Bund die Zuständigkeit zum Abschluß sämtlicher Verträge und damit auch das Recht, auf dem Weg über die völkerrechtlichen Verträge ausnahmsweise in den kantonalen Bereich einzugreifen. Denn mit dem

---

[67] Anders *Schwarzenbach*, S. 111.

[68] Vgl. *Fleiner-Giacometti*, S. 816; *Ruck*, S. 327.

[69] Da nach Art. 113 Abs. III der Bundesverfassung die von der Bundesversammlung genehmigten Staatsverträge ebenso wie die von ihr erlassenen Gesetze auch für das Bundesgericht maßgebend sind, ist die Frage, ob ein übergreifender Vertrag zulässig und verbindlich ist oder nicht, nicht gerichtlich entschieden worden (*Schwarzenbach*, S. 130 ff.; *Bernhardt*, S. 55). Das Bundesgericht hat allerdings einmal am Rande erwähnt, daß „dem Bunde das Recht zum Abschluß von Staatsverträgen ohne Beschränkung auf die der Bundesgesetzgebung unterstehenden Gebiete gewährt worden" sei: Bundesgerichtsentscheidungen, Bd. 9, S. 175 ff. (178).

Vertragsschlußrecht ist zugleich das materielle Recht verbunden, die Vertragsbestimmungen in Schweizer Recht zu überführen. Es ist dies die von Anfang an herrschende Auffassung[70].

b) Die sogenannte föderalistische Ansicht

Nach der sog. „föderalistischen“ Ansicht[71] ist bei den Verträgen grundsätzlich zwischen dem Aushandeln und dem Abschluß der Verträge als der völkerrechtlichen Seite und der Transformation in innerschweizer Recht als der staatsrechtlichen Seite zu unterscheiden. Der Bestimmung des Art. 8, daß „dem Bund allein“ das Recht zusteht, u. a. Staatsverträge „einzugehen“, wird nur eine formale, den völkerrechtlichen Verkehr betreffende Bedeutung beigemessen:

„Der Art. 8 der Bundesverfassung ... hat ihm (sc. dem Bund) lediglich die Zuständigkeit zur Unterhandlung mit dem Ausland und zum formellen Abschluß der Staatsverträge zugebilligt[72].“

Nach dieser Ansicht stellt Art. 8 BV eine Ergänzung des Art. 10 I BV dar, da er die formelle Kompetenz des Bundes zur Vertretung der Kantone beim Vertragsschluß feststellt, die in Art. 10 I ebenfalls zur ausschließlichen Sache des Bundes erklärt ist. Die enge Interpretation von Art. 8 wird aber auch auf die Transformationstheorie gestützt, also auf die Lehre, daß in der für Verträge vorgeschriebenen Genehmigung durch die Bundesversammlung (Art. 85, Ziff. 5 BV) ein doppelter Akt zu erblicken sei: die Ermächtigung des Bundesrates zur Ratifizierung des Vertrages und die Transformation des Vertragsinhalts in Schweizer Bundesrecht. Durch die zweite Funktion wird die Genehmigung zu einem Akt der Gesetzgebung und dieser Umstand soll es nicht erlauben, die auch der normalen Bundesgesetzgebung gezogenen föderalistischen Schranken zu überschreiten[73].

c) Die vermittelnde Lösung von Ruck

Die föderalistische Theorie dient zwar in erster Linie der Abwehr einer den Kantonen vom Bund möglicherweise drohenden Gefahr, sie ist aber nicht ihrem Wesen nach unfähig, als Grundlage einer wenigstens einigermaßen praktikablen Lösung zu dienen. Diesen Weg hat

---

[70] Von den neueren Autoren: *Pinösch,* S. 92; *Burckhardt,* Kommentar, S. 82, 89; *Paur,* S. 64; *Fleiner* in *Fleiner-Giacometti,* S. 811 (vgl. die dort Anm. 3—5 Genannten); anders noch *Giacometti,* Auslegung, S. 15.

[71] Vertreten u. a. von *Fleiner,* S. 751 ff.; *Schwarzenbach,* S. 46 ff., 64, vgl. aber auch S. 119 f.; *Ruck,* S. 325. — Vgl. die Darstellung der verschiedenen Ausprägungen dieser Ansicht bei *Fleiner-Giacometti,* S. 811, Anm. 2 und bes. *Paur,* S. 40 ff.

[72] *Fleiner,* S. 751; *Schwarzenbach,* S. 53, Anm. 21; vgl. *Paur,* S. 41.

[73] Vgl. *Schwarzenbach,* S. 13.

Ruck[74] angedeutet. Er geht zwar wie schon Fleiner davon aus, daß „von dem Recht des Abschlusses schweizerischer Staatsverträge mit dem Ausland“ juristisch scharf das Recht, „die Verträge in Kraft zu setzen“, zu unterscheiden sei[75]. Aber er hat die föderalistische Ansicht doch dadurch etwas modifiziert, daß er in dem Abschluß eines übergreifenden Vertrages nicht immer eine unzulässige Kompetenzüberschreitung des Bundes sieht, sondern die Möglichkeit einräumt, einem solchen Vertrag mit Zustimmung der Kantone auch innerstaatliche Gültigkeit zu verleihen: „Hat dagegen ein vom Bund eingegangener Staatsvertrag kantonale Angelegenheiten zum Inhalt, so kann deren staatsvertragliche Regelung durch den Bundesrat nur mit kantonaler Zustimmung in Kraft treten[76].“

Nach Ruck schließt der Bund im eigenen Namen ab — es ist „ein vom Bund eingegangener Staatsvertrag“ —, obwohl es sich um kantonale Angelegenheiten handelt. Nach außen tritt einheitlich nur der Bund in Erscheinung. Die Zuständigkeit der Kantone erlangt erst für den innerstaatlichen Bereich Bedeutung, so daß hier die Zustimmung jedes einzelnen Kantons notwendig ist. Das ist gerade bei den Verträgen von Bedeutung, die zugleich Bundes- und Kantonalangelegenheiten betreffen wie die zahlreichen Niederlassungsverträge und Doppelbesteuerungsabkommen. Obwohl der Bund nach Ruck keiner Bevollmächtigung der Kantone bedarf, bleibt seine Abhängigkeit von den Kantonen in der Sache bestehen, so daß das eigentliche Anliegen der „Föderalisten“ voll gewahrt bleibt.

Der Unterschied zu anderen Vertretern der föderalistischen Ansicht wie Schwarzenbach ist deshalb auch gering, der ebenfalls eine einheitliche Verhandlungsführung durch den Bund bei übergreifenden Verträgen begrüßt, aber verlangt, „daß der Bundesrat oder sein Vetreter am Anfang des Textes oder bei der Unterschrift sich als Vertreter des Kantons zu erkennen gibt“[77].

d) Diskussion der Lösungen

Richtig dürfte wohl die unter a) genannte zentralistische Auffassung sein. Für sie spricht zunächst die Aufzählung der Staatsverträge neben Kriegserklärungen und Friedensschlüssen in Art. 8, deren Abschluß nach einhelliger Ansicht ohne Rücksicht auf innerstaatliche Kantonszuständigkeiten Sache des Bundes ist. Eine nur auf den Abschluß der Verträge begrenzte Bedeutung ist auch der Formulierung des Art. 8

---

[74] S. 325 f.

[75] S. 325.

[76] S. 325/326.

[77] S. 119.

nicht zu entnehmen; so heißt es nicht, es sei allein Sache des Bundes, die Verträge „abzuschließen", sondern „einzugehen", ein Wort, das keine nur formelle Bedeutung hat. Schließlich ist die notwendige Vertretung der Kantone durch den Bundesrat deutlich genug in Art. 10 BV zum Ausdruck gekommen, so daß es überflüssig gewesen wäre, diese Tatsache noch einmal in Art. 8 — dazu in fast unverständlich verschleierter Form — zu verankern.

Angesichts des heute auf ihre allgemeine Zuständigkeit erweiterten Vertragsschlußrechts der Kantone ist ein Argument entfallen, das bei einer strengen Auslegung von Art. 9 besonders deutlich zugunsten einer umfassenden Zuständigkeit des Bundes gesprochen hätte: Die kantonalen Angelegenheiten, die nicht zur Staatswirtschaft, dem nachbarlichen Verkehr und der Polizei zu rechnen sind, könnten nach föderalistischer Auffassung überhaupt nicht Gegenstand vertraglicher Regelungen mit auswärtigen Mächten sein: Nach föderalistischer Auffassung kann der *Bund* darüber nicht abschließen, nach der Verfassung nicht die *Kantone*[78].

e) Die Zuständigkeit für die Ausführungsgesetze

Für die innerstaatliche Wirkung der Verträge ist wieder zu unterscheiden zwischen solchen Verträgen, die unmittelbar anwendungsfähig sind und solchen, die eines Landesgesetzes bedürfen, das die völkerrechtliche Verpflichtung erfüllt. Bei dem Abschluß von übergreifenden Verträgen der ersten Art ist es dem Bund — hält man solche Verträge überhaupt mit der herrschenden Lehre für zulässig — möglich, unmittelbar in die Landesgesetzgebung einzugreifen. Bei der zweiten Gruppe taucht die Frage auf, ob der Bund berechtigt ist, die Ausführungsgesetze zu erlassen. Das wird fast allgemein verneint[79], obwohl „der Unterschied in den beiden Fällen ein rein formeller" ist[80]: es ist eine Vereinbarung zwischen den Vertragspartnern, welche Form des Vertrages sie wählen, und diese Frage hat mit dem Verhältnis Bund—Kantone gar nichts zu tun. Nach Pinösch[81] und Paur[82] sind denn auch die Kantone zum Erlaß der entsprechenden Bestimmungen verpflichtet. Die herrschende Lehre hilft sich mit dem Ausweg, die Bundeszuständigkeit im Innern gegebenenfalls auf dem Wege der Verfassungsänderung zu begründen[83].

---

[78] *Pinösch*, S. 49, 92; *Schwarzenbach*, S. 63.

[79] *Fleiner-Giacometti*, S. 813; *Paur*, S. 145; a. A. *Burckhardt*, S. 90.

[80] *Schwarzenbach*, S. 59.

[81] S. 84, 122.

[82] S. 143 ff.

[83] *Fleiner-Giacometti*, S. 814.

3. Die Staatspraxis der Schweiz

Die Praxis der Schweiz sah sich naturgemäß früh vor die Notwendigkeit gestellt, den Umfang der Bundeskompetenz zu bestimmen. Der Anlaß, die Frage zum ersten Mal mit aller Deutlichkeit aufzuwerfen und zu diskutieren, ergab sich durch den Handels- und Niederlassungsvertrag zwischen der Schweiz und Frankreich im Jahre 1864[84]. In dem Vertrag war vereinbart, daß die Staatsangehörigen beider Länder ohne Rücksicht auf ihre (christliche oder jüdische) Religion die gleichen Rechte zur Niederlassung und Berufsausübung wie die Inländer erhalten sollten. Die Kantone wurden dadurch verpflichtet, einen französischen Staatsbürger jüdischer Konfession einem christlichen Schweizer Bürger gleichzustellen. Die Gleichstellung der Juden mit den Christen war aber nicht üblich und auch die Bundesverfassung verpflichtete die Kantone nur, die christlichen Angehörigen anderer Kantone den eigenen Kantonsangehörigen gleichzustellen. Die Frage wurde aber nicht nur vom Bundesrat, sondern auch — allerdings mit Bedenken[85] — vom Nationalrat und vom Ständerat dahin entschieden, daß sich der Bund in seinen Verträgen über kantonalrechtliche Bestimmungen hinwegsetzen könne. Dieser erste Fall hat den Weg freigemacht für viele übergreifende Verträge[86], die keine weitere Diskussion hervorgerufen haben[87]. Allerdings hat der Bund nicht immer von seinem Recht vollen Gebrauch gemacht, sondern es gelegentlich vorgezogen, die Kantone um ihre Zustimmung zu einem Vertrag zu ersuchen oder den Vertrag im Namen des betroffenen Kantons abzuschließen[88]. Diese Zustimmung ist aber „rechtlich irrelevant“[89].

B. Das Deutsche Reich

I. Das Deutsche Kaiserreich von 1871

1. Das Vertragsschlußrecht der Einzelstaaten

a) Die Reichsverfassung von 1871 enthielt keine ausdrückliche Regelung der Zuständigkeiten von Reich und Einzelstaaten in auswärtigen

---

[84] *Pinösch*, S. 99 ff.; *Schwarzenbach*, S. 38 ff.; *Paur*, S. 87 f.; *Bernhardt*, S. 56.

[85] *Schwarzenbach*, S. 41.

[86] Beispiele bei *Pinösch*, S. 108 ff.; *Paur*, S. 40; *Schwarzenbach* S. 102; *Giacometti*, Auslegung, S. 16; *Fleiner-Giacometti*, S. 814.

[87] *Schwarzenbach*, S. 44.

[88] *Paur*, S. 85 ff.; *Pinösch*, S. 57, Anm. 1; *Schwarzenbach*, S. 51.

[89] *Fleiner-Giacometti*, S. 814, Anm. 20.

Angelegenheiten. Die Kompetenz des Reiches ergab sich aber mittelbar aus der Vorschrift, die die völkerrechtliche Stellung des Kaisers festlegte:

„Der Kaiser hat das Reich völkerrechtlich zu vertreten, im Namen des Reichs Krieg zu erklären und Frieden zu schließen, Bündnisse und andere Verträge mit fremden Staaten einzugehen, Gesandte zu beglaubigen und zu empfangen" (Art. 11, Abs. I, Satz 2 aRV).

Für die Rechte der Einzelstaaten fehlte auch eine mittelbare Regelung, doch galt es allgemein als selbstverständlich, daß den deutschen Staaten innerhalb des ihnen verbliebenen Gesetzgebungsbereiches das Recht zustand, Verträge mit auswärtigen Staaten zu schließen. Es wurde teilweise sogar angenommen, daß die Vermutung für die Zuständigkeit der Einzelstaaten auch für den Bereich der völkerrechtlichen Verträge gelte[1]. Haenel[2] entnahm aber zutreffend der allgemeinen Fassung, „mit welcher al. 1 des a. 11 dem Reiche das Vertragsrecht ohne Unterschied des Inhalts zuschreibt", daß auf dem Gebiete des völkerrechtlichen Vertrages die Zuständigkeitsvermutung umgekehrt sei als bei den inneren Kompetenzen, also zugunsten des Reiches spreche.

Die unbestrittene Kompetenz der Einzelstaaten wurde fast durchweg als ausschließliche angesehen. Es ist deshalb nicht untypisch, wenn v. Seydel schreibt, der Satz, daß das Reich Verträge nur innerhalb seiner innerstaatlichen Zuständigkeit schließen könne, brauchte kaum hervorgehoben zu werden, „wenn sich nicht Schriftsteller gefunden hätten, die eine andere Ansicht vertreten"[3]. Er geht aber auf die Gegenmeinung[4] gar nicht ein, sondern erklärt, sie sei „so ungereimt, daß eine Widerlegung überflüssig" sei[5]. So konnte Anschütz am Ende des Kaiserreichs in seiner Bearbeitung des Meyer'schen Lehrbuchs feststellen, die Unantastbarkeit des einzelstaatlichen Bereichs auch hinsichtlich der Verträge des Reiches sei „jetzt die allgemeine Ansicht"[6].

b) Hatten die Einzelstaaten über einen Gegenstand die *fakultative* Gesetzgebungskompetenz, so konnten sie darüber Verträge schließen, wenn und solange das Reich von seiner Kompetenz zur gesetzlichen oder vertraglichen Regelung dieser Frage noch keinen abschließenden Gebrauch gemacht hatte[7]. Einmütigkeit bestand aber darüber, daß das Reich in seiner Entscheidungsfreiheit durch den völkerrechtlichen Vertrag eines

---

[1] E. *Meier*, S. 271; *Proebst*, S. 245, 257.

[2] S. 540 f.

[3] Art. 11, Anm. VI, S. 161.

[4] s. dazu unten S. 36 ff.

[5] a.a.O., S. 162.

[6] S. 263, Anm. 15.

[7] *Anschütz*, Staatsrecht, S. 172.

Einzelstaates nicht festgelegt werden durfte. Ob der Vertrag nur nicht mehr erfüllt werden konnte[8] oder ob der Vertrag überhaupt ungültig wurde[9], war allerdings streitig[10].

c) Soweit den Einzelstaaten nicht das Recht der Gesetzgebung, wohl aber der Verwaltung und Justiz zustand, konnten sie auch insoweit Staatsverträge schließen. Doch war dies Recht auf den Abschluß von Verträgen zwischen Einzelstaaten oder zwischen einem Einzelstaat und dem Reich beschränkt[11].

2. Die Zuständigkeit des Reiches

a) Artikel 11 III aRV

Eine sorgfältige Auseinandersetzung mit der Frage der Reichskompetenz in auswärtigen Angelegenheiten hat es kaum gegeben. Im Rahmen des Art. 11 aRV stand die Abgrenzung der Zuständigkeiten von Reich und Ländern beim Abschluß völkerechtlicher Verträge ganz im Hintergrund, während eine lebhafte Debatte um die Frage entstand, wie die Zuständigkeiten des Kaisers und der Legislative im Bereich der völkerrechtlichen Verträge voneinander zu scheiden wären. Die staatsrechtliche Diskussion entzündete sich also fast ausschließlich an dem konstitutionellen, nicht dem föderalistischen Aspekt des Problems der auswärtigen Verträge. Es ging um die Frage, welche Verträge gemeint waren, wenn es in Abs. III des Art. 11 aRV hieß:

> „Insoweit die Verträge mit fremden Staaten sich auf solche Gegenstände beziehen, welche nach Art. 4 in den Bereich der Reichsgesetzgebung gehören ..."

Diese Verträge wurden durch die Verfassung der notwendigen Mitwirkung der Legislative unterstellt. Es lag nahe, als Gegensatz zu den Verträgen, welche sich auf Gegenstände der Reichsgesetzgebung beziehen, solche Verträge anzusehen, welche sich auf Gegenstände der *Landes*gesetzgebung beziehen. Eine solche Auslegung hätte dazu geführt, nicht nur implicite eine allumfassende Zuständigkeit des Kaisers zum Abschluß von Verträgen anzunehmen, sondern den Kaiser auch gerade in den Fällen von einer Beteiligung der Legislative zu befreien, in denen Reichsverträge in den Bereich der Landesgesetzgebung eingriffen. Eine solche Konsequenz — und damit auch eine solche Aus-

---

[8] *Laband* II, S. 169 f.

[9] *Proebst*, S. 252; *Anschütz*, Staatsrecht, S. 172; allgemein für den Bundesstaat: Georg *Jellinek*, S. 308; *Triepel:* Völkerrecht und Landesrecht, S. 246 f.

[10] Vgl. *Paur*, S. 120 f.; ungenau *Bernhardt*, S. 109.

[11] E. *Meier*, S. 273; *Proebst*, S. 259; *Anschütz*, Staatsrecht, S. 172; allgemein für den Bundesstaat: Georg *Jellinek*, S. 308 f.

legung des Begriffs „Verträge, die sich auf Gegenstände der Reichsgesetzgebung beziehen“ — wurde zu Recht nahezu einhellig abgelehnt[12].

Bezeichnend für die Vernachlässigung der hier interessierenden Frage nach dem Umfang der Reichskompetenz zum Vertragsschluß ist nun die Tatsache, daß etwa bei Laband nur als Argument innerhalb der eben wiedergegebenen Deduktion der lapidare Satz steht: „Der Kaiser kann über Angelegenheiten, die der Kompetenz des Reiches überhaupt nicht unterstellt sind, auch nicht durch internationale Verträge verfügen[13].“ Diese Feststellung wurde also nicht um ihrer selbst willen getroffen, sondern um darzutun, daß die zustimmungsbedürftigen Verträge offenbar nicht dadurch ausgezeichnet sein konnten, daß sie die *Reichs-* (im Gegensatz zur *Landes-*) gesetzgebung betrafen. Das Verhältnis Reich/Einzelstaaten wurde also in diesem Punkte nicht selbständig behandelt, sondern nur als Argument in der Auseinandersetzung über die Abgrenzung der Rechte von Exekutive und Legislative[14].

Anders als Laband und Proebst diente Haenel die genannte, sich aus dem Wort „Reichsgesetzgebung“ in Art. 11 III aRV ergebende Argumentation dazu, die Frage nach dem Umfang der Reichskompetenz selbst zu beantworten. Das Ergebnis ist, daß der Kaiser über Gegenstände der Landesgesetzgebung (schon allein) deshalb keine Verträge abschließen kann, weil er sonst von jeder legislatorischen Kontrolle unabhängig wäre[15].

b) Die herrschende Ansicht: begrenzte Reichskompetenz

Die Kompetenz zum Abschluß von Staatsverträgen war nach überwiegender Ansicht „zwischen Reich und Einzelstaaten in vollkommen gleicher Weise verteilt wie die Kompetenz zur Gesetzgebung und Verwaltung“[16]. Diese Ansicht ist jedoch nur zutreffend, wenn man — wie dies Laband und Proebst auch tun — „alle Gegenstände, die dem Bereich der großen Politik angehören und die volle völkerrechtliche Souveränität der Vertragschließenden, insbesondere deren Fähigkeit für Kriegsführung, voraussetzen“ . . ., zur Zuständigkeit des Reiches rechnet[17].

Gerade die auswärtige Politik gehört aber nicht zur (innerstaatlichen) Gesetzgebung und Verwaltung. Es gibt keine vollständige Entsprechung von Innen und Außen dergestalt, daß sich die Kompetenzverteilung bei

[12] Nachweise im folgenden Text.

[13] II, 137.

[14] Ebenso bei *Proebst*, S. 282 f.; *Anschütz*, Staatsrecht, S. 174.

[15] S. 539 f.

[16] *Laband* II, S, 168; vgl. *Proebst*, S. 246; *Triepel*, Kompetenzen, S. 292; *Anschütz*, Staatsrecht, S. 171.

[17] *Anschütz*, Staatsrecht, S. 172.

den auswärtigen Angelegenheiten als genaues Spiegelbild der inneren Kompetenzen darstellen ließe. Eine befriedigende Abgrenzung läßt sich deshalb auch für den Bereich der alten Reichsverfassung nur finden, wenn man mit Haenel[18] davon ausgeht, daß das Reich „zu Staatsverträgen jeden Inhalts und ohne Rücksicht auf das Zutreffen einer Specialklausel der Verfassung berechtigt“ war „und nur das entgegenstehende Recht der Einzelstaaten auf Wahrung ihrer inneren Kompetenzen“ ihm Grenzen setzte. Diese negative Abgrenzung, die dem Reich alle Rechte zubilligt, die nicht den Einzelstaaten zustehen, ist richtiger, weil es Verträge gibt, die einer — notwendig auf innerstaatliche Gegenstände bezogenen — Gesetzgebung gar nicht zuzuordnen sind (Verträge spezifisch völkerrechtlichen Inhalts)[19]. Die von Haenel verwendete Abgrenzung läßt Raum für Verträge, die zwar keiner Gesetzgebungskompetenz des Reiches entsprachen, aber doch auch die Gesetzgebungs- und Verwaltungsrechte der Einzelstaaten nicht berührten. Dies galt z. B. für den Vertrag zwischen Deutschland und Griechenland über die Ausgrabungen bei Olympia vom 13./25. April 1874[20], der unzweifelhaft im Rahmen der Reichskompetenz abgeschlossen wurde, obwohl er keinen Gegenstand, der unter Art. 4 der Reichsverfassung fiel, berührte und „überhaupt mit dem Rechtszustande Deutschlands gar nichts zu tun“ hatte[21].

c) Die abweichende Ansicht

Nur eine kleine Minderheit der Autoren, von Mohl, Wilhelm Kaufmann und Gorius, vertraten die Ansicht, der Kaiser sei beim Abschluß von Verträgen „durch die Verfassung nicht beschränkt“[22]. Von Mohl machte jedoch die Einschränkung, daß „der Inhalt und Zweck eines Vertrages innerhalb der Aufgaben des deutschen Bundesstaates liegen“ müsse[23], so, wie sie in der Präambel der Reichsverfassung festgelegt worden seien[24]. Diese Aufgaben seien zwar weit gesteckt, doch lasse

---

[18] S. 541.

[19] Vgl. dazu *Haenel*, S. 538: „Verträge specifisch völkerrechtlichen Inhaltes haben Verhältnisse zum Gegenstand, deren Regelung ihrer Natur nach außerhalb des einseitigen Verfügungsrechtes des einzelnen Staates liegt, wie bei Allianzen oder Friedensschlüssen, bei Grenzverträgen oder Einräumung von Staatsservituten.“

[20] RGBl. 1875, S. 241; Reichsbudget für 1875 zu Anlage III, S. 45; vgl. *Haenel*, S. 541, Anm. 7.

[21] *Laband* II, S. 157 Anm. 1.

[22] *von Mohl*, S. 303.

[23] S. 305.

[24] „... zum Schutze des Bundesgebietes und des innerhalb desselben gültigen Rechtes, sowie zur Pflege der Wohlfahrt des Deutschen Volkes“.

sich „gar Mancherlei denken, was nicht unter eine dieser Kategorien gebracht werden" könne[25].

Gegen eine Beschränkung des Reiches auf die Gegenstände seiner Gesetzgebung wandte sich auch Wilhelm Kaufmann[26], weil „nationale Interessen mit berührt werden" könnten, „wenn die Materie, welche rein innerstaatlich nicht als eine nationale Angelegenheit des Gesammtstaates, sondern als eine solche der Einzelstaaten erachtet wird, eine internationale Regelung" erfordere[27].

Der Ansicht von Mohls folgte auch Gorius, fügte aber als eigene Begründung hinzu, die umfassende Abschlußkompetenz des Kaisers ergebe sich „nothwendig per argumentum e contrario des angeführten Artikels"[28]. Gemeint ist Art. 11 III und die Tatsache, daß dort nur auf Gegenstände der *Reichs*gesetzgebung bezogene Verträge der legislativen Mitwirkung unterworfen wurden, woraus Gorius auf eine ungebundene Zuständigkeit des Kaisers, Verträge über Landesmaterien zu schließen, folgern zu dürfen glaubte. Daß dies undenkbar ist, wurde bereits erörtert: Hielt man sich an den Wortlaut der Verfassung, so war ein Übergriff in den Bereich der Einzelstaaten nur durch einen weiteren Verstoß zu erreichen, nämlich durch die Loslösung der Exekutive von der Kontrolle der Legislative. Es wäre also gerade die Aufgabe einer Theorie von der unbeschränkten Abschlußzuständigkeit des Kaisers gewesen, einen Ersatz für die von der Verfassung nicht vorgesehene Beteiligung von Bundesrat und Reichstag zu finden. Auf diese Weise wäre die behauptete Möglichkeit, in die Rechte der Einzelstaaten einzugreifen, nicht auch noch mit einer Überspielung der Legislative verbunden gewesen. Der Versuch einer solchen Lösung ist aber in der Kaiserzeit nicht gemacht worden.

3. Friedensverträge

Nach Ansicht einiger Autoren nahmen Friedensverträge eine gegenüber normalen völkerrechtlichen Verträgen gesonderte Stellung ein. Ihr Inhalt sollte „nicht gebunden" sein „an die Kompetenzen des Reiches im Friedensstande"[29].

Nach Haenel war der Friedensschluß materiell „integrierender Bestandteil des Rechtes der Kriegsführung". Deshalb sei in Artikel 11 aRV bewußt zwischen Kriegserklärung und Friedensschluß einerseits und

---

[25] S. 305.

[26] S. 53.

[27] a.a.O.

[28] Spalte 771.

[29] *Haenel*, S. 545.

dem Abschluß von Bündnissen und anderen Verträgen andererseits unterschieden worden. Da der Friedensschluß nicht „unter das Recht der Verträge“ gestellt sei, finde Abs. III des Art. 11 aRV mit seiner konstitutionellen Bindung des Kaisers an Bundesrat und Reichstag auf ihn keine Anwendung.

Friedensschlüsse sollten nach Haenel aber auch nicht „an die Voraussetzungen der Verfassungsänderung gebunden“ sein, wenn sie „in das verfassungsmäßige Kompetenzgebiet der Einzelstaaten“ eingriffen[30]. Die Stellungnahme der übrigen Autoren zu dieser Frage war allerdings zwiespältig. Teils entschieden sie sich wie Haenel für ein unbeschränktes Friedensschlußrecht des Kaisers, teils beschränkten sie das Recht, in die Bereiche der Einzelstaaten einzugreifen, auf Gebietsabtretungen, teils stellten sie Friedensverträge anderen Verträgen vollkommen gleich[31].

4. Übertragung der Einzelstaatskompetenz auf das Reich

Es war eine „allgemein gemachte und anerkannte Voraussetzung“. . ., daß die Einzelstaaten berechtigt waren, „auf jede Geltendmachung der ihnen verbliebenen völkerrechtlichen Stellung zu verzichten“[32].

Nach Haenel war dies in zweifacher Weise möglich:

a) entweder schlossen Organe des Reiches den Vertrag im Namen des Einzelstaates ab; dann wurde das völkerrechtliche Vertragsverhältnis zwischen dem Einzelstaat und dem auswärtigen Staat begründet;
b) oder aber das Reich schloß im eigenen Namen den Vertrag; dann waren das Reich und der auswärtige Staat Vertragspartner, die Erfüllung des Vertrages aber eine innere Pflicht des Einzelstaates gegenüber dem Reich[33].

Die letzte Form wurde zumeist in den Fällen gewählt, in denen neben dem Reich auch ein oder mehrere Einzelstaaten in das Vertragsverhältnis einbezogen werden sollten. In diesem Fall hielt auch von Seydel[34] einen einzigen Vertrag, der „durch das Reich unter besonderer Zustimmung der betheiligten Bundesstaaten“ geschlossen wurde, für zulässig.

5. Erweiterung der Reichskompetenz

Wollte das Reich ohne Zustimmung der betroffenen Einzelstaaten einen Vertrag über einen Gegenstand der Landesgesetzgebung schlie-

---

[30] *Haenel*, S. 546.
[31] Vgl. die Übersicht bei *Haenel*, S. 546, Anm. 20.
[32] *Haenel*, S. 559.
[33] *Haenel*, S. 560 f. mit Nachweisen aus der Praxis.
[34] S. 162.

ßen, so bedurfte es dazu einer *Verfassungsänderung*[35]. Korrekterweise hätte einem solchen übergreifenden Vertrag ein verfassungsänderndes, die Reichskompetenzen erweiterndes Gesetz vorhergehen müssen; doch wurde es auch für möglich gehalten, „durch Abschluß des Vertrages selbst“ — der dann allerdings der notwendigen verfassungsändernden Mehrheit bedurfte — die Reichszuständigkeit zu begründen[36].

Der von E. Meier bereits im vierten Jahr des alten Reiches geäußerten Ansicht, „der Zug der nationalen Entwicklung“ werde dahin führen, „diejenigen in die Zuständigkeit der Einzelstaaten fallenden Angelegenheiten, bei denen eine internationale Regelung als ein dauerndes Bedürfnis sich herausstellt, in die Sphäre der Reichszuständigkeit zu erheben“[37], hat allerdings der tatsächliche Verlauf der Verfassungsentwicklung nicht entsprochen.

6. Folgen der Kompetenzüberschreitung

Ein völkerrechtlicher Vertrag, der in die Rechte der Einzelstaaten eingriff, galt, „wenn er nicht die Formen der Verfassungsänderung“ gewann oder „auf besonderer Autorisation des betroffenen Einzelstaates“ beruhte, nicht nur als „staatsrechtlich ungültig, sondern auch völkerrechtlich unverbindlich“[38]. Es waren aber nicht die Folgen der Überschreitung bundesstaatlicher Grenzen, die im Kaiserreich Gegenstand lebhafter Diskussion waren, sondern die Frage, wie ein Vertrag zu beurteilen sei, den der Kaiser ohne die notwendige Sanktion der Legislative geschlossen hatte. Die von Laband[39] angeführte herrschende Lehre trat dafür ein, den Vertrag lediglich innerstaatlich für unvollziehbar zu halten, ihm die völkerrechtliche Gültigkeit jedoch voll zuzusprechen. Das in Art. 11 III aRV geregelte Ablehnungsrecht des Bundesrates und des Reichstages beschränkte nach dieser Ansicht „die Vertretungsmacht des Kaisers (RV. Art. 11 Abs. 1) nach außen nicht ...“[40]. Die Zustimmung der gesetzgebenden Faktoren war „nur zur staatsrechtlichen Gültigkeit notwendig“[41]. Die Gegenmeinung betrachtete einen solchen Vertrag auch völkerrechtlich als nichtig[42].

---

[35] *Laband* II, S. 137 f.

[36] *Proebst*, S. 264.

[37] S. 271.

[38] *Haenel*, S. 544.

[39] II, S. 133 ff.

[40] *Anschütz*, Staatsrecht, S. 173.

[41] *Anschütz*, a.a.O., S. 173.

[42] Als erster wohl *v. Mohl*, S. 303, Anm. 1 (S. 304); vgl. auch *Proebst*, S. 292 ff.; *v. Seydel*, S. 163. — E. *Meier* widmete seine ganze Monographie dem Nachweis von der Unhaltbarkeit der herrschenden Lehre (vgl. Vorwort S. VII, IX und S. 275 ff).

Während einem Verstoß gegen die Grundsätze des Konstitutionalismus also unterschiedliche völkerrechtliche Bedeutung beigemessen wurde, war die innerstaatliche und völkerrechtliche Nichtigkeit eines übergreifenden Vertrages, der der notwendigen Zustimmung der Einzelstaaten entbehrte, allgemeine Meinung[43]. Der Grund wird in der unterschiedlichen Rolle gelegen haben, die die Zustimmung der Reichslegislative im einen und die Zustimmung der Einzelstaaten im anderen Falle spielte. Während die Zustimmung der Legislative nur zum originären Abschlußrecht des Kaisers hinzutrat, mußte er sich bei übergreifenden Verträgen die Abschlußkompetenz der Einzelstaaten überhaupt erst übertragen lassen. Die mangelnde Zustimmung der Einzelstaaten mußte deshalb als ungleich bedeutsamer erscheinen.

II. Die Weimarer Republik

1. Die Entstehungsgeschichte des Artikels 78 WRV

Mit der Umwandlung des Reiches von einem Bund konstitutioneller Monarchien und Hansestädte in eine Republik, in der „die Staatsgewalt vom Volke" ausging (Art. 1 II WRV), entfiel die Notwendigkeit, den Ländern einen auch nur geringen Bereich der auswärtigen Beziehungen zu überlassen. So waren denn nach dem Ende der Monarchie auch die zentralistischen Tendenzen zunächst stärker als die föderalistisch-restaurativen:

Der (nicht veröffentlichte) Vorentwurf zur Verfassung des Deutschen Reiches vom 3. Januar 1919[44] zählte in seinem § 3 zu den „Reichsangelegenheiten, die ausschließlich der Gesetzgebung und Verwaltung des Reichs unterliegen", unter Ziff. 1 „die Beziehungen zum Ausland" auf. Darin folgte ihm der Verfassungsentwurf vom 20. Januar 1919[45], der § 3 unverändert übernahm. Erst der Entwurf vom 17. Februar 1919 bestimmte — nunmehr in Art. 4 Abs. I und II[46]:

„Die Beziehungen zu den auswärtigen Staaten sind in Gesetzgebung und Verwaltung ausschließlich Sache des Reichs.

In Angelegenheiten, deren Regelung der Landesgesetzgebung zusteht, können die Gliedstaaten mit auswärtigen Staaten Verträge schließen; die Verträge bedürfen der Zustimmung des Reichs."

---

[43] *Haenel*, S. 544; *Proebst*, S. 298; *Triepel*, Völkerrecht und Landesrecht, S. 244 f.

[44] *Triepel*, Quellen, S. 6 ff.

[45] *Triepel*, Quellen, S. 10.

[46] Abs. III regelte die vertragliche Änderung der Reichsgrenzen und entsprach damit dem späteren Abs. III des Artikels 78 WRV.

Damit war den Ländern ein ihrem Gesetzgebungsrecht entsprechendes Vertragsrecht eingeräumt. Die Vorschrift blieb im Verfassungsentwurf vom 21. Februar 1919[47] unverändert. Erst in den Beratungen des Achten (Verfassungs)Ausschusses der Nationalversammlung erhielten die Bestimmungen über die Auswärtige Gewalt ihre endgültige Fassung. In den Artikeln 6, 45 I—III und 78 stimmte der „Entwurf einer Verfassung des Deutschen Reiches nach den Beschlüssen des Achten (Verfassungs)Ausschusses der Nationalversammlung vom 18. Juni 1919"[48] mit dem endgültigen Text der Weimarer Reichsverfassung überein. Das bedeutete, daß der Verfassungsausschuß die Sondervorschrift für die auswärtige Gewalt in Gesetzgebung *und* Verwaltung aufgelöst und die Gesetzgebungszuständigkeit dem allgemeinen Katalog (in Art. 6 WRV) und die Kompetenz zur „Pflege der Beziehungen zu den auswärtigen Staaten" in den Abschnitt „Die Reichsverwaltung" (Art. 78) übernommen hatte.

Damit waren die Kompetenzen von Reich und Ländern im Bereich der Auswärtigen Politik zum ersten Mal ausdrücklich geregelt. Die Kernvorschrift bildete Art. 78 WRV:

„(I) Die Pflege der Beziehungen zu den auswärtigen Staaten ist ausschließlich Sache des Reichs.

(II) In Angelegenheiten, deren Regelung der Landesgesetzgebung zusteht, können die Länder mit auswärtigen Staaten Verträge schließen."

Sieht man zunächst von dem Sonderproblem der Vertragsschlüsse ab, so ergibt sich, daß alle Formen des Verkehrs mit dem Ausland dem Reich vorbehalten waren. Das galt in erster Linie von der diplomatischen Vertretung; denn „die Vertretung *aller* deutschen Interessen, nicht nur der allgemein-deutschen, nationalen, sondern auch aller partikularen (stand damit) dem Reiche ausschließlich zu"[49].

„Der Grundsatz einheitlicher Außenverwaltung" war „zu einem Grundsatz des Staatsrechts erhoben"[50]. Wie sich aus Art. 78 II WRV ergibt, galt diese Ausschließlichkeit aber nicht für die Vertragsschlüsse. Mit Art. 78 II wurde den Ländern zum ersten Mal ihr aus der alten Verfassung übernommenes Recht ausdrücklich zugewiesen. Nach Ansicht von Anschütz wurde es „durch Abs. 2 nicht begründet, sondern nur beschränkt"[51] und war ein „Anerkenntnis bestehengebliebener wenngleich beschränkter Staatlichkeit"[52].

---

[47] *Triepel*, Quellen, S. 27 ff.

[48] *Triepel*, Quellen, S. 38 ff.

[49] *Anschütz*, Kommentar, S. 416.

[50] *Fleischmann*, HdbDStR, S. 210; vgl. aber zu den notwendigen diplomatischen Kontakten der Länder unten S. 51 f.

[51] Kommentar, S. 417.

[52] Kommentar, S. 418.

Neu in der Weimarer Reichsverfassung war ebenfalls die ausschließliche Gesetzgebungszuständigkeit des Reichs für „die Beziehungen zum Ausland" in Art. 6, Ziff. 1 WRV. Dagegen fand sich der Inhalt des Art. 11 aRV — die Regelung der völkerrechtlichen Stellung des Kaisers — im wesentlichen (auf den Reichspräsidenten übertragen) in Art. 45 WRV wieder.

Bedeutete dies alles nun, daß sich in der Weimarer Republik die Rechte des Reichs beim Abschluß völkerrechtlicher Verträge mit dem deckten, „was früher schon galt", wie Anschütz[53] es formulierte, oder waren die Rechte der Länder durch die neue Verfassung geringfügig[54] oder wesentlich[55] beschränkt worden?

2. Die Zuständigkeit der Länder

Die Länder konnten „in Angelegenheiten, deren Regelung der Landesgesetzgebung" zustand, „mit auswärtigen Staaten Verträge schließen" (Art. 78 II WRV)[56].

Damit waren zumindest Landesverträge über Fragen der ausschließlichen Landesgesetzgebung zulässig. Aber konnten die Länder auch über Fragen der *konkurrierenden* Gesetzgebung Verträge schließen (a)? Und stand den Ländern für Vertragsschlüsse auch der Bereich der reichsgesetzausführenden Landes*verwaltung* offen (b)?

a) Das Gebiet der konkurrierenden Gesetzgebung

aa) Die herrschende Ansicht

Da die Gegenstände der konkurrierenden Gesetzgebung zu den Angelegenheiten gehörten, „deren Regelung der Landesgesetzgebung" zustand, waren Landesverträge auch insoweit immer dann zulässig, wenn die Länder entsprechende Landesgesetze oder Verwaltungsverordnun-

---

[53] Kommentar, S. 418.

[54] So etwa *Heckel*, S. 216.

[55] *Hatschek*, S. 520 ff.

[56] Durch die Beschränkung auf „auswärtige Staaten" besagt der Art. 78 II nichts über die Beziehungen zum Vatikan bzw. die Kompetenz zum Abschluß von Konkordaten. Nach einhelliger Auffassung handelte es sich hier aber um eine ausschließliche Kompetenz der Länder, die in der Reichsverfassung allerdings nicht ausdrücklich erwähnt worden war. Daß jedenfalls das Reich für den Abschluß von Konkordaten nicht zuständig war, ergibt sich aus der Beschränkung auf Beziehungen „zu den auswärtigen Staaten" in Art. 78 I WRV. Im Staatenausschuß waren die Worte „Beziehungen zum Auslande" gerade deshalb in die Worte „Beziehungen zu den auswärtigen Staaten" umgewandelt worden, um den Ländern die Pflege der Beziehungen zur römischen Kurie unangetastet zu erhalten. — *Poetzsch-Heffter*, Anm. 3 zu Art. 6 WRV; *Fleischmann*, S. 216.

gen erlassen konnten. Das galt jedoch nur „solange und soweit das Reich von seinem Gesetzgebungsrechte keinen Gebrauch" gemacht (Art. 12 I 1 WRV), d. h. die Angelegenheit nicht erschöpfend kodifiziert hatte[57]. Sinngemäß ist dabei zu ergänzen, daß das Reich das betreffende Gebiet der konkurrierenden Gesetzgebung mit der gleichen länderausschließenden Wirkung auch vertraglich regeln konnte.

bb) Die Ansicht von Hatschek

Als einziger hat Hatschek[58] die Ansicht vertreten, durch die Weimarer Verfassung sei es den Ländern „überhaupt verboten, Gegenstände der konkurrierenden Reichskompetenz durch internationalen Vertrag regeln zu wollen". Hatschek berief sich dabei auf den Wortlaut des Art. 78 II, dessen positive Formulierung er einer — von ihm erdachten — negativen gleichsetzte: Nach Hatschek war es dasselbe, ob es hieß: „In Angelegenheiten, deren Regelung der Landesgesetzgebung zusteht ..." oder aber, „die nicht zur Zuständigkeit des Reichs gehören". Die letztgenannte negative Formulierung nun schloß nach Hatschek die Länder von Verträgen über die Fragen der konkurrierenden Gesetzgebung aus, da dieser Bereich zur Zuständigkeit des Reiches gehörte. Aus diesen beiden Voraussetzungen ergibt sich dann, daß die konkurrierende Gesetzgebung den Ländern in Art. 78 II WRV nicht mitüberlassen war.

In Wahrheit stand die konkurrierende Gesetzgebung weder schlechthin dem Reich noch schlechthin den Ländern zu[59]. Auch wenn also den Ländern die vertragliche Regelung aller zur „Zuständigkeit des Reichs" gehörenden Fragen verwehrt gewesen wäre, wäre ihnen doch das Gebiet der konkurrierenden Gesetzgebung in dem gleichen Umfang zum Vertragsschluß wie zur Gesetzgebung verblieben. Denn die Zuständigkeit des Reichs aktualisierte sich ja im Fall der konkurrierenden Zuständigkeit erst mit der Gesetzgebungs- bzw. der Vertragsschluß-Initiative; bis zu diesem Zeitpunkt waren die Länder ebenso wie das Reich zuständig. Ein Unterschied zwischen der positiven und der von Hatschek eingeführten negativen Fassung bestand also nicht.

cc) Die Aufhebung der Verträge durch das Reich

Hatte ein Land einen Vertrag im Bereich der konkurrierenden Gesetzgebung geschlossen, so konnte das Reich mit dem Vertragspartner die Aufhebung des Vertrages vereinbaren oder auch einen neuen Vertrag anstelle des Landesvertrages mit ihm schließen[60]. Eine solche Ver-

---

[57] *Heckel*, S. 215; *Anschütz*, Kommentar, S. 418; *Wahl*, S. 54 f.; *Steffen*, S. 30.

[58] S. 515 f.

[59] *Wahl*, S. 57.

[60] *Fleischmann*, S. 215.

tragsaufhebung durch Vereinbarung mit einem Dritten ist zwar ungewöhnlich, muß aber dem Zentralstaat in diesem Falle zustehen (vgl. Art. 13 I WRV). Das Reich konnte allerdings auch den Vertrag des Landes undurchführbar machen, indem es eine entgegenstehende reichsgesetzliche Regelung erließ, hatte dann allerdings gegenüber dem auswärtigen Vertragspartner für die Nichterfüllung einzustehen[61].

b) Verwaltungsabkommen

Durch Art. 78 II WRV wurden die Länder auf den Bereich beschränkt, dessen Regelung ihrer *Gesetzgebung* zustand. Während aber in Art. 11 III aRV ebenso wie für die Weimarer Verfassung in Art. 45 III „Reichs*gesetzgebung*" zu betonen war, mußte in Art. 78 II WRV *„Landes*gesetzgebung" betont werden. Das Wort „Landesgesetzgebung" bezeichnete also einen Bereich von Angelegenheiten, besagte aber nichts über die Form ihrer Regelung (also, ob es sich um eine Regelung auf der Gesetzgebungs- oder Verwaltungsebene handelte), während das Wort „Reichsgesetzgebung" wohl auch einen Kreis von (dem Reich zugewiesenen) Angelegenheiten bezeichnete, zunächst aber auf die Art der Regelung, d. h. auf den Unterschied zwischen gesetzlicher und verwaltungsmäßiger Normierung abstellte. „Art. 45 Abs. 3 hat wie der Art. 11 Abs. 3 aRV den Gegensatz: Regelung durch Gesetzgebung — Regelung durch Verwaltungsakt für die innere Durchführung im Auge, dagegen Art. 78 Abs. 2 den Gegensatz: landesrechtliche Regelung — reichsrechtliche Regelung[62]."

Es war also gleichgültig, ob die Länder innerhalb ihrer Gesetzgebungsgrenzen Verträge über Fragen schlossen, die innerstaatlich dem Bereich der Verwaltung angehörten oder die Gesetzgebung betrafen; entscheidend war nur, daß sie nicht die Reichsgesetzgebung berührten. Über Fragen der Landes*gesetzgebung* konnten die Länder also auch *Verwaltungs*abkommen schließen[63].

Dies ergab sich auch aus den Beratungen im Verfassungsausschuß über einen Antrag des Abgeordneten Kahl[64]. Kahl führte aus, Art. 4 Abs. II des Entwurfs vom 17. Februar 1919 müsse zugunsten der Einzelstaaten erweitert werden, da es Angelegenheiten der Verwaltung gebe, bei denen die Bundesstaaten ein Interesse an der eigenen Vertragsschließung hätten. Er schlug deshalb die Formulierung „in Angelegenheiten, die nicht zur Zuständigkeit des Reichs gehören" vor, änderte seinen Antrag aber kurz darauf geringfügig, indem er die Worte „Zu-

---

[61] *Fleischmann*, a.a.O.

[62] *Wahl*, S. 60.

[63] *Heckel*, S. 212, 216; *Bernhardt*, S. 113.

[64] Prot. S. 34—36; vgl. dazu *Kesseler*, S. 85 ff.

ständigkeit des Reichs" durch die Worte „Zuständigkeit der Reichsgesetzgebung" ersetzte. Der Abgeordnete Heinze unterstützte diesen Antrag mit dem nochmaligen Hinweis auf die Notwendigkeit von Verwaltungsverträgen der Länder. Es sollte also klargestellt werden, daß auch Landesverträge zulässig waren, die Verwaltungsfragen betrafen — solange sie nur zugleich der Landesgesetzgebung zugänglich waren[65]. Der damalige Staatssekretär Preuß äußerte sogar bei den Beratungen des Verfassungsausschusses, seiner Meinung nach würden bei Absatz II „überwiegend Verwaltungsverträge in Betracht kommen"[66].

Soweit den Ländern jedoch nur die Verwaltung, dem Reich aber die Gesetzgebung in einer Frage zustand, war ihnen das Recht zum Vertragsschluß hierüber verwehrt. Das galt auch für Verwaltungsabkommen[67].

Was die Verwaltungsabkommen angeht, so ist die Frage, ob die Zuständigkeit der Länder enger war als zur Zeit der alten Reichsverfassung angesichts der klaren Regelung in Art. 78 II WRV eher eine Frage der Auslegung der *alten* Reichsverfassung. Denn im Kaiserreich war es streitig, ob die Länder auch dann mit auswärtigen Staaten Verträge schließen konnten, wenn ihnen nur die Verwaltung zustand[68]. Die herrschende Lehre der Kaiserzeit[69] wollte die Länder insoweit von internationalen Verträgen ausschließen, stimmte also insofern mit der Regelung der Weimarer Verfassung überein. Es kann deshalb offenbleiben, ob die Anschütz'sche These von der Kongruenz der früheren und späteren Länderkompetenz „nicht ganz zutreffend" war[70].

c) Die Zustimmung des Reiches

Eine wesentliche Neuerung war die für jeden völkerrechtlichen Vertrag eines Landes vorgeschriebene Zustimmung des Reiches (Art. 78 II, 2. Hs)[71], die nach pflichtmäßigem Ermessen zu erteilen war[72]. Ein ohne Zustimmung des Reichs geschlossener Vertrag galt auch völkerrechtlich als nichtig[73].

---

[65] *Wahl*, S. 55/56.

[66] Protokolle, S. 34.

[67] *Wahl*, S. 59.

[68] Dafür: *Haenel*, S. 558, 586, Anm. 22; nachträglich *Schwarzenbach*, S. 55 f.; *Wahl*, S. 37, 58.

[69] *Triepel*, Völkerrecht und Landesrecht, S. 196; s. auch oben, S. 34, c).

[70] *Heckel*, S. 216.

[71] Auf die sehr umstrittene Frage, welches Reichsorgan für die Zustimmung zuständig war, ist hier nicht einzugehen. Es wurden etwa gleich häufig die Reichsregierung und der Reichspräsident genannt. Vgl. *Anschütz*, Kommentar, S. 419.

[72] *Fleischmann*, S. 214.

[73] *Heckel*, S. 217; *Anschütz*, Komm., S. 419; *Poetzsch-Heffter*, Art. 78, Nr. 6.

d) Die Praxis der Länderverträge

Durch ihre Beschränkung auf den Bereich der Landesgesetzgebung waren die Länder auch bei Vertragsschlüssen auf „kleine und kleinste Winkel" begrenzt[74]. Bei der Beratung der Verfassung hatte man für die Landesverträge an „Landesmeliorationen, Ausnützung von Wasserkräften und andere wasserrechtliche Fragen, sowie überhaupt an die Angelegenheiten des grenznachbarlichen Verkehrs" gedacht[75], aber auch an Fragen „der Polizei, der Urproduktion, der geistigen Kultur und Schulfragen"[76]. Die Vertragspraxis blieb aber — von der Erneuerung von Vorkriegsverträgen[77] abgesehen — auf wenige Fälle beschränkt. Die den Ländern in Art. 78 II WRV zugestandene Befugnis hatte „nur mehr nebensächliche Bedeutung"[78].

Dazu kam, daß der Vertragsverkehr der Länder durch das Fehlen jeglicher diplomatischer Vertretungen sehr erschwert war[79]. Zwar durften die Länder ad hoc Gesandte für die Vertragsverhandlungen ernennen[80], weil das Vertragsschlußrecht der Länder sonst illusorisch gewesen wäre[81]. Aber es blieb den Ländern doch wenig anderes übrig als das Reich mit dem Abschluß eines Vertrages zu beauftragen[82].

Nach Nitschke[83] waren bis zum Jahre 1928 keine Verträge der Länder Bayern, Sachsen, Württemberg, Thüringen, Hessen und aller kleineren Länder nachweisbar. Nur Preußen machte in gewisser Hinsicht eine Ausnahme, etwa in dem Staatsvertrag zwischen Preußen und Österreich über die gegenseitige Durchführung der Schulpflicht ihrer in dem anderen Staate wohnenden Staats- und Bundesangehörigen[84]. In einem ohne Mitwirkung des Landtags abgeschlossenen Ressortabkommen hat das württembergische Ministerium des Kirchen- und Schulwesens im Jahre 1920 mit der österreichischen Regierung vereinbart, die Kinder von Angehörigen des Partnerstaates genauso der Schulpflicht zu unterwerfen wie Kinder eigener Staatsangehöriger. Dieses Abkommen wurde bezeichnenderweise durch einen Notenwechsel zwischen dem Auswärtigen Amt und dem österreichischen Geschäftsträger in Berlin geschlossen[85].

---

[74] *Wahl*, S. 57.
[75] *Poetzsch-Heffter*, Art. 78, II, 5, S. 340.
[76] *Fleischmann*, S. 213.
[77] Vgl. *Nitschke*, S. 33.
[78] *Nawiasky*, Grundprobleme, S. 14.
[79] *Fleischmann*, S. 212.
[80] *Steffen*, S. 33.
[81] *Elben*, S. 18.
[82] *Wolgast*, S. 30 f.
[83] S. 34.
[84] Gesetz v. 23. März 1926, PrGS 1926, S. 122. — vgl. *Nitschke*, S. 33.
[85] *Elben*, S. 81; *Wahl*, S. 61.

Wahl berichtet außerdem von einer Vereinbarung zwischen deutschen Ländern und Österreich über die Anerkennung von Reifezeugnissen als Voraussetzung zur Zulassung zum Hochschulstudium[86]. Der Entwurf war vom Auswärtigen Amt im Namen der Einzelstaaten und von der österreichische Regierung ausgearbeitet worden. Die endgültige Zustimmung der Länder erfolgte dann durch Erklärung an das Auswärtige Amt[87].

3. Die Zuständigkeit des Reiches

a) Die herrschende Ansicht: begrenzte Reichskompetenz

aa) Art. 78 I WRV

Art. 78 I WRV umriß die Zuständigkeiten des Reiches in auswärtigen Angelegenheiten nur mit der lapidaren Feststellung, „die Pflege der Beziehungen zu den auswärtigen Staaten" sei „ausschließlich Sache des Reichs". Das Vertragsschlußrecht des Reiches — das ja begrifflich nicht mit der Zuständigkeit für die „Pflege der Beziehungen zu den auswärtigen Staaten" identisch ist — wurde in der Verfassung gar nicht erwähnt — im Gegensatz zu der ziemlich genauen Regelung, die das entsprechende Recht der Länder in Art. 78 II WRV erfahren hatte. Der Umfang des Vertragsschlußrechts des Reichs, also seine Abgrenzung gegen das entsprechende Recht der Länder, war aus Art. 78 I WRV nicht unmittelbar zu entnehmen. In Verbindung mit Art. 78 II ergab sich jedoch, daß das Reich zumindest diejenigen Verträge schließen konnte, die sich nicht auf Gegenstände der ausschließlichen Landesgesetzgebung bezogen. War damit aber schon der ganze Umfang der Reichszuständigkeit bezeichnet? Da Abs. I sehr allgemein gehalten und eine Ausschließlichkeit der Länderkompetenz aus Abs. II nicht erkennbar war, ergab sich notwendig die Frage, ob das Reich nicht ganz unbeschränkt zum Vertragsschluß zuständig war. Eine Antwort darauf konnte sich nur aus Art. 45 III und Art. 6 Ziff. 1 WRV ergeben.

bb) Art. 45 III WRV

Das wichtigste Argument gegen eine auch den Bereich der Landesgesetzgebung umfassende Reichszuständigkeit ergab sich — wie schon unter der alten Reichsverfassung aus Art. 11 III — aus Art. 45 III WRV. Denn auch hier war die Beteiligung der Reichslegislative auf die Fälle beschränkt, in denen die Reichsgesetzgebung berührt wurde. Auch unter

---

[86] S. 61 f.

[87] Vgl. im übrigen die Übersichten über die Landesverträge und die in Frage kommenden Sachgebiete bei *Fleischmann*, a.a.O., S. 214 f.; *Wahl*, S. 60 f.

der Weimarer Verfassung war aber klar, daß damit die Verträge gemeint waren, deren Bestimmungen, „wenn man sie sich nicht als Vertragsbestandteil, sondern als innerstaatliche Normen“ vorstellte, „nur im Gesetzgebungs-, nicht im Verordnungswege“ erlassen werden konnten[88]. Die Reichsregierung bzw. der Reichspräsident sollte also der Zustimmung dann nicht bedürfen, wenn eine entsprechende innerstaatliche Regelung im Verordnungswege hätte erlassen werden können, nicht, wenn es sich um Gebiete der Landesgesetzgebung handelte. Man wäre sonst zu dem „unmöglichen Ergebnis“ gekommen, „daß der Reichspräsident keiner Zustimmung der gesetzgebenden Faktoren bedürfte, wenn er außerhalb der Reichszuständigkeit handelte, etwa die Gebühren der Preußischen Staatsbibliothek für Ausländer festsetzte, während hier die Zustimmung offenbar sogar in verfassungsändernder Form“ nötig gewesen wäre[89]. Wie schon für die alte Reichsverfassung in Art. 11 III, so lag auch im Art. 45 III der Weimarer Reichsverfassung der Ton nicht auf ‚*Reichs*‘, sondern auf ‚*Gesetzgebung*‘[90].

cc) Art. 6, Ziff. 1 WRV

Da das Reich durch Art. 45 III indirekt auch für Vertragsabschlüsse auf das Gebiet seiner gesetzgeberischen Zuständigkeit verwiesen war, wurde der Umfang der Gesetzgebungszuständigkeit über „die Beziehungen zum Ausland“ in Art. 6 Ziff. 1 WRV zur entscheidenden Frage[91]. Wenn diese Kompetenznorm einen wechselnden Inhalt hatte und eine Frage immer schon dann den „Beziehungen zum Ausland“ zuzurechnen war, wenn die Reichsregierung sie zum Gegenstand von Verhandlungen mit auswärtigen Staaten machte, hätte es für die Verträge des Reiches keine materielle Begrenzung gegeben. Das Reich wäre zwar formal auf die Gebiete seiner Gesetzgebungszuständigkeit beschränkt, in der Sache aber durch die Dehnbarkeit dieses Begriffes in jedem Falle nach eigenem Ermessen zuständig gewesen.

Die Entstehungsgeschichte dieser Vorschrift ergibt, daß sie von den ersten Entwürfen bis zum endgültigen Text der Weimarer Verfassung einen Bedeutungswandel durchgemacht hat. In dem Vorentwurf zur Verfassung des Deutschen Reichs vom 3. Januar 1919[92] und in dem Entwurf einer Verfassung des Deutschen Reichs vom 20. Januar 1919[93] hieß

---

[88] *Anschütz,* Kommentar, S. 262; vgl. auch *Kraus,* Verwaltungsfunktionen, S. 346 und Walter *Jellinek,* S. 110.

[89] Walter *Jellinek,* S. 110.

[90] *Anschütz,* a.a.O.; Walter *Jellinek,* a.a.O.

[91] *Heckel,* S. 213 ff.; *Bernhardt,* S. 115.

[92] *Triepel,* Quellensammlung, S. 7.

[93] *Triepel,* Quellensammlung, S. 11.

es — jeweils in § 3 —: „Reichsangelegenheiten, die ausschließlich der Gesetzgebung und Verwaltung des Reichs unterliegen, sind 1. die Beziehungen zum Ausland...". Da in diesem Stadium ein eigenes Vertragsschlußrecht der Länder noch nicht wieder eingeführt worden war, war es möglich, jede Transformation eines völkerrechtlichen Vertrages als Gesetzgebung über die Beziehungen zum Ausland anzusehen. Denn diese Gesetzgebung war „ausschließlich" Reichssache und die Transformation war es — angesichts der Unzulässigkeit von Landesverträgen — auch[94].

Schon im Verfassungsentwurf vom 17. Februar 1919 wurde jedoch den Ländern die beschränkte Kompetenz zum Abschluß völkerrechtlicher Verträge wieder eingeräumt[95]. Damit änderte der spätere Art. 6 Ziff. 1 WRV seine Bedeutung[96]. Denn nunmehr war das Reich für die Transformation von völkerrechtlichen Verträgen nicht mehr „ausschließlich" zuständig (die Transformierung der Landesverträge war natürlich Sache der Länder selbst), so daß unter den „Beziehungen zum Ausland" etwas anderes als Transformationsgesetze verstanden werden mußte. In Art. 6 Ziff. 1 WRV war damit nur noch die Zuständigkeit des Reichs begründet, „seine eigene auswärtige Verwaltung und die Rechtsstellung der zum Reich entsandten Vertreter anderer Staaten und des Papstes zu regeln"[97]. Bei dieser engen Auslegung war Art. 78 II keine Ausnahme von Art. 6 Ziff. 1[98].

Die herrschende Lehre der Weimarer Zeit hielt denn auch Reichsverträge über Gegenstände der ausschließlichen Länderzuständigkeit für unzulässig[99]. Dabei sprach die Vermutung für die Reichszuständigkeit[100].

b) *Die abweichende Ansicht von Hatschek*

Wiederum im Gegensatz zu der herrschenden Ansicht war Hatschek der Meinung, das Reich sei auf Grund des Art. 6 Ziff. 1 zum Abschluß und zur Transformation aller denkbaren Verträge berechtigt: „Erfordern diese Beziehungen zum Auslande infolge völkerrechtlicher Reichsverträge eine bestimmte Gesetzgebung, die etwa auch außerhalb der bisherigen Reichskompetenz liegt, so hat das Reich die Möglichkeit,

[94] Vgl. *Heckel*, S. 213.

[95] *Triepel*, a.a.O., S. 17 ff.; vgl. oben S. 40.

[96] *Wahl*, S. 50/51.

[97] *Heckel*, S. 214.

[98] Unrichtig *Nitschke*, S. 29.

[99] *Heckel*, S. 213, 217; *Kraus*, HdbDStR II, S. 346 (Anm. 15) 347; *Nitschke*, S. 53; *Steffen*, S. 31; *Schmitz*, S. 341; *Walz*, S. 470; *Wolgast*, S. 21 f., 24 f.

[100] *Wolgast*, S. 25.

solche völkerrechtlich gebundene Gesetzgebung ohne verfassungsändernde Reichskompetenzerweiterung auf Grund von Art. 6 Ziff. 1 RV durchzuführen[101]."

Eine solche Auslegung des Art. 6 war immerhin denkbar, obgleich es dann einer Begründung dafür bedurft hätte, wieso es sich um eine „ausschließliche" Reichskompetenz handeln sollte. Unverständlich ist es aber, wie Hatschek sich zur Begründung seiner Ansicht darauf berufen konnte, in der dem Art. 11 III aRV entsprechenden Bestimmung (also in Art. 45 III WRV) sei „jede Bezugnahme auf die Reichskompetenz weggefallen"[102]. Zwar war tatsächlich die Bezugnahme auf den Artikel weggefallen, der den Zuständigkeitskatalog des Reichs enthielt (also die in Art. 11 III aRV enthaltene Verweisung auf Art. 4 aRV), aber „die Bezugnahme auf die Reichskompetenz" schlechthin war ja gerade auch in der entsprechenden Vorschrift der Weimarer Verfassung enthalten: Auch Art. 45 III unterstellte Bündnisse sowie Verträge, „die sich auf Gegenstände der Reichsgesetzgebung beziehen" der Zustimmung des Reichstags. Hier, in dem ersten Bestandteil des Wortes Reichsgesetzgebung, lag die Achillesferse für jede Theorie einer unbeschränkten Reichszuständigkeit. Denn durch dieses Wort wurde die parlamentarische Kontrolle unzureichend, wenn das Reich tatsächlich unbeschränkt zuständig sein sollte. Diese Schwierigkeit wenigstens voll zu erkennen, wäre die erste Voraussetzung gewesen, hätte man die Ansicht von Hatschek überzeugend vertreten wollen[103].

Dazu kommt, daß es gerade im Hatschek'schen Sinne gewesen wäre, wenn Art. 78 I oder Art. 45 III ausdrücklich auf die Gesetzgebungszuständigkeiten des Reiches verwiesen hätten, da Hatschek ja dem Art. 6 Ziff. 1 gerade die Bedeutung einer umfassenden ausschließlichen Reichskompetenz für die Gesetzgebung über Fragen völkerrechtlicher Verträge gab[104].

c) Die Übertragung des Abschlußrechts auf das Reich

Wie schon Haenel[105] für das Kaiserreich, so war nunmehr Wolgast für die Weimarer Verfassung der Ansicht, die Länder könnten auf die Ausübung ihrer Kompetenz verzichten[106]. Insbesondere erwuchs dem Reich

---

[101] S. 521; gegen ihn *Kraus*, Verwaltungsfunktionen, S. 346 Anm. 15.

[102] a.a.O.

[103] Statt dessen bezog sich *Hatschek* (S. 521) auf Ausführungen des Abg. Heinze im Verfassungsausschuß, aus denen sich nur entnehmen läßt, daß dieser von einer umfassenden Kontrolle des Reichstages über die vom Reich geschlossenen Verträge ausging. Von einem umfassenden Abschlußrecht des Reiches war nicht die Rede. — Richtig *Bernhardt*, S. 115/116.

[104] So richtig *Bernhardt*, S. 115.

[105] S. oben S. 38.

[106] a.a.O., S. 29.

„auf Antrag eines Landes, den Vertrag abzuschließen ..., wie die Kompetenz so die Pflicht, die fraglichen Verträge zu schließen, sei es im eigenen Namen, sei es in dem des Landes“[107].

d) Sonderfälle

Besondere Vorschriften enthielt die WRV für Kriegserklärungen und Friedensschlüsse in Art. 45 II und für Grenzregelungen in Art. 78 III.

aa) Kriegserklärung und Friedensschluß

Kriegserklärung und Friedensschluß erfolgten „durch Reichsgesetz“ (Art. 45 II WRV), so daß der Reichstag hier nicht mehr als bloß „zustimmender Teil, sondern als Herr des Geschäfts“ erschien[108]. Trotzdem bedurfte ein solcher Vertrag wie andere Verträge auch der besonderen Ratifikationserklärung des Reichspräsidenten[109]. Ein Friedensvertragsgesetz brauchte sich aber nicht im Rahmen der Verfassung zu halten, es konnte insbesondere in Rechte der Länder eingreifen, ohne der Formen der Verfassungsänderung zu bedürfen[110]. Art. 45 II bildete insofern „eine lex specialis gegenüber den Bestimmungen über Verfassungsänderung“[111].

Ohne Zustimmung des betroffenen Landes konnte das Reich in einem Friedensvertrag auch Änderungen der Reichsgrenzen — bzw., soweit sie sich mit ihnen deckten, auch der Landesgrenzen — vornehmen. In diesem Sonderfall bedurfte es nicht der sonst gemäß Art. 78 III erforderlichen „Zustimmung des beteiligten Landes“[112]. Allerdings war diese Ansicht nicht unbestritten. Nach Nawiasky[113] sollte auch bei Friedensverträgen eine Gebietsregelung nicht ohne entsprechende Zustimmung erfolgen können, da in Art. 45 nur die Zuständigkeit von Reichsorganen gegeneinander abgegrenzt würde.

---

[107] *Wolgast*, a.a.O., S. 29.

[108] *Anschütz*, Kommentar, S. 260, vgl. auch S. 421 f.

[109] *Anschütz*, S. 261.

[110] *Anschütz*, Kommentar, S. 261; h. M. (Nachweise bei *Kraus*, HdbDStR II, S. 357, Anm. 45). — A. A. *Kraus*, der als Friedensschluß nur denjenigen Teil „eines Friedensvertrages, der ihm wesentlich ist, die sog. Friedensklausel“ ansah (a.a.O., S. 358). *Kraus* wollte die Sonderbestimmung für Friedensverträge auf diesen Teil beschränkt wissen, weil es sonst möglich gewesen wäre, „daß eine einfache Majorität des Reichs anläßlich eines Friedensschlußvertrages schwerwiegendste Entschließungen“ gefaßt hätte. „Insbesondere könnte das Reich bei solchem Anlaß über verfassungsrechtlich geschützte Länderbelange verfügen, ohne diese zu befragen“ (a.a.O., S. 357).

[111] *Heckel*, S. 217.

[112] *Anschütz*, Kommentar, S. 261, 421 f. mit Beispielen aus dem Versailler Friedensvertrag, S. 422; *Heckel*, S. 219.

[113] Bayerisches Verfassungsrecht, S. 31, Grundprobleme, S. 62.

bb) Grenzveränderungen

Eine Sonderbestimmung enthielt die Weimarer Reichsverfassung auch für die vertragliche Änderung der Reichsgrenzen. Im Kaiserreich schloß der betroffene Einzelstaat den erforderlichen völkerrechtlichen Vertrag über die Veränderung seiner Außengrenze (außer in Friedensverträgen), bedurfte dazu aber der Zustimmung des Reichs[114]. „Vereinbarungen mit fremden Staaten über Veränderungen der Reichsgrenzen" wurden nunmehr umgekehrt durch Reichsverträge getroffen (Art. 78 III 1), bedurften aber der Zustimmung des Landes, das durch diese Gebietsveränderung vegrößert oder verkleinert wurde (Art. 78 III 2). Die Form der Zustimmung richtete sich nach Landesrecht; sie war gegenüber dem Reich zu erklären[115]. Ohne die erforderliche Zustimmung des Landes wurde der Vertrag völkerrechtlich nicht wirksam[116]. Die Zustimmung des Landes konnte jedoch durch verfassungsänderndes Reichsgesetz ersetzt werden[117].

C. Die Entstehungsgeschichte des Art. 32 GG

I. Der Herrenchiemseer Entwurf

Der Herrenchiemseer Entwurf bestimmte in Art. 41 I:

„Die Zuständigkeit, Verträge mit auswärtigen Staaten zu schließen, richtet sich nach der Zuständigkeit zur Gesetzgebung."

Damit war den Ländern mit aller Klarheit ein ausschließlicher Bereich des Vertragsschlußrechts eingeräumt worden. Insofern bedurften die Länderverträge auch nicht der Zustimmung des Bundes. Diese war vielmehr nur vorgesehen, soweit „ein Land einen Vertrag über einen Gegenstand schließen (wollte), bei dem der Bund von seiner Zuständigkeit zur Vertragsschließung noch nicht Gebrauch gemacht" hatte.

II. Die Beratungen des Parlamentarischen Rates

1. Änderungsanträge der Zweiten Lesung

Im Parlamentarischen Rat durchlief Art. 41 die ersten beiden Lesungen ohne Änderung seines Wortlauts. Doch gab es in der zweiten Lesung

114 *Meyer-Anschütz*, § 164, S. 696.
115 *Anschütz*, Kommentar, S. 422.
116 *Anschütz*, a.a.O.
117 *Anschütz*, Kommentar, S. 421.

zwei Änderungsanträge, die für die Entstehungsgeschichte des Art. 32 GG aufschlußreich sind und deshalb hier erwähnt werden sollen.

a) Der Antrag des Abgeordneten Lehr

In der Sitzung vom 6. Januar 1949[1] beantragte der Abgeordnete Lehr (CDU), den Art. 41 HChE dergestalt zu ändern, daß sein Absatz I nunmehr lautete:

„Soweit die Länder für die Gesetzgebung zuständig sind, können sie mit auswärtigen Staaten Verträge abschließen[2]."

Dieser Antrag ging davon aus, daß sich die generelle Zuständigkeit des Bundes im Bereich der auswärtigen Politik so klar aus anderen Vorschriften des Entwurfs ergab, daß sie in Art. 41 nicht mehr erwähnt zu werden brauchte. Das geht deutlich aus folgender Erklärung des Abgeordneten von Mangoldt hervor: „Ich darf dazu bemerken, daß die Zuständigkeit des Bundes sich klar aus den Zuständigkeiten über die ausschließliche Gesetzgebung für die auswärtigen Angelegenheiten ergibt, daß die Formulierung, die hier von Herrenchiemsee vorgeschlagen war, so unklar war, daß sie klarer gestaltet werden mußte. Nur das bezweckt der Antrag. Er bedeutet nur eine redaktionelle Umformulierung[3]."

Tatsächlich war die Zuständigkeit des Bundes im auswärtigen Bereich in zahlreichen Vorschriften verankert, so in Art. 81, Art. 35 Ziff. 1 und in Art. 116 I HChE. Wäre der Antrag angenommen worden, so hätte sich also damit schon zu diesem Zeitpunkt fast genau die verfassungsrechtliche Lage ergeben, die das Grundgesetz dann tatsächlich geschaffen hat: Zwar fehlte eine dem heutigen Art. 32 I GG entsprechende Vorschrift, die dem Bund die generelle Zuständigkeit in auswärtigen Angelegenheiten bestätigte, doch war sie durch die zitierten anderen Vorschriften auch ohne ausdrückliche Erwähnung bereits anerkannt. Die Zuständigkeit der Länder aber war in dem Antrag des Abgeordneten Lehr bereits wörtlich in der Weise geregelt, wie sie heute in Art. 32 III GG bestimmt ist.

Der Antrag wurde jedoch nicht angenommen; und zwar, weil die Mehrheit des Hauptausschusses der Ansicht war, die übrigen Vorschriften seien nicht ausreichend, um die Zuständigkeit des Bundes zum Abschluß völkerrechtlicher Verträge zu begründen. Bezeichnend dafür ist die Stellungnahme des Abgeordneten Höpker-Aschoff (FDP): „Ich glaube, da liegt ein Irrtum vor. Da fehlt überhaupt die Zuständigkeit des

---

[1] II. Lesung, 30. Sitzung.

[2] HA Prot. S. 367.

[3] S. 368.

Bundes. Jetzt ist in Absatz 1 beides geregelt, die Zuständigkeit des Bundes und die Zuständigkeit der Länder ...[4]."

b) Der Antrag des Abgeordneten von Mangoldt zu Art. 81 des Entwurfs

Der zweite Änderungsantrag, der in diesem Zusammenhang von Bedeutung ist, betraf nicht das Bund-Länder-Verhältnis, sondern die Beteiligung der Legislative an den völkerrechtlichen Vertragsschlüssen. Da aber alle Verträge, an deren Zustandekommen Bundestag und Bundesrat mitwirken, notwendig Bundesverträge sind, läßt der Umfang dieser Mitwirkung auch Rückschlüsse auf den Umfang der Bundeszuständigkeit gegenüber den Ländern zu.

In der 34. Sitzung der II. Lesung vom 11. Januar 1949 beantragte der Abgeordnete von Mangoldt, dem Art. 81 Abs. II (der dem Art. 59 II GG entspricht) folgende Fassung zu geben:

„(2) Politische Verträge mit fremden Staaten, die sich auf Gegenstände der Bundesgesetzgebung beziehen[5], bedürfen der Zustimmung der gesetzgebenden Körperschaften (oder des Bundestags und der Länderkammer)[6]."

von Mangoldt stellte diesen Antrag nicht in erster Linie, weil ihm Art. 81 nicht richtig formuliert schien, sondern „um nun die Berichtigung ... des Artikel 41 vorzubereiten und um die Dinge in Ordnung zu bringen ...". Es müsse deswegen „das Notwendige über die Zuständigkeit des Bundes zum Abschluß völkerrechtlicher Verträge in Artikel 81 gesagt werden". Noch deutlicher wurde diese Absicht, eine Korrektur des Art. 41 wenn nicht zu erreichen, so doch vorzubereiten, als von Mangoldt an der gleichen Stelle beanstandete, daß „nach der nunmehr angenommenen Vorschrift des Artikel 41 Abs. 1 keine Zuständigkeit des Bundes mehr gegeben" war „für Verträge, die sich nicht innerhalb des Bereichs" hielten, in dem der Bund die Zuständigkeit zur Gesetzgebung hatte. Als Begründung führte von Mangoldt an: „Es gibt aber eine ganze Reihe von Verträgen, und zwar sehr wichtigen Verträgen, zum Beispiel den Beitritt zu einem System kollektiver Sicherheit, Bündnisse usw., für die diese Frage bedeutsam wird. Weiter kann der Bund nach dieser

---

[4] a.a.O., S. 367.

[5] Offenbar beruht diese Formulierung — die in dieser Form im Protokoll festgehalten worden ist — auf einem Irrtum. Denn aus von Mangoldts folgenden Ausführungen geht hervor, daß er gerade zusätzlich zu den Verträgen innerhalb des Bereichs der Bundesgesetzgebung dem Bund den Abschluß „politischer Verträge" ermöglichen wollte. So erwähnt er seine vorgeschlagene Neuformulierung zum Schluß seiner Begründung (S. 428) mit folgendem Wortlaut: „Politische Verträge und Verträge mit fremden Staaten, die sich auf Gegenstände der Bundesgesetzgebung beziehen ...". Offenbar muß also das Protokoll in dieser Weise berichtigt werden.

[6] HA Prot. S. 428.

Fassung keine Kulturabkommen schließen. Es zeigt sich also, daß hier ein Fehler in der Fassung des Artikel 41, wie wir ihn angenommen haben, vorliegt[7]."

2. Die Beratung der Dritten Lesung

In der Dritten Lesung wurde der Wortlaut des Art. 41 dann tatsächlich geändert. Die Änderung ging auf einen neuen Antrag des Argeordneten von Mangoldt zurück. Das Protokoll der Verhandlungen der 48. Sitzung vom 9. Februar 1949[8] enthält dazu wörtlich folgendes:

„*Dr. von Brentano (CDU):* Zu *Artikel 41* wird vom Fünferausschuß ebenfalls die Fassung des Hauptausschusses vorgetragen.

Dr. von Mangoldt (CDU): Wir beantragen hier, an Stelle des Absatz 1 zwei neue Absätze zu setzen. Ich habe mich darüber schon in der zweiten Lesung des Hauptausschusses ausgelassen. Daraufhin ist dann der Artikel 81 geändert worden. Es bleibt aber immer noch eine Unklarheit bei Absatz 1 in der Fassung des Hauptausschusses: ‚Die Zuständigkeit, Verträge mit auswärtigen Staaten zu schließen, richtet sich nach der Zuständigkeit zur Gesetzgebung.' Man hat damit zum Ausdruck bringen wollen, daß die Länder auf den Gebieten, auf denen sie für die Gesetzgebung zuständig sind, und der Bund auf den Gebieten, auf denen er für die Gesetzgebung zuständig ist, das Recht zum Abschluß von Verträgen haben soll. Damit fällt der Bund in seiner Zuständigkeit für alle Gebiete aus, in denen er nicht die gesetzliche Zuständigkeit hat; und hier gibt es sehr wichtige Gebiete. Der Beitritt zu einem System gegenseitiger kollektiver Sicherheit, Schiedsgerichtsverträge und ähnliches würden nicht unter diese Fassung des Absatz 1 fallen. Deshalb beantragen wir (PR. 2. 49 — 583 b), Artikel 41 Absatz 1 durch folgende Absätze 1 und 2 zu ersetzen:

(1) Die Beziehungen zu den auswärtigen Staaten zu pflegen, ist Sache des Bundes.

(2) Soweit die Länder für die Gesetzgebung zuständig sind, können sie mit auswärtigen Staaten Verträge abschließen.

Vorsitzender Dr. Schmid: Überschneidet sich das nicht mit Artikel 81?

Dr. von Mangoldt (CDU): Nein, es überschneidet sich nicht.

Dr. von Brentano (CDU): Nein, es ist gerade entsprechend.

Vorsitzender Dr. Schmid: Ich finde Ihre Anregung durchaus beherzigenswert."

---

[7] a.a.O., S. 428.

[8] HA Prot. S. 627 f.

Nach einer Diskussion von wenigen Minuten, die zur Sache nichts beitrug, wurde der Änderungsantrag angenommen[9].

3. Der Änderungsantrag der SPD-Fraktion zu Art. 81 des Entwurfs

Ein letzter Änderungsantrag, der zwar Art. 81 HChE (heute Art. 59 II GG) betraf und nicht angenommen wurde, aber doch für die unter den Abgeordneten vertretenen Ansichten aufschlußreich ist, soll hier erwähnt werden. Er betrifft den problematischen Umstand, daß in Art. 59 II GG neben den politischen Verträgen nur Verträge, die die Bundesgesetzgebung betreffen, genannt sind. Damit entfällt entweder für den Bund der Abschluß von Verträgen über Fragen der *Landes*gesetzgebung oder — noch schlimmer — für den Bundesgesetzgeber das Mitwirkungsrecht beim Abschluß solcher Verträge. Der Änderungsantrag, der von der SPD-Fraktion eingebracht worden war, wollte die Mitwirkung der Legislative auf alle Verträge erstrecken, die sich auf Gegenstände der Gesetzgebung schlechthin bezogen:

„Die Zustimmung zu solchen Verträgen sollte man nicht nur auf Verträge beschränken, die sich auf Gegenstände der Bundesgesetzgebung beziehen, sondern auch auf solche, die sich schlechthin auf Gegenstände der Gesetzgebung beziehen, andernfalls könnte durch außerstaatliche Verträge unmittelbar in die Landesgesetzgebung eingegriffen werden[10].“

Warum der Antrag unberücksichtigt blieb, ist nicht erkennbar. Möglicherweise handelte es sich nur um „eine Unachtsamkeit des Allgemeinen Redaktionsausschusses“[11]. Der Antrag zeigt aber, daß seine Initiatoren davon ausgingen, der Bund könne auch Verträge über Gebiete der Landesgesetzgebung abschließen[12]. Es ist kaum anzunehmen, daß die SPD-Fraktion mit diesem Änderungsantrag die bestehenden Kompetenzabgrenzungen verschieben wollte. Dazu wäre ein Antrag auf Änderung des Art. 81 des Entwurfs nicht der richtige Weg gewesen. Der Antrag zeigt, daß über die Rechte des Bundes beim Abschluß völkerrechtlicher Verträge schon unter den Abgeordneten des Parlamentarischen Rates keine Einigung bestand.

III. Die Bedeutung der Entstehungsgeschichte

Die Entstehungsgeschichte zeigt nur eins mit aller Deutlichkeit, nämlich daß dem Bund mehr als nur der Abschluß der sich auf seine Gesetzgebungszuständigkeit beziehenden Verträge gestattet werden sollte. von

---

[9] a.a.O., S. 628.

[10] JöR, Bd. 1, S. 416; vgl. auch die Darstellung des Abg. Lehr im GG-Bericht, S. 28.

[11] *Grewe*, VVdStRL H. 12, S. 163.

[12] *Bernhardt*, S. 152.

Mangoldts Änderungsanträge zielten sicherlich auf eine Erweiterung der Bundeszuständigkeit — aber sollte dem Bund nun jede Fessel genommen, oder sollte lediglich klargestellt werden, daß der Bund *nur* die Verträge *nicht* schließen kann, die sich auf Materien der Landesgesetzgebung beziehen? Mit anderen Worten: Sollte dem Bund nur das zwischen den Bereichen der Bundes- und der Landesgesetzgebung liegende Gebiet der Verträge zugänglich gemacht werden, deren sachlicher Inhalt keine Entsprechung in der Gesetzgebung hat? Für diese beschränkte Absicht sprechen die genannten Beispiele: der Beitritt zu einem System gegenseitiger kollektiver Sicherheit und die Schiedsgerichtsverträge[13]. Dagegen mag man zunächst einwenden, ein solches geringfügig über die innerstaatliche Zuständigkeit hinaus erweitertes Vertragsschlußrecht ergebe sich schon aus dem Wesen des Bundesstaates und entspreche außerdem so offenbar der deutschen staatsrechtlichen Tradition[14], daß es des Änderungsantrags des Abg. von Mangoldt nicht bedurft hätte. Doch bleibt der Antrag auch in der Beschränkung auf eine Klarstellung durchaus sinnvoll.

Auch die Erwähnung der Kulturabkommen — deren Abschluß dem Bund durch den Art. 81 betreffenden Änderungsantrag von Mangoldts ermöglicht werden sollte — spricht nicht notwendig für die Absicht, jede Beschränkung des Bundes bei völkerrechtlichen Verträgen aufzuheben. Denn obgleich Kulturabkommen in der Regel Fragen der den Ländern überlassenen Kulturpolitik regeln, tun sie es doch herkömmlicherweise in einer Form, die die Eigenständigkeit der Länder nicht berührt[15]. Wenn von Mangoldt für ihren Abschluß durch den Bund eintrat, so war dies also durchaus im Rahmen einer beschränkten Bundeszuständigkeit möglich.

Obgleich sich deshalb von Mangoldts Absichten aus seinen Anträgen mit einiger Mühe erkennen lassen, verlieren sie doch durch die Unergiebigkeit der Diskussion erheblich an Wert. Wenn es überhaupt auf die Ansicht der Urheber des Verfassungstextes ankommt, so doch auf die Ansicht der Mehrheit, nicht eines einzelnen. Die Ansicht der übrigen Abgeordneten blieb aber entweder unklar oder äußerte sich z. T. gerade — wie im Antrag der SPD-Fraktion zu Art. 81 — gegenteilig[16].

---

[13] *Bernhardt*, S. 142.

[14] S. oben S. 35 f.; S. 47 und 49.

[15] S. unten S. 87 ff.

[16] Zur Bedeutung der Entstehungsgeschichte für die Auslegung von Art. 32 GG vgl. unten S. 114 f.

D. Die verfassungsrechtliche Praxis in der Bundesrepublik Deutschland

I. Die Zusammenarbeit von Bund und Ländern in der kulturellen Außenpolitik

1. Allgemeines

a) Grundsätzlich gehört die von der Bundesrepublik betriebene kulturelle Außenpolitik nur insoweit zum Thema dieser Arbeit, als sie zu Vertragsschlüssen mit anderen Staaten führt. Deshalb wird die reiche Tätigkeit, die der Bund durch die Kulturabteilung des Auswärtigen Amtes, etwa in der Organisation und Finanzierung von Konzertreisen, Theatergastspielen und Ausstellungen deutscher Künstler im Ausland, in der Förderung des Austausches von Wissenschaftlern und insbesondere durch die Betreuung der Kultur- und Goetheinstitute leistet, hier nicht dargestellt[1].

b) Auf seiten der Länder ist es besonders die Ständige Konferenz der Kultusminister, die die Interessen und Pflichten der Länder im Bereich der kulturellen Außenpolitik wahrnimmt. Zu diesem Zweck hat die Kultusministerkonferenz in ihrem Sekretariat eine internationale Abteilung gegründet, deren Aufbau inzwischen abgeschlossen sein dürfte. Ihre Aufgabe besteht in erster Linie in der Vorbereitung der Plenarsitzungen der KMK, die sich mit internationalen Fragen befassen[2].

c) Eine enge Zusammenarbeit zwischen Bund und Ländern hat sich in allen Fragen der deutschen Auslandsschulen ergeben. Sie werden vom Bund in dem Referat IV/4 der Kulturabteilung des Auswärtigen Amtes bearbeitet. Die Finanzierung der Schulen kostet den größten Teil der der

---

[1] Vgl. dazu den vor dem Deutschen Bundestag erstatteten Bericht des Bundesaußenministers vom 11. 12. 1963 (Sten.Ber. Bd. 54, S. 4723 (B) ff); über die Rolle der Kulturpolitik im Rahmen der Außenpolitik: Hellmut *Becker*, a.a.O.; zur Entwicklung der auswärtigen Kulturpolitik in Deutschland und ihre heutige Bedeutung vgl. die Berichte des Leiters der Kulturabteilung des Auswärtigen Amtes, Ministerialdirektor Dr. Dieter *Sattler*, in „Kulturaustausch — Ein neues Feld der Begegnung", „Die Dritte Bühne — Kulturelle Außenpolitik" und Stichwort „Kulturabteilung des Auswärtigen Amtes", a.a.O. Darstellungen aus politischer Sicht geben die Aufsätze von H. *von Brentano* und E. *Gerstenmaier*, a.a.O. Einen Überblick über die weltweiten Bemühungen der USA, die auswärtige Kulturpolitik als „vierte Dimension der Außenpolitik" zu intensivieren, neuerdings Philip H. *Coombs* in seinem gleichnamigen, vom Council on Foreign Relations veröffentlichten Bericht; vgl. dort auch die Übersichten über die Tätigkeit von Frankreich, Großbritannien, Deutschland und der Sowjetunion (S. 77 f.).

[2] Zu ihnen gehörte in letzter Zeit die 94. Plenarsitzung am 28./29. März 1963 in Bremerhaven und die 100. Plenarsitzung am 5./6. März 1964 in Berlin. Vgl. dazu Kulturpolitik der Länder, 1963/64, S. 274.

Kulturabteilung überhaupt zur Verfügung stehenden Mittel. Die pädagogische Betreuung der Schulen liegt aber in Händen der Kultusministerien der Länder. Sie sind es auch, die die über 1200 Lehrer für eine Tätigkeit an den deutschen Auslandsschulen beurlauben. In allen Fragen, die das Auslandsschulwesen betreffen, arbeiten das Auswärtige Amt und die Kultusministerien der Länder im Ausschuß für das Auslandsschulwesen der KMK seit 1951 zusammen[3].

Wie sich aus dem lezten Jahresbericht des Ausschusses[4] ergibt, hat er in den Jahren 1963/1964 im wesentlichen Empfehlungen, die der beamtenrechtlichen Sicherstellung der deutschen Lehrer während ihrer Tätigkeit an den deutschen Schulen im Ausland dienen und Kriterien für die Anerkennung deutscher Schulen im Ausland als „Deutsche Auslandsschulen" ausgearbeitet. Eine wesentliche Aufgabe sah der Ausschuß in der schulorganisatorischen und pädagogischen Beratung des Referats IV/4 des Auswärtigen Amtes. Mitglieder des Ausschusses verbanden auf ihren Dienstreisen ihre Aufgaben als Prüfungsvorsitzende mit der Inspektion zahlreicher weiterer Schulen im Ausland. Es ist geplant, das Deutsche Auslandsschulwesen durch Errichtung einer Zentralstelle für das Auslandsschulwesen neu zu ordnen.

2. Die Vertretung der Bundesrepublik in internationalen kulturellen Organisationen

Eine wichtige Rolle spielt die Verständigung zwischen Bund und Ländern bei der Besetzung der Delegationen, die die Bundesrepublik bei internationalen kulturellen Organisationen und von ihnen veranstalteten Tagungen vertreten. Das ergibt sich aus folgendem kurzen Überblick[5]:

a) An der deutschen Mitarbeit in der UNESCO ist neben drei Bundesministerien die Ständige Konferenz der Kultusminister beteiligt. Die deutsche Delegation wird in der Regel von einem Staatssekretär des Auswärtigen Amtes geleitet, doch benennt auch die Kultusministerkonferenz auf Wunsch des Auswärtigen Amtes Mitglieder für die

---

[3] *Frey*, Zur Mitwirkung der Länder, S. 62. Zu den deutschen Auslandsschulen sagte Carlo Schmid vor dem Bundestag am 11. 12. 1963 (101. Sitzung, Sten.Prot. Bd. 54, S. 4738 (C) — und das Protokoll verzeichnet hier Beifall im ganzen Haus —: „Ich glaube, das sind Dinge, die in der Bundeskompetenz liegen, und hier sollte der Bund seine Kompetenz in Anspruch nehmen."

[4] Kulturpolitik der Länder, 1963/64, S. 270 f.

[5] Vgl. Eberhard *Böning*, S. 18 f., und *Möllenkamp - Böning*, a.a.O.; *Frey*, Zur Mitwirkung der Länder, S. 62 f. (der Aufsatz stellt im wesentlichen eine Überarbeitung des Aufsatzes „Bemerkungen zur auswärtigen Kulturpolitik" dar). Zur deutschen Mitarbeit in den Internationalen Organisationen vgl. außerdem die jährlichen Berichte in Kulturpolitik der Länder, zuletzt Bd. 1963/64, S. 274 ff.

deutsche Delegation.Die Koordinierung erfolgt durch monatliche Besprechungen der Deutschen UNESCO-Kommission, an denen Mitglieder der Kommission und Beamte des Auswärtigen Amtes, des Bundesinnenministeriums und des Sekretariats der Kultusministerkonferenz teilnehmen.

b) Für alle Angelegenheiten des Internationalen Erziehungsbüros ist deutscherseits die Kulturabteilung des Auswärtigen Amtes zuständig, die Vertretung der Bundesrepublik im „Conseil" und im „Comité executif" ist aber dem Vorsitzenden des Schulausschusses der Kultusministerkonferenz, Senatsdirektor Dr. Reimers, vom Auswärtigen Amt ad personam übertragen worden. Mitglieder der deutschen Delegation sind neben einem Vertreter des Auswärtigen Amtes Beamte der Kultusministerien. Die Kultusministerkonferenz bereitet die beiden Hauptthemen der jährlich stattfindenden Internationalen Erziehungsministerkonferenz vor und legt auch den obligatorischen Jahresbericht über die Entwicklung des nationalen Erziehungswesens vor.

c) Für Fragen der OECD ist das Bundeswirtschaftsministerium zuständig, doch wird der Bund im Ausschuß für naturwissenschaftliche Forschung durch die Deutsche Forschungsgemeinschaft (stellvertretend) und in der Arbeitsgruppe für Planungen und Investitionen im Erziehungswesen durch einen Mitarbeiter des Sekretariats der Kultusministerkonferenz vertreten. Im Oktober 1963 fand auf Veranlassung der OECD eine Konferenz der Wissenschaftsminister der Mitgliedstaaten statt, an der der Bundesminister für wissenschaftliche Forschung gemeinsam mit dem baden-württembergischen Kultusminister (als Vertreter der Kultusministerkonferenz) teilnahm.

d) Im Rat für Kulturelle Zusammenarbeit des Europarates (CCC) ist die Bundesrepublik durch einen Beamten des Auswärtigen Amtes und den Präsidenten der Ständigen Konferenz der Kultusminister (oder seinen Stellvertreter) vertreten. In den Ausschuß für allgemeines und berufsbildendes Schulwesen entsendet der Bund Beamte der Landeskultusministerien, die dem Auswärtigen Amt von der Ständigen Konferenz der Kultusminister vorgeschlagen werden, in den Ausschuß für akademische Lehre und Forschung neben Beamten der Kultusministerien Professoren, die von der Westdeutschen Rektorenkonferenz benannt werden. An der Vertretung im Ausschuß für außerschulische Erziehung sind schließlich neben dem Bundesfamilienministerium die Ständige Konferenz der Kultusminister und der Deutsche Volkshochschulverband beteiligt.

e) Alle Fragen der EWG gehören deutscherseits zur Zuständigkeit des Bundeswirtschaftsministeriums, doch sind in den Ausschüssen, die sich mit den Richtlinien zum Niederlassungsrecht (§§ 52 ff. EWG-Vertrag) befassen, Sachverständige der Ständigen Konferenz der Kultusminister beteiligt[6]. Es besteht die Absicht, die kulturelle Zusammenarbeit innerhalb der EWG durch die Bildung eines Europäischen Kulturrats zu intensivieren. In einem Schriftwechsel mit dem Präsidenten der Kultusministerkonferenz erklärte der Bundesaußenminister bereits 1962, daß die Bundesrepublik in der Regel durch einen Kultusminister vertreten sein solle, er es sich aber vorbehalte, in politisch wichtigen Einzelfragen die Vertretung selbst zu übernehmen[7].

f) Im Obersten Schulrat der Europäischen Schulen vertreten der Bundesaußenminister und der Präsident der Kultusministerkonferenz gemeinsam die Bundesrepublik, und in beiden Inspektionsausschüssen wirken Beamte der Kultusverwaltungen der Länder mit, die vom Auswärtigen Amt auf Vorschlag der Kultusministerkonferenz ernannt werden. Für die *internationalen Schulen* in St. Germain-en-Laye und in Fontainebleau sind das Auswärtige Amt und das Verteidigungsministerium zuständig. Für beide Schularten bezieht sich die Mitwirkung der Kultusministerkonferenz auf Fragen der Schulaufsicht, der Lehrplangestaltung, der Schulverwaltung und der Anerkennung der Reifezeugnisse.

g) Die Deutsche Delegation bei den Konferenzen der Europäischen Erziehungsminister wurde vom Präsidenten der Kultusministerkonferenz geleitet, doch gehörten 1961 und 1962 der Delegation auch die Leiter der Kulturabteilungen des Auswärtigen Amtes und des Bundesinnenministeriums an.

Die — nicht vollständige — Übersicht zeigt, daß die Bundesregierung sich in Fragen der auswärtigen Kulturpolitik in weitem Umfang die Erfahrungen der Landeskultusverwaltungen bei der Vertretung der deutschen Interessen zunutze macht. Das ist ihr möglich, weil die Länder der Bundesrepublik nicht nur bereit, sondern auch „verpflichtet sind, die Bundesregierung in die Lage zu versetzen, ihren mannigfachen internationalen Verpflichtungen auch kultureller Art nachzukommen“[8]. Es ist nie bezweifelt worden, daß in solchen Fällen die Landesbeamten nicht als solche, sondern als Vertreter der Bundesregierung an den Beratungen teilnehmen. „Delegationen, die im Rahmen der Pflege kultureller Beziehungen des Bundes zu Tagungen des Europarats, der UNESCO usw. entsandt werden, sind Delegationen des Bundes, auch wenn die Bundesregierung Minister oder Beamte der Länder bittet, die Führung

---

[6] Siehe dazu unten S. 100 ff.

[7] *Frey*, Zur Mitwirkung der Länder, S. 65.

[8] *Frey*, Zur Mitwirkung der Länder, S. 60.

einer solchen Delegation oder die Mitgliedschaft in einer solchen Delegation für den Bund wahrzunehmen[9]." Denn in der auswärtigen Kulturpolitik ist „nach dem Grundgesetz der politisch ausschließlich verantwortliche Träger, der auch jeweils die offizielle Mitgliedschaft bei internationalen oder europäischen Organisationen ausübt, die Bundesregierung (Art. 32 GG, Abs. 1)", wie es der Generalsekretär der Kultusministerkonferenz ausgedrückt hat[10]. Dem entspricht auch die korrekte Praxis, nach der die Landesbeamten wohl von der Landesregierung vorgeschlagen, aber von der Bundesregierung bestellt werden. Sie unterstehen damit auch den Weisungen der Bundesregierung[11].

3. Bestrebungen, die Beteiligung der Länder vertraglich zu regeln

In ihrer Sitzung vom 10./12. Juni 1963 beschloß die Ministerpräsidentenkonferenz, durch eine entsprechende Vereinbarung mit der Bundesregierung für eine stärkere Vertretung der Länder in den deutschen Delegationen bei internationalen Verhandlungen zu sorgen. Dieser Beschluß, der in der Sitzung vom 28. November 1963 ergänzt wurde, lautet unter Ziff. 1 folgendermaßen:

> „Es soll versucht werden, das faktische und nur von Fall zu Fall vereinbarte Zusammenwirken zwischen Bund und Ländern bei internationalen Verhandlungen in kulturpolitischen und anderen Angelegenheiten, die die Zuständigkeit der Länder berühren, durch eine Absprache mit der Bundesregierung zu regeln. Durch diese Absprache soll sichergestellt werden, daß die Länder in solchen Verhandlungen angemessen vertreten sind und, wo es von der Sache her angebracht ist, auch ein Vertreter der Länder die Delegation leitet."

Die in Aussicht genommene Vereinbarung soll die Lindauer Vereinbarung[12] und die durch sie geschaffene Ständige Vertragskommission der Länder[13] bewußt ergänzen. Die zu bildende Bund-Länder-Kommission soll deshalb drei Aufgaben haben:

a) sie soll die Beteiligung von Sachverständigen der Länder an *Verhandlungen* mit auswärtigen Staaten regeln, soweit Fragen behandelt werden, die zur Zuständigkeit der Länder gehören;

b) sie soll ferner die Beteiligung der Länder bei der Besetzung von *Stellen* in internationalen und supranationalen Organisationen sichern und schließlich

---

[9] Schreiben des Bayerischen Staatsministeriums für Unterricht und Kultus an die Bayerische Staatskanzlei vom 24. Mai 1963, Nr. I 48 604.

[10] *Frey*, Zur Mitwirkung der Länder, S. 60.

[11] Schreiben des Bayerischen Staatsministeriums für Unterricht und Kultus an den Bayerischen Staatsminister für Bundesangelegenheiten vom 5. Mai 1964, Nr. I 40 256.

[12] Siehe unten S. 82 ff.

[13] Siehe unten S. 84 ff.

c) die Beteiligung der Länder an der *Durchführung* der geschlossenen Verträge regeln.

Der Vertragsentwurf der Länder sieht deshalb vor, daß eine „Ständige Kontaktkommission" gebildet wird, in der — im Gegensatz zur Ständigen Vertragskommission der Länder — sowohl die Länder wie auch der Bund mit je drei Mitgliedern vertreten ist. Aufgabe der Bundesvertreter soll es nach diesem Entwurf sein, die Landesvertreter zu unterrichten über

a) den beabsichtigten Beitritt zu internationalen oder supranationalen Organisationen;
b) die beabsichtigte Teilnahme an internationalen Konferenzen;
c) die Durchführung von internationalen Verträgen;
d) die bevorstehende Neubesetzung von Stellen in den einschlägigen Organisationen.

Aufgabe der Ländervertreter soll es sein,

a) die Vertreter der Bundesregierung umfassend zu beraten;
b) rechtzeitig Vorschläge für die Besetzung von Delegationen oder Stellen zu unterbreiten.

Die Länder wünschen, in jedem Fall mit mindestens einem Delegationsmitglied vertreten zu sein, in geeigneten Fällen aber auch den Delegationsleiter stellen zu können. Ausdrücklich wird in dem Entwurf aber anerkannt, daß die von den Ländern vorgeschlagenen Vertreter an die Weisungen der Bundesregierung gebunden sind.

II. Die Diskussion zwischen dem Bundesrat und der Bundesregierung über den Umfang der Vertragskompetenz des Bundes

1. Mit der Frage, ob der Bund auch im Bereich der Landesgesetzgebung vertragliche Vereinbarungen mit auswärtigen Staaten schließen dürfe, und ob er — wenn ihm dies Recht zusteht — solche Verträge auch transformieren darf, hat sich der Bundesrat in seinen Ausschüssen sehr eingehend befaßt. Dabei sind auch Vertreter der Bundesregierung zu Worte gekommen. Die Rechtsansicht des Auswärtigen Amtes ist überdies in zwei umfangreichen Schriftsätzen dargelegt worden.

2. In seiner Sitzung vom 16. September 1954 befaßte sich der *Innenausschuß des Bundesrates* mit dem Abkommen zwischen der Bundesregierung und der Niederländischen Regierung über den kleinen Grenzverkehr[14]. Dabei zeigte sich, daß eine eingehende Erörterung aller beim

[14] BR-Drucksache Nr. 266/54.

Abschluß von Verwaltungsabkommen der Bundesrepublik mit auswärtigen Staaten auftauchenden Rechtsfragen nötig war[15]. Deshalb setzte der Innenausschuß des Bundesrates in seiner Sitzung vom 6. Oktober 1954 einen Unterausschuß „Verwaltungsabkommen" ein[16]. Angeregt durch die Sitzung des Unterausschusses vom 7. Dezember 1954[17] setzte nunmehr auch der *Rechtsausschuß des Bundesrates* in seiner 145. Sitzung[18] vom 3. Februar 1955 einen *Unterausschuß „Verwaltungsabkommen"* zur Vorbereitung einer Stellungnahme des Rechtsausschusses ein, der aus den Vertretern der Länder Rheinland-Pfalz (Vorsitz), Hamburg und Niedersachsen bestand. An seinen Sitzungen beteiligten sich jedoch zeitweise alle Länder.

3. *Die Sitzungen des Unterausschusses „Verwaltungsabkommen" des Rechtsausschusses vom 17. März und 17. Mai 1955* (Niederschrift R 1011 [59 II 2] c — Nr. R 77/55).

Der Unterausschuß des Rechtsausschusses diskutierte das ihm zur Erörterung übertragene Sachgebiet „Verwaltungsabkommen" in seinen Sitzungen vom 17. März und 17. Mai 1955 unter Beteiligung aller Länder mit Ausnahme Schleswig-Holsteins. In allen wesentlichen Punkten kam er jedoch nicht zu einheitlichen Auffassungen. An den Sitzungen nahmen für die Bundesregierung auch Vertreter des Justiz-, Wirtschafts-, Innen-, Finanz- und Verkehrsministeriums sowie des Auswärtigen Amtes teil.

a) Die Diskussion führte zunächst zu einer einheitlichen Definition des Begriffes „Verwaltungsabkommen",

> danach sind Verwaltungsabkommen i. S. des Art. 59 II 2 GG solche Abkommen, bei denen eine Mitwirkung der gesetzgebenden Organe durch Erlaß eines formellen Gesetzes nicht erforderlich ist.

Im übrigen zeigte sich, daß eine gesonderte Behandlung der Verwaltungsabkommen nicht möglich war. Die besondere Problematik der Verwaltungsabkommen trat deshalb auch zugunsten der allgemeinen Frage, in welchem Umfang der Bund die Abschluß- und Transformationskompetenz hat, immer weiter zurück.

b) Nach übereinstimmender Auffassung des Unterausschusses ergibt sich die Zuständigkeitsverteilung zwischen Bund und Ländern *nicht* aus Art. 59 GG. Denn diese Vorschrift regelt — wie sich schon aus seiner

---

[15] Niederschrift In 0141 (113) Nr. 46/54, S. 12—14.

[16] Niederschrift In 0141 (114) Nr. 50/54, S. 29.

[17] Niederschrift vom 19. 1. 1955 über die Sitzung des Unterausschusses des Innenausschusses vom 7. 12. 1954 — In 0142 (24) Nr. 6/55 —.

[18] Niederschrift über die 145. Sitzung des Rechtsausschusses des Bundesrates R 0055 — Nr. R 13/55 — Punkt 7b.

Stellung im Abschnitt „Der Bundespräsident“ ergibt — nur die Mitwirkung der Bundesorgane im Zusammenhang mit völkerrechtlichen Verträgen.

Keine Einigkeit bestand jedoch in der Frage, ob Art. 32 I GG die Zuständigkeit zwischen Bund und Ländern für *alle* Arten von Verträgen regelt — so die Mehrheit des Ausschusses — oder ob hier nur die Zuständigkeit für die in Art. 59 II 1 genannten Verträge bestimmt ist — so der Vertreter Bayerns. Nach Ansicht Bayerns enthält das GG keine ausdrückliche Kompetenzzuteilung für Verwaltungsabkommen, so daß die Zuständigkeit aus den allgemeinen Bestimmungen (Art. 30, Art. 83 ff. GG) entnommen werden muß.

Im weiteren Verlauf befaßte sich die Diskussion mit drei Themen, nämlich dem Umfang der Vertragsschlußkompetenz des Bundes (unten c), der Art der Mitwirkung von Bundes- oder Landesorganen beim Vertragsschluß (unten d) und der Transformation von Bundesverträgen (unten e).

c) *Der Umfang der Vertragsschlußkompetenz des Bundes*

Hier ergaben sich drei unterschiedliche Auffassungen:

aa) *Baden-Württemberg, Berlin, Bremen, Hamburg* und *Niedersachsen:*

Der Bund ist zum *Abschluß* sämtlicher Verträge und Verwaltungsabkommen berechtigt. Bei Verträgen ist es also gleichgültig, ob sie sich auf Gebiete der Bundes- oder der Landesgesetzgebung beziehen, bei Verwaltungsabkommen, ob sie Gegenstände der Bundes oder der Landesverwaltung regeln und ob sie der Ausführung von Bundesgesetzen dienen oder nicht. Die Zuständigkeit der Länder (Art. 32 III GG) tritt dementsprechend nur ergänzend neben die umfassende Bundeszuständigkeit.

Zur Begründung stützten sich die genannten Länder auf den Wortlaut des Art. 32 GG, insbesondere auf die Tatsache, daß er nicht die Worte „soweit dieses Grundgesetz keine andere Regelung trifft“ — und damit nur eine Kompetenzvermutung — enthält. Angesichts des klaren Wortlauts sei die Heranziehung der Entstehungsgeschichte der Vorschrift nicht zulässig. Im übrigen sei schon für die Weimarer Reichsverfassung die entsprechende Frage streitig geblieben. Schließlich sei die vertretene Lösung praktikabel.

bb) *Bayern, Hessen* und *Nordrhein-Westfalen*
(sog. *„süddeutsche Lösung“*):

(a) Der Bund ist nicht zum Abschluß von Verträgen befugt, die sich auf
(aa) die ausschließliche Landesgesetzgebung oder

(bb) die Landesverwaltung, die nicht der Ausführung von Bundesgesetzen dient,

beziehen.

(b) Umgekehrt sind die Länder zum Abschluß befugt, soweit die Verträge

(aa) die ausschließliche Landesgesetzgebung betreffen oder

(bb) die konkurrierende Gesetzgebung, soweit der Bund von seinem Gesetzgebungsrecht keinen Gebrauch gemacht hat oder

(cc) die Landesverwaltung einschließlich derjenigen, die der Ausführung von Bundesgesetzen dient, soweit keine Verwaltungsvorschriften des Bundes ergangen sind.

Zur Begründung verwiesen die Länder auf die weitgehende Übereinstimmung zwischen der Formulierung von Art. 32 I und III GG mit Art. 78 I und II WRV. Die Weimarer Reichsverfassung aber habe den Ländern einen eigenständigen Bereich des Vertragsschlusses bewahren wollen, anderenfalls es eines ausdrücklichen Hinweises in der Verfassung bedurft hätte. von Mangoldts Änderungsantrag im Parlamentarischen Rat habe nur die Materien als Vertragsschlußkompetenz des Bundes ausweisen wollen, die ihrer Natur nach der Landesgesetzgebung unzugänglich seien.

cc) Rheinland-Pfalz vertrat die unter 2. genannte Ansicht, doch mit der Einschränkung, daß die Bundeskompetenz entsprechend der Auffassung Moslers[19] auch den Abschluß von

(a) Integrationsverträgen (Art. 24 GG) und

(b) Kriegserklärungen und Friedensschlüssen und

(c) Verträgen umfasse, bei denen ein überwiegendes Interesse der Bundesrepublik vorliege, demgegenüber landespolitische Belange zurücktreten müßten.

Der Vertreter von Rheinland-Pfalz begründete diese Ansicht zu b) und c) mit einer Zuständigkeit aus der Natur des Bundesverhältnisses[20].

d) *Die Mitwirkung von Bundes- und Landesorganen beim Abschluß von Bundesverträgen über Landesmaterien*

aa) Die hier untersuchte Fragestellung geht von einer strikten begrifflichen Trennung zwischen Abschluß und Transformation völkerrechtlicher Verträge aus. Es geht an dieser Stelle also nur um die Mitwirkung von Bundestag, Bundesrat und Landesparlamenten beim *Abschluß* selbst; über ihre sehr viel näherliegende Mitwirkung bei der *Transformation* siehe unten unter e).

---

[19] Vgl. unten S. 153 f.

[20] Vgl. dazu unten S. 154, Anm. 31.

Über die Rechtslage hinsichtlich folgender drei Gruppen von Verträgen bestand unter den Teilnehmern Einigkeit:

Die Zuständigkeit von Bundesorganen ist für Verträge, die die politischen Beziehungen des Bundes regeln und solche, die sich auf Gegenstände der Bundesgesetzgebung beziehen, in Art. 59 II GG geregelt. Im Grundgesetz festgelegt ist auch die Mitwirkung des Bundesrates bei Verwaltungsabkommen des Bundes, soweit es sich um Gegenstände handelt, die vom Bund bereits durch ein Gesetz geregelt sind und nach Art. 84 II, 85 II und 108 VI GG zum Gegenstand von Verwaltungsvorschriften gemacht werden können.

bb) Streitig war jedoch die Behandlung der Bundesverträge, die Materien der Landesgesetzgebung behandeln, ohne die „politischen Beziehungen" zu regeln. Zu solchen Verträgen kann es nur kommen, wenn man der Ansicht folgt, der Bund habe eine uneingeschränkte Vertragsabschlußkompetenz. Es haben deshalb auch zu dieser Frage nur Länder Stellung genommen, die entsprechend entschieden hatten.

(a) Baden-Württemberg und Niedersachsen:

Weder der Bundestag noch der Bundesrat noch ein Landesorgan wirkt mit, da das Grundgesetz eine solche Mitwirkung nicht vorsieht. Rechte der Länder werden nicht verletzt, da sie zur Transformation nicht verpflichtet sind.

(b) Hamburg:

Es ist die Zustimmung des Bundestages und des Bundesrates erforderlich.

Ein völkerrechtlich wirksamer Vertrag verpflichtet unabhängig von der Einhaltung der innerstaatlichen Normen die Parlamente zur Transformation. Dies gilt besonders bei der Einhaltung des Verfahrens nach Art. 59 II GG. Soweit allein die Länder zur Transformation zuständig sind, ist aber immer die Zustimmung des Bundesrates erforderlich. Die entsprechende Lücke im Grundgesetz muß nach dem in Art. 84 I, 85 I und 105 III GG enthaltenen Grundgedanken ausgefüllt werden.

(c) Niedersachsen für den Fall, daß im Gegensatz zur Meinung a) eine Mitwirkung für erforderlich gehalten wird:

Es muß die Zustimmung der Länder eingeholt werden. Wenn nämlich der Grundgedanke des Art. 59 II GG herangezogen werden soll, dann dergestalt, daß die Länder selbst mitzuwirken haben.

cc) Ähnliche Ansichten ergaben sich für die Abkommen, die Gegenstände der Landes*verwaltung* betreffen und nicht der Ausführung von Bundesgesetzen dienen. Naturgemäß scheidet jedoch eine Beteiligung des Bundestages aus. Im übrigen ergab sich aber das gleiche Ergebnis wie unter 2., nämlich:

(a) Baden-Württemberg und Niedersachsen:

Der Vertrag bedarf weder der Zustimmung des Bundesrates noch der Länder.

(b) Hamburg:

Der Vertrag bedarf der Zustimmung des Bundesrates. Dies ergibt sich bereits aus Art. 59 II 2, wo u. a. die „entsprechende" Anwendung des Art. 84 II vorgeschrieben wird.

(c) Niedersachsen (wiederum nur für den Fall, daß die Lösung a) nicht gewählt wird):

Der Vertrag muß von den Ländern gebilligt werden.

e) *Die Transformation der übergreifenden Bundesverträge*

Die Frage nach der Zuständigkeit für die Transformation übergreifender Verträge stellt sich naturgemäß wiederum nur dann, wenn man deren Abschluß durch den Bund überhaupt für zulässig hält. Deshalb hatten sich zu dieser Frage eigentlich nur die Vertreter der Länder Baden-Württemberg, Berlin, Bremen, Hamburg und Niedersachsen zu äußern. Alle Ländervertreter waren sich aber einig, daß dem Bund ein Transformationsrecht nur im Rahmen seiner Gesetzgebungszuständigkeit zukomme. Auch die Verfechter einer uneingeschränkten Abschlußkompetenz des Bundes behielten den Ländern also die Transformation vor, soweit es sich um Bundesverträge über Landesrecht handelt (sog. *„norddeutsche Lösung")*. Es kann insoweit also zu „hinkenden Verträgen" kommen. Nach Ansicht der Länder kann der Bund aber die Durchführung der Abkommen in den Ländern dadurch sichern, daß er mit den Ländern im Einzelfall Vereinbarungen trifft. Eine allgemeine Verpflichtung der Länder zur Transformation wurde von den Ländern abgelehnt. Im Einzelfall soll sich höchstens unter dem Gesichtspunkt der Bundestreue bei politischen Verträgen eine solche Pflicht ergeben können.

4. *Die Sitzung des Unterausschusses „Verwaltungsabkommen" vom 15. September 1955.*

a) In seiner Sitzung vom 15. September 1955[21] hatte sich der Unterausschuß mit einer Frage zu beschäftigen, die der Finanzausschuß des Bundesrates dem Rechtsausschuß vorgelegt hatte, nämlich der Frage, ob der Bund berechtigt ist, über Steuern mit örtlich begrenztem Wirkungskreis vertragliche Bindungen einzugehen. Diese Frage hatte sich aus dem

[21] R 1011 (59 II 2) c — Nr. R 113/55 —.

Vertrag zwischen der Bundesrepblik Deutschland und Österreich über den Rechtsschutz in Abgabensachen ergeben.

Der Unterausschuß konkretisierte die gestellte Aufgabe zu der Frage: Kann der Bund einen Vertrag schließen, durch den die Angehörigen eines anderen Staates in Abgabensachen die gleiche Rechtsstellung erlangen sollen wie deutsche Staatsangehörige?

b) Dabei ergab sich folgendes Beratungsergebnis:

aa) *Bremen, Niedersachsen* und *Schleswig-Holstein:*
Der Bund kann solche Verträge zwar abschließen, die Länder jedoch nicht verpflichten.

bb) *Bayern, Hessen, Nordrhein-Westfalen, Rheinland-Pfalz* und *Baden-Württemberg:*

Da dem Bund die Gesetzgebungszuständigkeit fehlt, ist er auch zum Abschluß von Verträgen nicht berechtigt.

cc) *Hamburg:*

Der Bund bedarf der Zustimmung von Bundestag und Bundesrat, doch ist bei gegebener Zustimmung die Transformation Pflicht der Länder.

Bei dieser Beratung wurden also die Anhänger der „norddeutschen Lösung“ durch das bisher nicht vertretene Schleswig-Holstein verstärkt, während das Land Baden-Württemberg zur „süddeutschen Lösung“ — wenn auch in ihrer von Rheinland-Pfalz vertretenen eingeschränkten Form — übergegangen war. Berlin war nicht vertreten.

c) Im Anschluß an diese Erörterungen stellte der Unterausschuß noch einmal die verschiedenen Ansichten heraus; geordnet nach dem Umfang der dem Bund zugestandenen Rechte ergibt sich dabei folgende Reihenfolge:

aa) *Hamburg:*

„Norddeutsche Lösung“. Aber: die Transformation ist Pflicht der Länder.

bb) *Bremen, Niedersachsen, Schleswig-Holstein:*

„Norddeutsche Lösung“.

cc) *Baden-Württemberg:*

Der Bund darf zwar im Landesbereich keine Verträge schließen („süddeutsche Lösung“); tut er es trotzdem, so sind die Länder auf Grund der völkerrechtlichen Bindung der BRD zur Durchführung verpflichtet.

dd) *Bayern, Hessen, Nordrhein-Westfalen, Rheinland-Pfalz:*

„Süddeutsche Lösung“.

5. *Schreiben des Auswärtigen Amtes* an den Vorsitzenden des Rechtsausschusses des Bundesrates *vom 28. September 1955* — 500 — 170 — 07 — 3353/55 V —.

In seinem Schreiben vom 28. September 1955 nahm das Auswärtige Amt zum ersten Mal grundsätzlich zu den hier interessierenden Fragen Stellung. Er beanspruchte dabei für den Bund ein umfassendes Abschluß- und Transformationsrecht. Zusammengefaßt führte das Auswärtige Amt folgendes aus[22]:

1. Der Änderungsantrag des Abgeordneten von Mangoldt wollte jede Einschränkung der Bundeszuständigkeit aufheben. Art. 32 GG bedeutet gegenüber Art. 30 GG eine Ausnahmeregelung, die die Kompetenzvermutung des Art. 30 GG für den gesamten Bereich der auswärtigen Gewalt aufhebt.

2. Art. 59 II GG ist kein Hindernis für die von der Bundesregierung vertretenen Ansicht. Gegenstände der (Bundes)Gesetzgebung i. S. des Art. 59 II 1 sind immer dann betroffen, wenn ein völkerrechtlicher Vertrag den einzelnen Staatsbürger unmittelbar verpflichtende Normen enthält. Das Wort „Bundesgesetzgebung“ ist nicht als Beschränkung auf die Materien, die der Gesetzgebung des Bundes zugewiesen sind, zu verstehen.

3. Wenn dem Bund aber das Abschlußrecht zusteht, dann muß ihm auch in genau dem gleichen Umfang die Transformationskompetenz zugebilligt werden. Das ist schon deshalb nötig, weil die Zustimmung durch die Legislative zugleich immer auch — neben der Mitwirkung am Vertragsabschluß — die Umwandlung des völkerrechtlichen Vertrages in innerstaatliches Recht bedeutet. Beide Vorgänge — Zustimmung und Transformation — sind nicht zu trennen und können deshalb auch nicht verschiedenen Körperschaften übertragen sein. Ein Blick in andere bundesstaatliche Verfassungen bestätigt diese Beobachtung fast ausnahmslos. Der Verfassungsgeber hätte eine andere Lösung — nämlich das Auseinanderfallen von Abschluß- und Transformationskompetenz —, hätte er sie tatsächlich gewollt, eingehend regeln müssen.

4. Für Verwaltungsabkommen ist die Zuständigkeitsfrage ebenso zu entscheiden. Der Verweis auf die Bundesverwaltung in Art. 59 II 2 GG bezieht sich im wesentlichen auf die Mitwirkung des Bundesrates.

5. Eine Aushöhlung der föderativen Struktur ist nicht zu befürchten. Ein Mißbrauch der Bundesgewalt ist ein Verstoß gegen Art. 20 und

---

[22] Die Gliederung folgt dem Original.

79 GG und kann im Zweifel durch ein Verfahren vor dem Bundesverfassungsgericht (Art. 93 I 3 GG) verhindert werden.

6. *160. Sitzung des Rechtsausschusses des Bundesrates vom 26. Januar 1956.*

Zunächst berichtete Ministerialrat Schumacher (Niedersachsen) dem Rechtsausschuß eingehend über die bisherigen Beratungen des Unterausschusses „Verwaltungsabkommen".

Am Schluß seines Berichtes, unter Ziffer 9, ging er dabei auf Einzelheiten der „norddeutschen Lösung" ein:

Wie die Zustimmung von den Ländern zu erteilen sei, richte sich nach Landesverfassungsrecht. Würden Gegenstände der ausschließlichen Landesgesetzgebung berührt, so müsse die Zustimmung idR wohl zunächst vom Landesgesetzgeber beschlossen und dann vom Ministerpräsidenten dem Bundespräsidenten mitgeteilt werden. Dann liege in diesem Akt der Landesgesetzgebung ebenfalls die aufschiebend bedingte Transformation der betreffenden Vertragsbestimmungen in Landesrecht.

Diese Lösung sei durchaus praktikabel. In derselben Zeit, in der der Bundesgesetzgeber das Zustimmungsgesetz beschließe, könne auch die Zustimmung des Landes nach vorheriger Zustimmung des Landesgesetzgebers herbeigeführt werden. Die Landesparlamente seien so wenig belastet, daß hier Schwierigkeiten nicht zu befürchten seien. Abgesehen davon sei es nicht ausgeschlossen, daß die Länder durch einen einmaligen Akt allen Verträgen zustimmten, die z. B. Ausländern in steuerlicher Hinsicht eine den Inländern gleiche Stellung einräumten.

Schließlich sei zu berücksichtigen, daß unbestrittenermaßen die Zustimmung nach Art. 59 II GG notfalls nachträglich erteilt werden könne. Entsprechendes müsse für die Zustimmung der Länder gelten. Es gälten in gewisser Weise die gleichen Grundsätze im Verhältnis zwischen Bund und Ländern wie im Verhältnis zwischen den Bundesorganen.

In der Diskussion legte der Rechtsberater des Auswärtigen Amtes, Professor Kaufmann, den Standpunkt der Bundesregierung eingehend dar.

Ein Vertreter des Auswärtigen Amtes verdeutlichte daraufhin am Beispiel des Freundschafts-, Handels- und Schiffahrtsvertrages vom 29. Oktober 1954 zwischen der Bundesrepublik und den USA[23], zu welchen Schwierigkeiten es führen kann, wenn die Bundesrepublik die übliche und wichtige Garantie des Eigentumsschutzes nur wegen einer entsprechenden Gesetzeszuständigkeit der Länder nicht erteilen könne.

---

[23] BR-Drucksache Nr. 334/55.

7. *Zweites Schreiben des Auswärtigen Amtes an den Vorsitzenden des Rechtsausschusses des Bundesrates* vom 26. März 1956 — 500 — 512-07-1884/56 —.

In diesem zweiten Schreiben behandelt das Auswärtige Amt den ganzen Fragenkreis mit fast erschöpfender Ausführlichkeit. Trotz gewisser Wiederholungen soll jedoch eine vollständige, wenn auch zusammengefaßte Übersicht über den Inhalt gegeben werden[24].

I

Die Entstehungsgeschichte des Art. 32 GG zeigt, daß die von Heckel und Anschütz vertretene Ansicht zur entsprechenden Regelung der Weimarer Verfassung heute nicht mehr möglich ist. Durch die Annahme des von Mangoldt'schen Änderungsantrags ist die Bindung des Vertragsschließungsrechts an die Gesetzgebungszuständigkeit gefallen.

II

1. Zu der Ansicht, eine Transformationskompetenz des Bundes müßte im Grundgesetz ausdrücklich vorgesehen sein:

Eine besondere Bestimmung über die Transformationskompetenz des Bundes fehlt deshalb, weil die Schöpfer des Grundgesetzes hierin kein Problem gesehen haben. Hätten sie es erkannt, hätten sie sicherlich eine Regelung getroffen, die hinkende Verträge verhindert hätte. Da eine Trennung von Abschluß- und Transformationskompetenz dem Grundgedanken des Art. 32 GG widerspricht, hätte gerade eine solche Lösung ausdrücklich im Grundgesetz vorgeschrieben werden müssen.

2. Zu dem Argument, Art. 59 II GG spreche gegen die Auffassung der Bundesregierung:

a) Die Worte „... sich auf Gegenstände der Bundesgesetzgebung beziehen ...“ sind zugegebenermaßen irreführend. Damit ist keine Beschränkung auf die *Bundes*gesetzgebung, sondern auf die *Gesetzgebung* im Gegensatz zur Verwaltung gemeint (BVerfGE 1, 390). Bei allen normsetzenden Verträgen hat die Zustimmung durch die gesetzgebenden Körperschaften des Bundes zu erfolgen; einen über diese Anordnung hinausgehenden Sinn kommt der Vorschrift nicht zu.

Obwohl die Fälle, in denen der Bundesrat zuzustimmen hat, im Grundgesetz stets ausdrücklich genannt sind, muß man die Bestimmungen über die Zustimmung des Bundesrates hier analog anwenden.

b) die Transformationslehre ist nur eine Konstruktion zur Erklärung der Umsetzung des Vertragsrechts in innerstaatliches Recht. Es ist nicht angängig, aus ihr ein Hindernis für das Vertragsschließungsrecht

[24] Die Gliederung folgt wiederum dem Original.

des Bundes zu machen. Selbst wenn man aber an der Notwendigkeit einer Transformation festhält, muß man von der Priorität der im Grundgesetz enthaltenen Begriffe „Vertragsschluß“ und „Zustimmung“ ausgehen. So ist in den modernen bundesstaatlichen Verfassungen das Umsetzungsrecht immer mit dem Zustimmungsrecht gekoppelt.

Art. 32 GG, der als generelle Kompetenzverteilungsnorm auch dem VII. Teil des Grundgesetzes vorgeordnet ist, bezieht sich nicht lediglich auf eine isolierte, nach außen gerichtete Abschlußkompetenz. Zur Pflege der Beziehungen zu auswärtigen Staaten gehört nicht nur der Abschluß, sondern auch die Inkraftsetzung der völkerrechtlichen Verträge.

3. Zu der Ansicht, aus Art. 73, Ziff. 5 ergebe sich eine auf die Gesetzgebungszuständigkeit beschränkte Vertragsschlußkompetenz des Bundes:

Art. 73, Ziff. 5 GG ist auf Grund eines Redaktionsversehens stehengeblieben, obwohl durch die Neufassung des Art. 32 GG dem Bund eine umfassende Zuständigkeit zugesprochen worden ist. Heute hat die Vorschrift nur die Funktion, die *ausschließliche* Zuständigkeit des Bundes sicherzustellen.

4. Zu der Ansicht, die Auffassung der Bundesregierung führe zu einer Gefahr für die föderalistische Struktur der Bundesrepublik:

Ein Blick in andere Verfassungen zeigt nicht nur, daß in einem großen Teil der modernen Staaten eine Transformation im förmlichen Gesetzgebungsverfahren unbekannt ist. Auch sind in fast allen Bundesstaaten die Gliedstaaten vom völkerrechtlichen Verkehr ausgeschlossen. Das gilt für Argentinien, Australien, Brasilien, Burma, Kanada, Indien, Jugoslawien, Mexiko, Österreich, Pakistan, Venezuela, die USA und die Südafrikanische Union. Eine Ausnahme bildet lediglich die Schweiz, in der die Kantone ein sachlich beschränktes konkurrierendes Vertragsschließungsrecht haben. Aus der Vertragskompetenz ergibt sich in diesen Staaten immer auch die Kompetenz, den Vertrag in innerstaatliches Recht umzuwandeln.

III

Im übrigen hat der Bund bisher jedesmal unbeanstandet das Recht für sich in Anspruch genommen, in völkerrechtlichen Verträgen auch Vereinbarungen über Gegenstände der Landesgesetzgebung zu treffen. Seit 1950 ist dies in 38 Verträgen geschehen, von denen 28 Bundestag und Bundesrat passiert haben. Die übrigen 10 haben zwar mangels der in Art. 59 II GG genannten Voraussetzungen nicht dem Bundestag vorgelegen. Sie haben aber z. T. die Zustimmung des Bundesrates benötigt und jedesmal erhalten. Der Bundesrat hat dabei in voller Kenntnis der rechtlichen Zusammenhänge gehandelt. Beispielsweise ist in der 123. Sitzung des Finanzausschusses des Bundesrates vom 4. November 1954 ausdrücklich darauf hingewiesen worden, daß das deutsch-britische Doppelbesteuerungsabkommen Materien regelte, die der Steuergesetzgebung der Länder vorbehalten sind. Nichtsdestoweniger hat der Bundesrat seine Zustimmung erteilt.

Schließlich hat ein Vertreter der Bundesregierung in der 95. Sitzung des Rechtsausschusses des Bundesrates vom 11. Juni 1952 die Meinung vertreten, die Vertragsschließungskompetenz des Bundes gehe über seine Gesetzgebungskompetenz nach Art. 70 ff GG hinaus, wenn sie auch zahlreichen ungeschriebenen Beschränkungen unterliege. Dem hat der Vertreter des Landes Bremen ausdrücklich zugestimmt, und die übrigen Ländervertreter haben nicht widersprochen. Nur der Vertreter Bayerns hat geäußert, er halte es für möglich, daß diese Frage nicht einheitlich entschieden werden könne.

Die Sorge um die Erhaltung des föderalistischen Aufbaus der Bundesrepublik ist angesichts der Regelung in anderen Bundesverfassungen und im Hinblick auf das bei uns gegebene umfassende System verfassungsgerichtlicher Kontrolle unbegründet. Zudem haben die Länder über den Bundesrat jederzeit die Möglichkeit, einen ihnen verfassungswidrig erscheinenden Vertrag zu Fall zu bringen.

IV

Auf der anderen Seite nimmt die Bundesregierung selbst kein unbeschränktes Vertragsschließungsrecht für sich in Anspruch. Die wesentliche Schranke ergibt sich aus Art. 32 selbst, der dem Bund die Vertragschließungsbefugnis nur soweit zuweist, als sie der Pflege der Beziehungen zu auswärtigen Staaten dient. Es ist allerdings zuzugeben, daß es noch nicht gelungen ist, diese Grenze genauer zu definieren.

Die von Rheinland-Pfalz im Anschluß an Mosler vertretene Auffassung kann im Ergebnis durchaus als Grundlage einer Verständigung dienen.

Eine weitere Schranke ergibt sich aus dem Subsidiaritätsprinzip, das dem Bund nur dann im Länderbereich zu handeln erlaubt, wenn ein wirkliches Bedürfnis der Gesamtheit besteht. Der Bund wird hier immer Regelungen suchen müssen, die die gesetzgeberische und verwaltungsmäßige Selbständigkeit der Länder respektieren. Ein gutes Beispiel für die Haltung der Bundesregierung bilden die Kulturabkommen, die nie in die Gesetzgebungszuständigkeit der Länder eingreifen.

Abschließend muß auf die große Bedeutung der behandelten Fragen hingewiesen werden. Gerade das Gebiet der auswärtigen Beziehungen ist besonders wenig geeignet, eine einmal gebildete Übung wieder zu verlassen, ohne daß sich die bisherige Praxis als unhaltbar erwiesen hat.

In der Anlage übersandte das Auswärtige Amt eine Aufstellung der angeführten 38 Verträge. Es handelt sich dabei im wesentlichen um Handels- und Schiffahrtsverträge, aber auch um das Abkommen über die Gründung einer Europäischen Zahlungsunion, das Abkommen über die Gründung eines Rates für die Zusammenarbeit auf dem Gebiet des Zollwesens, den Montanunion-Vertrag, Privilegierungen Europäischer Institutionen und von UN-Sonderorganisationen und um Abkommen zur Vermeidung der Doppelbesteuerung.

8. *165. Sitzung des Rechtsausschusses des Bundesrates vom 25. April 1956 — R 0055 — Nr. R 94/56 —.*

Der Berichterstatter des Unterausschusses „Verwaltungsabkommen", Ministerialrat Schumacher (Niedersachsen), setzte sich mit dem Schreiben des Auswärtigen Amtes vom 26. März kritisch auseinander. Zu dem Vorschlag des Auswärtigen Amtes, die grundsätzlich umfassende Bundeszuständigkeit mit Hilfe des Begriffs der ‚Pflege der Beziehungen zu auswärtigen Staaten' einzugrenzen, sagte Schumacher, er könne sich „einen Vertrag mit einem auswärtigen Staat, der der Pflege der Beziehungen zu diesem Staate nicht dient, überhaupt nicht vorstellen". Er wisse auch nicht, ob sich die Länder einfach darauf verlassen könnten, daß der Bund seiner Treupflicht in dem gewünschten Umfang nachkommen würde. Umgekehrt sei aber auch die Freiheit der Länder nicht ganz unbegrenzt. Es bestehe eine „Treupflicht der Länder" und die Länder seien „nicht berechtigt . . ., willkürlich einen politisch wichtigen Vertrag zu verhindern".

Bei den Verwaltungsabkommen entfielen ohnehin die Schwierigkeiten, die sich aus der Mitwirkung der Landesparlamente ergäben. Soweit der Bund allerdings in die ausschließlichen Verwaltungskompetenzen der Länder eingreife, bedürfe er der Zustimmung der Landesregierungen.

Der Vorschlag, übergreifende Verträge auch von der Zustimmung des Bundesrates abhängig zu machen, könne vom rechtssystematischen Standpunkt aus nicht begründet werden. Im Grundgesetz stehe nichts darüber.

Ministerialdirektor Roemer vom Bundesjustizministerium betonte, wenn übergreifende Verträge von der Zustimmung des Bundesrates abhängig gemacht werden sollten, dann sei dies kein „Beruhigungsgeschenk", das statt der eigentlich gegebenen Länderzuständigkeit gewährt werden solle. Vielmehr sei der Bund zuständig und wolle nur seinerseits die Länder über den Bundesrat beteiligen. Er gab zu bedenken, daß ein einheitlicher Rechtszustand bei einer Beteiligung der Landesparlamente ausgeschlossen sei. „Wenn die Kompetenz der Landesparlamente, die Sie fordern, eine echte Kompetenz sein soll, kann sie nicht nur eine Kompetenz zu einem Ja — von ganz wenigen eklatanten Fällen abgesehen — sein; dann muß sie auch die Kompetenz zum Ja und Nein sein, auch aus politischen Erwägungen".

Im übrigen ergäben sich allgemeine verfassungspolitische Bedenken aus der Tatsache, daß hier eine Verschachtelung von Bundes- und Landesorganen in einem einheitlichen Vorgang angestrebt würde, wie sie im Grundgesetz — bei dem bekannten Puritanismus in der Frage der Mischverwaltung — ausdrücklich gestattet sein müßte.

Zum Abschluß der Aussprache betonte der Vorsitzende, Senator Weber (Hamburg), alle Diskussionsteilnehmer seien sich „völlig darüber im Klaren, ... daß die Vertragsfähigkeit des Bundes ... in keiner Weise beeinträchtigt werden" dürfe.

Der Rechtsausschuß faßte keinen Beschluß; eine Umfrage unter den Ländervertretern nach ihrer jeweiligen Ansicht ergab jedoch folgendes Bild:

Berlin:

Nunmehr der Auffassung der Bundesregierung.

Bremen, Hamburg, Niedersachsen, Schleswig-Holstein:

(mit Vorbehalt Bremens hinsichtlich der Transformationskompetenz): Norddeutsche Lösung.

Baden-Württemberg, Bayern, Hessen, Nordrhein-Westfalen:

Süddeutsche Lösung.

Rheinland-Pfalz:

Süddeutsche Lösung mit gewissen Erweiterungen der Bundeskompetenz (siehe die Stellungnahme von Rheinland-Pfalz in den Sitzungen des Unterausschusses vom 17. März und 17. Mai 1955, oben S. 66); Vorbehalt hinsichtlich der Transformationskompetenz.

III. Das tatsächliche Verfahren bei Abschluß und Transformation übergreifender Verträge

1. Die Suche nach einer pragmatischen Lösung

a) Am 21. Dezember 1956 trafen sich auf Einladung von Bundesratsminister von Merkatz Vertreter der Bundesregierung im Bundesratsministerium mit zwei Ländervertretern, Senator Weber (Hamburg) und Staatssekretär Koch (Niedersachsen), um eine pragmatische Lösung der strittigen Fragen zu finden.

Senator Weber schlug vor, alle Rechtsprobleme auszuklammern und sich verfahrensmäßig so zu einigen, daß die Länder als solche (und nicht als Bundesratsmitglieder) möglichst frühzeitig an dem Abschluß von Verträgen über Gegenstände der Landesgesetzgebung beteiligt würden. Dies solle gleichermaßen für normative wie für nicht normative Verträge gelten, also auch für Kulturabkommen. Staatssekretär Koch ergänzte diesen Vorschlag durch den Wunsch, es möchten die Staatskanzleien und nicht die jeweils sachlich betroffenen Länderressorts beteiligt werden.

Daraufhin schlug Minister von Merkatz folgende Einigungsformel vor:

„Bei Entwürfen zu Vertragsabkommen mit auswärtigen Staaten soll über Materien, die in die ausschließliche Zuständigkeit der Länder fallen, insoweit vor Unterzeichnung des Abkommens ein Einverständnis mit den Ländern hergestellt werden."

Er sagte zu, sich gegebenenfalls für die Übernahme dieser Formulierung in die Gemeinsame Geschäftsordnung der Bundesministerien einzusetzen.

Die Ländervertreter hielten die vorgeschlagene Formulierung für einen brauchbaren Ausgangspunkt.

b) Etwa fünf Wochen später, am 31. Januar 1957, fand auf Einladung des Auswärtigen Amtes eine Besprechung zwischen Vertretern verschiedener Bundesministerien statt, auf der die allgemeine Überzeugung herrschte, die ‚Merkatzklausel' sei das im Augenblick zu erreichende Maximum. Großen Wert legten alle Anwesenden auf die Feststellung, daß es sich nur um eine Sollvorschrift handele. Die vorgesehene Klausel werde in der Praxis entwicklungsfähig sein und stelle keine Verpflichtung dar, auf die sich die Länder gegebenenfalls berufen könnten. Die Bundesregierung könne im Einzelfall den Nachweis führen, daß die Zustimmung aus praktischen Gründen nicht habe eingeholt werden können, und werde dadurch frei.

Ebenso wurde in dem Entwurf einer Kabinettsvorlage des Auswärtigen Amtes vom 20. Februar 1957 die Auffassung vertreten, daß die ‚Merkatzformel', wenn sie auch in Einzelfällen das Risiko einer Verzögerung mit sich bringe, doch im gegenwärtigen Zeitpunkt den Interessen des Bundes und der Länder am besten gerecht werde. Diesem Entwurf stimmte das Bundesinnenministerium in einem Schreiben vom 21. Februar 1957 zu, da es sich — wie es heißt — um eine Kompromißlösung handele, die der weiteren Erörterung des Fragenkreises nicht im Wege stehe.

Der Bundeskanzler war jedoch mit dieser Lösung zunächst nicht einverstanden. Der Außenminister legte ihm deshalb in einem Schreiben vom 23. Februar 1957 seine Gründe für eine Befürwortung vor und betonte, das Einverständnis mit den Ländern sei nicht Bedingung für den Abschluß des Vertrages.

c) Nun machte aber der Bundesrat wieder deutlich, daß er auf seiner Rechtsansicht beharrte. In seiner 176. Sitzung vom 3. Mai 1957 äußerte er sich zu zwei Abkommen in der Weise, wie es der Rechtsausschuß in seiner 184. Sitzung vom 25. April 1957 vorgeschlagen hatte, nämlich mit folgender Stellungnahme:

„Der Bundesrat stellt fest, daß das Abkommen ohne Einwilligung der Länder nicht in vollem Umfange vollziehbar ist; die Zustimmung des Bundesrates im 2. Durchgang kann deshalb nicht in Aussicht gestellt werden, falls nicht das Einverständnis der Länder durch die Bundesregierung herbeigeführt wird[25]."

d) Am 23./24. Oktober 1957 fand auf Einladung der Vertretung Hamburgs beim Bund eine Tagung der Sachbearbeiter der Staatskanzleien der Länder über die Frage der Abschluß- und Transformationskompetenz des Bundes statt. Zu dieser Tagung, die im Rathaus von Lindau abgehalten wurde, waren Vertreter des Auswärtigen Amtes zur Darlegung des Standpunktes der Bundesregierung eingeladen worden.

Im Verlaufe der Unterredung zeigten die Ländervertreter Verständnis für die Ansicht der Bundesregierung, ihr könne es nicht zugemutet werden, während der Verhandlungen die Vertragsentwürfe an alle Länder zu schicken, zumal sie Gefahr laufe, divergierende Stellungnahmen zu erhalten. Von seiten der Länder wurde deshalb angeregt, ein Ständiges Gremium zu schaffen, das die Staatskanzleien der Bundesländer repräsentiere.

Wenn ein Land sein Einverständnis nicht erteile oder das für die Durchführung des Vertrages Erforderliche nicht unternehme, so gelte eben der Vertrag in diesem Lande nicht. Doch sei damit zu rechnen, daß auch ein Land, das seine Zustimmung verweigert habe, den Vertrag nichtsdestoweniger erfüllen werde, wenn die übrigen Länder so verführen. Auf die Zustimmung komme es im entscheidenden Fall nicht so sehr an wie auf die Durchführung. Umgekehrt sei nicht die Verweigerung der Zustimmung, sondern die Verweigerung der Durchführung rechtserheblich.

Die Ländervertreter wiesen außerdem darauf hin, daß es für den Bund taktisch günstiger sein werde, gegebenenfalls einen Rechtsstreit

---

[25] Es handelte sich dabei um den Entwurf eines Gesetzes über das Europäische Währungsabkommen und den Entwurf eines Gesetzes über das deutsch-belgische Abkommen über die Errichtung nebeneinanderliegender nationaler Grenzabfertigungsstellen.

mit einem einzelnen Land zu führen, als heute ohne faktischen Anlaß mit allen Bundesländern um die Grundsatzfrage zu streiten. Der Bund könne dann eventuell sogar das Land in die Rolle der Klägerin bringen.

Am Nachmittag wurde eine Formel ausgearbeitet, die folgenden Wortlaut hatte:

„Soweit völkerrechtliche Verträge auf Gebieten der ausschließlichen Zuständigkeit der Länder eine Verpflichtung des Bundes oder der Länder begründen sollen, soll das Einverständnis der Länder herbeigeführt werden. Dieses Einverständnis soll vorliegen, bevor die Verpflichtung völkerrechtlich verbindlich wird. Falls die Bundesregierung einen solchen Vertrag dem Bundesrat gemäß Art. 59 Abs. 2 GG zuleitet, wird sie die Länder spätestens zum gleichen Zeitpunkt um die Erteilung des Einverständnisses bitten.

Bei den in Abs. 1 Satz 2 genannten Verträgen sollen die Länder an den Vorbereitungen für den Abschluß möglichst frühzeitig, in jedem Fall rechtzeitig vor der endgültigen Festlegung des Vertragstextes beteiligt werden."

Diese Formel sollte den Ministerpräsidenten vorgelegt und möglicherweise zur Grundlage der Besprechung mit Außenminister von Brentano gemacht werden.

e) Die endgültige Besprechung fand dann am 14. November 1957 im Hause der Vertretung des Landes Niedersachsen beim Bund statt, an der für die Bundesregierung Bundesaußenminister von Brentano, Bundesratsminister von Merkatz und Ministerialdirektor Berger vom Auswärtigen Amt und für die Länder die Ministerpräsidenten Hellwege (Niedersachsen), Zinn (Hessen) und Müller (Baden-Württemberg) sowie Senator Weber (Hamburg) und Ministerialrat Schumacher (Niedersachsen) teilnahmen.

Der Konferenz lag ein von der Bundesregierung und ein von Ministerialrätin von Brünneck (Hessen) ausgearbeiteter Entwurf vor.

Die Ländervertreter erklärten sich zu einem Entgegenkommen bereit, machten aber deutlich, daß sie auch von der Bundesregierung ein Einlenken erwarteten, besonders in den Fällen, in denen unbestreitbar berechtigte Interessen der Länder ganz erheblich betroffen würden. Das sei schon immer dann der Fall, wenn die Bundesregierung sich in einem Vertrage verpflichte, auf ein bestimmtes Verhalten der Länder hinzuwirken. Eine solche vertragliche Verpflichtung der Bundesrepublik, durch die ja auch die Länder als Teil des Ganzen gebunden würden, bedeute für die Länder eine Belastung, weil sie u. U. aus politischen Gründen gar nicht in der Lage seien, die Erfüllung einer entsprechenden Forderung des Bundes abzulehnen.

Zum Verfahren sprachen die Ministerpräsidenten die Bitte aus, die Bundesregierung möge sich mit dem Ersuchen um Zustimmung nicht an die Kultusministerkonferenz, sondern an den richtigen Adressaten, ein von den Ministerpräsidenten zu schaffendes Gremium der Länder, wenden.

f) Das Ergebnis der Besprechungen, die sogenannte Lindauer Vereinbarung, hat folgenden Wortlaut:

„Verständigung zwischen der Bundesregierung und den Staatskanzleien der Länder über das Vertragsschließungsrecht des Bundes vom 14. 11. 1957

1. Der Bund und die Länder halten an ihren bekannten Rechtsauffassungen über die Abschluß- und Tranformationskompetenz bei völkerrechtlichen Verträgen, die ausschließliche Kompetenzen der Länder berühren, fest.

2. Die Länder halten ein Entgegenkommen bei der Anwendung der Artikel 73 Ziff. 1 und 5 und 74 Ziff. 4 des Grundgesetzes für möglich: Eine Zuständigkeit des Bundes könnte danach z. B. für

   a) Konsularverträge,
   b) Handels- und Schiffahrtsverträge, Niederlassungsverträge sowie Verträge über den Waren- und Zahlungsverkehr,
   c) Verträge über den Beitritt zu oder die Gründung von internationalen Organisationen

   auch insoweit anerkannt werden, als diese Verträge Bestimmungen enthalten, bei denen es zweifelhaft sein könnte, ob sie im Rahmen eines internationalen Vertrages unter die ausschließliche Landesgesetzgebung fallen, wenn diese Bestimmungen

   a) für solche Verträge typisch und in diesen Verträgen üblicherweise enthalten sind oder
   b) einen untergeordneten Bestandteil des Vertrages bilden, dessen Schwerpunkt im übrigen zweifelsfrei im Bereich der Zuständigkeit des Bundes liegt.

   Hierzu gehören Bestimmungen über Privilegien bei auswärtigen Staaten und internationalen Einrichtungen hinsichtlich des Steuer-, Polizei- und Enteignungsrechts (Immunitäten) sowie über die nähere Ausgestaltung der Rechte von Ausländern in Handels-, Schiffahrts- und Niederlassungsverträgen.

3. Beim Abschluß von Staatsverträgen, die nach Auffassung der Länder deren ausschließliche Kompetenzen berühren und nicht nach Ziff. 2 durch die Bundeskompetenz gedeckt sind, insbesondere also bei Kulturabkommen wird wie folgt verfahren:

   Soweit völkerrechtliche Verträge auf Gebieten der ausschließlichen Zuständigkeit der Länder eine Verpflichtung des Bundes oder der Länder begründen sollen, soll das Einverständnis der Länder herbeigeführt werden. Dieses Einverständnis soll vorliegen, bevor die Verpflichtung völkerechtlich verbindlich wird. Falls die Bundesregierung einen solchen Vertrag dem Bundesrat gemäß Art. 59 Abs. 2 GG zuleitet, wird sie die Länder spätestens zum gleichen Zeitpunkt um die Erteilung des Einverständnisses bitten.

Bei den in Abs. 1 Satz 1[26] genannten Verträgen sollen die Länder an den Vorbereitungen für den Abschluß möglichst frühzeitig, in jedem Fall rechtzeitig vor der endgültigen Festlegung des Vertragstextes beteiligt werden.

4. Es wird weiter vereinbart, daß bei Verträgen, welche wesentliche Interessen der Länder berühren, gleichgültig, ob sie die ausschließliche Kompetenz der Länder betreffen oder nicht,
   1. die Länder möglichst frühzeitig über den beabsichtigten Abschluß derartiger Verträge unterrichtet werden, damit sie rechtzeitig ihre Wünsche geltend machen können,
   2. ein ständiges Gremium aus Vertretern der Länder gebildet wird, das als Gesprächspartner für das Auswärtige Amt oder die sonst zuständigen Fachressorts des Bundes im Zeitpunkt der Aushandlung internationaler Verträge zur Verfügung steht,
   3. durch die Information dieses Gremiums und die von ihm abgegebenen Erklärungen die Vereinbarung nach Ziff. 3 nicht berührt wird.
5. Der Sonderfall des Art. 32 Abs. 2 wird durch Ziff. 4 nicht erfaßt."

g) In der Folgezeit wurde das Lindauer Abkommen von allen Landesregierungen gebilligt. Anläßlich einer Besprechung mit den Regierungschefs der Länder am 14. März 1958 stellte der Bundeskanzler fest, daß die Absprache die Zustimmung aller Beteiligten — also auch der Bundesregierung — gefunden habe.

Außenminister von Brentano brachte in einem Schreiben an den Hessischen Ministerpräsidenten vom 25. April 1958 zum Ausdruck, daß durch die Absprache eine praktische Lösung gefunden worden sei, die eine vertrauensvolle Zusammenarbeit von Bund und Ländern auf dem Gebiet des Abschlusses völkerrechtlicher Verträge ermöglichen werde.

In einem an alle Bundesministerien gerichteten Schreiben vom 13. Mai 1958 bekräftigte das Auswärtige Amt jedoch seine Rechtsauffassung, wonach im Lindauer Abkommen keine Einschränkung der grundgesetzlichen Regelung des Vertragsschließungsrechts gesehen werden könne und dürfe. Auch wenn das Einverständnis eines einzelnen Landes nicht herbeizuführen gewesen sei, könne der Bund den Vertrag abschließen. Er werde freilich in der Regel bestrebt sein, ein vollständiges Einverständnis zwischen Bund und Ländern herzustellen.

---

[26] In dem bei Maunz - Dürig (Art. 32, Rdn. 45) abgedruckten Text heißt es versehentlich „Abs. 1 Satz 2", was keinen Sinn gibt, weil Ziff. 3 Abs. 1 nur aus einem Satz besteht.

Bei internationalen Abmachungen, die üblicherweise nicht im zusammengesetzten Verfahren abgeschlossen würden (z. B. Verwaltungsabkommen), werde entweder das Einverständnis vor Unterzeichnung (der etwa eine Paraphierung vorausgehen könne) einzuholen sein oder aber die zusammengesetzte Vertragsform gewählt werden müssen (etwa durch Vorbehalt eines Notenwechsels über das Inkrafttreten).

Zur Errichtung des Ständigen Gremiums teilte Ministerpräsident Zinn (Hessen) Außenminister von Brentano in einem Schreiben vom 10. Juli 1958 mit, daß alle Landesregierungen ihre Vertreter für das Ständige Gremium bestellt hätten. Es seien dies die jeweiligen Bevollmächtigten der Länder beim Bund, im Fall von Schleswig-Holstein jedoch der stellvertretende Chef der Landeskanzlei.

Der Bundesaußenminister bestätigte dies Schreiben und die darin mitgeteilte Bestellung der Mitglieder des Gremiums durch Schreiben vom 18. August 1958.

In einem erneuten Schreiben an alle Bundesministerien vom 4. Oktober 1958 brachte das Auswärtige Amt zum Ausdruck, daß sich seiner Auffassung nach die Notwendigkeit einer Zustimmung des Ständigen Gremiums nicht nur auf die unter Ziff. 4, sondern auch auf die unter Ziff. 3 des Lindauer Abkommens genannten Fälle beziehe. Denn in jedem Fall seien „wesentliche Interessen der Länder berührt“. Auch bei den unter Ziff. 3 genannten Verträgen bedürfe es also nicht i. e. S. eines „Einverständnisses der Länder“, sondern nur der Zustimmung des Ständigen Gremiums. Organisatorisch gehe das Auswärtige Amt davon aus, daß der erforderliche Schriftwechsel mit dem Ständigen Gremium jeweils von dem Ressort geführt werde, das für den abzuschließenden Vertrag federführend sei.

2. Die Lindauer Vereinbarung

Die Lindauer Vereinbarung unterscheidet in ihren Abschnitten 2 bis 5 vier Gruppen von Verträgen (unten a—d):

a) Unter Nr. 2 der Vereinbarung sind verschiedene Verträge aufgeführt, bilden aber ausdrücklich nur Beispiele. Ihnen ist gemeinsam, daß sie alle auf ausdrückliche Kompetenzen des Bundes zurückzuführen sind. So ergibt sich die Zuständigkeit für Konsularverträge aus Art. 73 Nr. 1 GG („die auswärtigen Angelegenheiten“), für Handels- und Schiffahrtsverträge aus Art. 73 Nr. 5 („die Handels- und Schiffahrtsverträge“), für Niederlassungsverträge aus Art. 74 Nr. 4 („das Aufenthalts- und Niederlassungsrecht der Ausländer“), für die Verträge über den Waren- und Zahlungsverkehr aus Art. 73 Nr. 5 („Waren- und Zahlungsverkehr mit dem Auslande“) und schließlich für Verträge über den Beitritt zu oder die Gründung von internationalen Organisationen aus Art. 32 I (nicht Art. 24 GG). Die Ländervertreter hielten es aber trotz solcher Kompetenznormen offenbar nicht für ausgemacht, daß der Bund diese Verträge auch mit bindender völkerrechtlicher und innerstaatlicher Wirkung schließen kann. Sonst hätten sie sich nicht verpflichtet, bei den genannten Verträgen auch in Zukunft keine Bedenken anzumelden, sofern sich die Vertragsbestimmungen an die Schranken der Üblichkeit und Nebensächlichkeit halten.

b) Die zweite Gruppe (Nr. 3) bilden die Verträge, deren wesentlicher Inhalt Materien betrifft, die zur Gesetzgebung der Länder gehören. Kulturabkommen werden als Hauptfall genannt. Soweit diese Verträge eine „Verpflichtung des Bundes oder der Länder begründen sollen, soll das Einverständnis der Länder herbeigeführt werden". Der Zeitpunkt, in dem die Länder um ihr Einverständnis zu ersuchen sind, wird dabei im einzelnen präzisiert. Offen bleibt, welche Rechtsfolgen es haben soll, wenn die Länder ihr Einverständnis nicht erklären — sei es, daß die Bundesregierung gar nicht mit dieser Bitte an sie herangetreten ist, sei es, daß sie es ausdrücklich ablehnen, sich mit einem Vertrage einverstanden zu erklären.

c) Die dritte Gruppe (Nr. 4) stellen die Verträge dar, die „wesentliche Interessen der Länder berühren". Es handelt sich dabei um einen Oberbegriff, der sowohl die unter Nr. 3 genannten als auch solche Verträge umfaßt, die zwar nicht die Gesetzgebungszuständigkeit aber doch damit zusammenhängende Fragen betreffen. Soweit eine allgemeine Informationspflicht der Bundesregierung (Nr. 4/1) vorgesehen wird, dürfte sie hauptsächlich für die Verträge Bedeutung haben, die nicht ohnehin nach Nr. 3 des Einverständnisses der Länder bedürfen. Denn für diese Verträge ist sowieso vorgesehen, daß „die Länder an den Vorbereitungen für den Abschluß möglichst frühzeitig ... beteiligt werden" (Nr. 3 Abs. 3).

d) Von den bisher genannten Gruppen von Verträgen unterscheidet die Lindauer Vereinbarung unter Nr. 5 noch die im Grundgesetz genannten Verträge, die „die besonderen Verhältnisse eines Landes" berühren und deren beabsichtigter Abschluß die Pflicht der Bundesregierung begründet, „das Land rechtzeitig zu hören" (Art. 32 II GG). Durch Nr. 5 der Vereinbarung wird klargestellt, daß diese Pflicht nicht schon durch die Unterrichtung der Länder (Nr. 4/1) oder gar der Ständigen Vertragskommission der Länder (Nr. 4/2) erfüllt wird.

e) Von allgemeiner Bedeutung ist die in Nr. 4/2 vereinbarte Errichtung eines *ständigen Gremiums* aus Vertretern der Länder, das sich später selbst die Bezeichnung *„Ständige Vertragskommission der Länder"* gegeben hat. Die Aufgabe dieses ständigen Gremiums ist es, „Gesprächspartner" der Bundesregierung für die Zeit der Aushandlung der Verträge zu sein. In Nr. 4/3 wird die Zuständigkeit negativ abgegrenzt durch die Feststellung, daß durch die Verhandlungen zwischen der Bundesregierung und dem Ständigen Gremium nicht etwa schon die Verpflichtung der Bundesregierung, das Einverständnis der Länder herbeizuführen (Nr. 3), erfüllt wird. Die „Ständige Vertragskommission der Länder“ ist also gerade in dem wichtigsten Fall, nämlich bei den Verträgen, die „nach Auffassung der Länder deren ausschließliche Kompetenzen berühren“ (Nr. 3 Abs. 1), nicht berechtigt, mit Wirkung für die Länder Erklärungen entgegenzunehmen und abzugeben.

3. Die Ständige Vertragskommission der Länder

Das in Nr. 4/2 der Lindauer Vereinbarung vorgesehene „ständige Gremium“ trat am 16. Juli 1958 in Bonn zu seiner konstituierenden Sitzung zusammen und gab sich die Bezeichnung „Ständige Vertragskommission der Länder“[27].

a) Nach einer Übereinkunft der Ministerpräsidenten aus dem Jahre 1958 wählt die Vertragskommission ihren Vorsitzenden aus ihren eigenen Reihen. Bisher war dies immer der Bevollmächtigte des Landes Bayern beim Bund; stellvertretender Vorsitzender ist seit Gründung der Ständigen Vertragskommission der Hamburger Bevollmächtigte beim Bund. Die laufenden Geschäfte der Ständigen Vertragskommission werden bei der Dienststelle des Vorsitzenden geführt. Es gibt aber keine schriftliche Geschäftsordnung und keine eigene Verwaltungsorganisation der Vertragskommission. Die Kosten trägt das Land, das den Vorsitzenden stellt, bisher also Bayern; nur unzumutbar hohe Kosten können geteilt werden.

b) Die Ständige Vertragskommission ist bisher[28] 43mal zusammengetreten und hat über mehr als fünfzig völkerrechtliche Verträge beraten. Dabei handelte es sich im wesentlichen um (bilaterale) Kulturabkommen und (multilaterale) UNESCO- und Europaratsabkommen. Das Verfahren ist dabei folgendermaßen gestaltet:

aa) Das Auswärtige Amt oder das sonst zuständige Bundesministerium unterrichtet die Ständige Vertragskommission der Länder über den Inhalt geplanter Abkommen. Dies geschieht in der Regel nachdem die ersten Verhandlungen bereits stattgefunden haben, ein Vertragsentwurf also schon vorliegt. Der Text des Entwurfs wird dann von der

---

[27] Die Darstellung folgt im wesentlichen dem Wortlaut einer schriftlichen Auskunft der Ständigen Vertragskommission der Länder vom 4. Februar 1965 (Tgb. Nr. 118), für die der Verfasser Herrn Staatsanwalt Froschauer zu besonderem Dank verpflichtet ist.

[28] Februar 1965.

Kommission den Ländern zugeleitet. Soweit kulturelle Fragen Gegenstand des Vertrages sind, bittet die Kommission die Ständige Konferenz der Kultusminister um ein Gutachten. Nach Eingang der erbetenen Stellungnahmen berät die Kommission über die Angelegenheit und übermittelt die bei ihr koordinierte Auffassung der Länder dem zuständigen Bundesministerium. Die Ständige Vertragskommission ist also über eine bloße Einholung und Weitergabe von Informationen und Stellungnahmen hinaus selbständig bemüht, die Entscheidungen der Länder vorzubereiten und gegensätzliche Auffassungen der Beteiligten auszugleichen. So wiederholt sich der durch die Kommission vermittelte Austausch von Stellungnahmen mehrmals, bis ein Einvernehmen zwischen den Ländern und dem Bund über den Wortlaut des vom Bund abzuschließenden Vertrages erzielt ist.

Für den Bereich der Kulturabkommen hat die Ständige Vertragskommission darüber hinaus einen Musterentwurf ausgearbeitet und der Bundesregierung mit der Bitte übermittelt, sich im wesentlichen an die vorgeschlagenen Formulierungen zu halten. Die auffallende Gleichförmigkeit der Kulturabkommen[29] läßt sich offenbar zum Teil dadurch erklären.

bb) Haben sich Bund und Länder über den Wortlaut geeinigt, so empfiehlt die Ständige Vertragskommission den Länderregierungen, nunmehr ihr Einverständnis mit der Unterzeichnung des Abkommens zu erklären. Liegen diese Erklärungen vor, so *paraphiert* der deutsche Unterhändler das Abkommen für die Bundesrepublik Deutschland.

cc) Nachdem die Bundesregierung der Ständigen Vertragskommission den Text des unterzeichneten Abkommens übermittelt hat, empfiehlt die Ständige Vertragskommission den Landesregierungen in der Regel, ihr Einverständnis mit der *Ratifikation* des Abkommens zu erklären (Ziff. 3 der Lindauer Vereinbarung). Hält eine Landesregierung die Zustimmung des Landesparlaments für die Einführung der vertraglichen Bestimmungen in Landesrecht für erforderlich, so legt sie den Vertrag dem Parlament zur Zustimmung vor[30]. Die Zustimmungserklärung gibt die Landesregierung unmittelbar gegenüber dem Auswärtigen Amt oder dem sonst federführenden Bundesministerium ab, die Vertragskommission erhält davon jedoch Nachricht.

c) Da die tatsächliche Bedeutung der Ständigen Vertragskommission wesentlich über die ihr in der Lindauer Vereinbarung zugeschriebene Rolle, „als Gesprächspartner für das Auswärtige Amt . . . zur Verfügung“ zu stehen, hinausgeht, sind die Länder zur Zeit bemüht, für die

---

[29] Siehe unten S. 87 f.

[30] Siehe unten S. 173 ff.

Kommission ein eigenes Auskunftsrecht gegenüber der Bundesregierung einzuführen und entsprechend Nr. 4/2 der Lindauer Vereinbarung in folgender Weise zu ergänzen:

„... und das von den Vertretern der Bundesregierung Aufschluß über bevorstehende Vertragsverhandlungen verlangen kann, sofern die Annahme gerechtfertigt ist, daß diese kulturelle oder andere die Zuständigkeiten oder wesentliche Interessen der Länder berührende Fragen zum Gegenstand haben."

d) In der Praxis gibt es leider — besonders auf Seiten der Bundesbehörden — immer wieder Nachlässigkeiten, die das redliche Bemühen um ein gutes Verhältnis zwischen der Bundesregierung und den Ländern beeinträchtigen und die Empfindlichkeit der Länder unnötig erhöhen.

So haben es die Länder dem Bund offenbar zu Recht zum Vorwurf gemacht, daß es in dem deutschen Memorandum vom 8. November 1962[31] heißt, soweit die Bundesregierung zu den vorgeschlagenen Maßnahmen der Zustimmung der Bundesländer bedürfe, hätten die hierzu notwendigen Verhandlungen mit den Kultusministern der Länder bereits begonnen, während der Bundesaußenminister die Regierungschefs der Länder — nach einer Darstellung des Falles aus der Sicht der Länder — tatsächlich erst mit Schreiben vom 7. Januar 1963 über die Absichten der Bundesregierung unterrichtete. Zu diesem Zeitpunkt war an dem ausgearbeiteten Vertragstext praktisch nichts mehr zu ändern. Ministerpräsident Zinn (Hessen) beanstandete deshalb im Bundesrat, daß die Bundesregierung es unterlassen habe, vor der Unterzeichnung des Vertrages die Konsultationen vorzunehmen, zu denen sie verpflichtet gewesen sei[32], und Ministerpräsident Meyers (Nordrhein-Westfalen) schloß daran sogar die Drohung, seine Regierung werde in Zukunft „derartig zustandegekommenen Vertragswerken ihre Zustimmung ... versagen"[33].

Auch im Zusammenhang mit dem Abkommen über die Errichtung des deutsch-französischen Jugendwerks vom 5. Juli 1963 ergaben sich Beschwerden der Länder. Das Auswärtige Amt übermittelte der Vertragskommission den fertig ausgehandelten Abkommensentwurf erst mit Schreiben vom 24. Juni 1963 und wies auf die bereits für den 5. Juli 1963 in Aussicht genommene Unterzeichnung hin. Staatsminister Heubl stellte deshalb als Vorsitzender der Ständigen Vertragskommission in seinem Schreiben an das Auswärtige Amt vom 25. Juni 1963 mit Bedauern fest, daß das Auswärtige Amt auch „im vorliegenden Fall die

---

[31] Der Vertrag über die deutsch-französische Zusammenarbeit vom 22. Januar 1963 sieht in seinem kulturellen Teil C „Erziehungs- und Jugendwesen" im wesentlichen die weitere Erörterung der Vorschläge vor, die in dem Memorandum der französischen Regierung vom 19. September 1962 und dem deutschen Gegenmemorandum vom 8. November 1962 enthalten waren.

[32] 254. Sitzung des Bundesrates vom 1. März 1963, Protokolle S. 29.

[33] a.a.O., S. 34.

Ständige Vertragskommission erst in diesem fortgeschrittenen Stadium mit der Angelegenheit befaßt habe".

IV. Kulturabkommen

1. Die Bundesrepublik Deutschland hat bisher mit 20 Staaten Kulturabkommen abgeschlossen, darunter mit den Vereinigten Staaten und 10 europäischen, 4 asiatischen, 3 südamerikanischen und 2 afrikanischen Staaten[34].

---

[34] Vgl. die Mitteilung des Auswärtigen Amtes an den Präsidenten des Deutschen Bundestages vom 14. Juni 1965 (Drucksache IV/3646). Wie aus der Anlage 1 dieser Drucksache hervorgeht, hat die Bundesregierung bisher mit folgenden Staaten Kulturabkommen geschlossen; (es wird zunächst das Partnerland, sodann der Tag der Unterzeichnung und schließlich die Veröffentlichung im Bundesgesetzblatt II mit Jahr und Seite angegeben.):

USA	9. April 1953	im Bundesgesetzblatt nicht veröffentlicht
Frankreich	23. Oktober 1954	1955 S. 885
Spanien	10. Dezember 1954	1956 S. 558
Italien	8. Februar 1956	1958 S. 77 ff.
Griechenland	17. Mai 1956	1957 S. 501 ff.
Norwegen	29. Mai 1956	1957 S. 28
Belgien	24. September 1956	1957 S. 70 ff.
Chile	20. November 1956	1959 S. 549 ff.
Japan	14. Februar 1957	1957 S. 1461
Türkei	8. Mai 1957	1958 S. 336
Großbritannien	18. April 1958	1959 S. 449 ff.
UdSSR	Vereinbarung über kulturellen und technisch-wirtschaftlichen Austausch 30. Mai 1959	im Bundesgesetzblatt nicht veröffentlicht, s. jedoch Bundesanzeiger vom 22. August 1959 Nr. 160
VAR	11. November 1959	1960 S. 2351 ff.
Niederlande	27. April 1961	1962 S. 497
Pakistan	9. November 1961	1963 S. 43 ff.
Afghanistan	18. April 1961	1963 S. 1060 ff.
Kolumbien	11. Oktober 1960	im Bundesgesetzblatt nicht veröffentlicht
Südafrika	11. Juni 1962	1964 S. 13
Peru	20. November 1964 und	beide nicht im Bundesgesetzblatt veröffentlicht (Juni 1965)
Irak	30. Januar 1965	

In Vorbereitung sind Abkommen mit Brasilien, Bolivien, Äquador, Indonesien, Libyen, Portugal, Syrien, Tunesien, Venezuela (Juni 1965). Die Kulturabkommen mit Frankreich, Spanien, Italien, Griechenland, Norwegen, Belgien, Chile, Japan, der Türkei, Großbritannien, der Sowjetunion und der Vereinigten Arabischen Republik sind außerdem im Jahrbuch der auswärtigen Kulturbeziehungen 1964 auf den Seiten 65 bis 104 abgedruckt, die Kulturabkommen mit den USA, den Niederlanden, Kolumbien, Afghanistan, Pakistan, Südafrika, Peru und dem Irak im Jahrbuch der auswärtigen Kulturbeziehungen 1965, S. 189—210.

Diese Kulturabkommen sind Staatsverträge, die in der Absicht geschlossen werden, den Kulturaustausch zwischen den vertragschließenden Staaten zu fördern, ohne aber einen bestimmten Rechtszustand in den Partnerstaaten herstellen zu wollen. Sie verfolgen lediglich den Zweck, den kulturellen Beziehungen ein Mindestmaß an offizieller Grundlage zu geben, gewissermaßen die Versicherung des staatlichen Schutzes für den mehr oder weniger privaten kulturellen Austausch. Sie verzichten deshalb meist sogar auf nähere Angaben darüber, welche Veranstaltungen im einzelnen durchgeführt werden sollen. Insbesondere geht die übernommene Verpflichtung nicht dahin, den Bereich der Landesgesetzgebung in einer bestimmten Weise auszugestalten, sondern versprochen wird nur eine juristisch kaum noch greifbare Einwirkung der Bundesregierung auf die innerstaatlich noch immer frei entscheidenden Instanzen der Länder[35]. Da die Kulturabkommen nicht die Bundesgesetzgebung (aber auch nicht die Landesgesetzgebung) betreffen, andererseits auch keine politischen Regelungsverträge darstellen, unterliegen sie nicht dem Zustimmungserfordernis durch die Legislative (Art. 59 II GG). Sie werden lediglich als sog. einfache Staatsverträge vom Bundespräsidenten ratifiziert[36].

2. Dieser Rechtscharakter geht schon aus dem Stil hervor, dessen sich alle Kulturabkommen der Bundesrepublik bedienen. Um die in vielen Variationen immer wiederkehrenden Formulierungen zu kennzeichnen, soll das Kulturabkommen mit Frankreich vom 23. Oktober 1954 herangezogen werden. Es heißt dort, die Hohen Vertragschließenden Teile „bemühen sich“ (Art. 1), „fördern“ (Art. 2, 3, 4, 5), „tragen Sorge“ (Art. 7, 10, 13), „verpflichten sich, darauf hinzuarbeiten“ (Art. 8), „bemühen sich, beizutragen“ (Art. 9), „gewähren volle Unterstützung“ (Art. 9), „erleichtern, soweit irgend möglich“ (Art. 11), „sind bestrebt“ (Art. 12, 15).

3. Der unverbindliche Charakter dieser Verträge, der sie auch dann als zulässig erscheinen läßt, wenn man im übrigen dem Bund nicht das Recht zugesteht, Verträge über Materien der Landesgesetzgebung zu schließen[37], ist nicht zufällig. Denn nach Auffassung des Auswärtigen Amtes können Kulturabkommen des Bundes „bei der Konstruktion des Grundgesetzes nicht mehr sein als Rahmenabkommen“[38], weil das Grundgesetz es dem Bund „unmöglich“ mache, „in diesen Kulturabkom-

---

[35] *Bernhardt*, S. 156.

[36] *Mühlenhöver*, Bulletin, 1960, S. 1891.

[37] *Bernhardt*, S. 156; Bedenken bei *Stralenheim*, S. 8.

[38] Bundesaußenminister Schröder vor dem Bundestag am 11. Dezember 1963 (101. Sitzung, Sten.Ber. Bd. 54, S. 4723 (B) ff.). Diese zurückhaltende Interpretation der Bundeszuständigkeit steht in auffallendem Gegensatz zu den oben angegebenen Schriftsätzen des Auswärtigen Amtes (s. oben S. 70 ff., 72 ff.).

men unmittelbar materielle Verpflichtungen einzugehen"[39]. Nicht zuletzt aus Rücksicht auf die Interessen der Länder hat die Bundesregierung zumindest anfangs niemals die Initiative zum Abschluß eines Kulturabkommens ergriffen. Vielmehr sind die anderen Staaten — zunächst die Mitgliedsstaaten der WEU — an die Bundesrepublik herangetreten, worauf die Bundesregierung die Verhandlungen hat „einleiten müssen"[40]. Nach einer Reihe von Auseinandersetzungen, „die vielleicht auch darauf beruht haben, daß die Bearbeiter im AA sich über die verfassungsrechtlichen Konsequenzen zunächst nicht in allen Einzelheiten klar waren"[41], kam es zu einer schriftlichen Absprache zwischen dem Präsidenten der Kultusministerkonferenz und dem Bundesminister des Auswärtigen, wonach alle Texte, die zur Verhandlung kommen sollten, in jedem Stadium der Verhandlungen mit der Kultusministerkonferenz abgesprochen wurden. Die Kultusministerkonferenz befaßte ihre drei Ausschüsse mit den einzelnen Texten. Seit dem Inkrafttreten der Lindauer Vereinbarung durchlaufen auch die Kulturabkommen das dort vereinbarte Zustimmungsverfahren. An der Vorbereitung der bilateralen Kulturabkommen ist die Kultusministerkonferenz dadurch beteiligt, daß sie die Ständige Vertragskommission der Länder fachlich berät. Bei der Ausführung kommt der Kultusministerkonferenz hauptsächlich die Aufgabe zu, die Mitglieder der Kultusministerkonferenz für die Gemischten Kommissionen zu benennen, zentrale Informationen zu beschaffen und die Anerkennung der Zeugnisse und die Einrichtung von Lektorenstellen vorzubereiten[42]. Trotz der Bündelung der Stellungnahmen der Länder durch die Ständige Vertragskommission ist es noch „überaus mühselig"[43], ein Einvernehmen zwischen dem Bund auf der einen Seite und den elf Ländern auf der anderen Seite herzustellen. Nach Auffassung der Bundesregierung, der aber durch die Ständige Vertragskommission intern bereits widersprochen worden ist, vergehen, bis das Einverständnis aller Länder vorliegt, „erfahrungsgemäß 2 bis 3 Jahre"[44].

4. Die Aufgabe der Kulturabkommen hat der damalige deutsche Außenminister von Brentano folgendermaßen umrissen[45]: „Ziel der kul-

---

[39] Der Staatssekretär im Auswärtigen Amt in seinem Schreiben an den Präsidenten des Deutschen Bundestages vom 14. Juni 1965, Deutscher Bundestag, 4. Wahlperiode, Drucksache IV/3646 — im folgenden zitiert als „AA-Bericht".

[40] Ministerialdirektor von Trützschler in der 165. Sitzung des Rechtsausschusses des Bundesrates vom 25. April 1956, Niederschrift R 0055-Nr. R 94/56.

[41] von Trützschler, a.a.O.

[42] *Frey*, Zur Mitwirkung der Länder, S. 61 f.

[43] Der Staatssekretär im AA, Lahr, am 11. 12. 1963 vor dem Deutschen Bundestag, 101. Sitzung, Sten.Ber. Bd. 54, S. 4746 (B/C).

[44] AA-Bericht.

[45] a.a.O., S. 1673.

turellen Zusammenarbeit ist das Bemühen, die Gründung kultureller Institute und Gesellschaften, den Austausch von Hochschullehrern, Dozenten, Assistenten und Studenten, die Verbreitung literarischer, wissenschaftlicher und technischer Veröffentlichungen des fremden Landes im eigenen Lande zu fördern."

Wird dieses Ziel auch nicht durch die Vereinbarung eines konkreten Programms verwirklicht, so stecken die Kulturabkommen doch den Rahmen ab, in dem die kulturellen Beziehungen in Zukunft besonders gepflegt werden sollen. Versucht man auf Grund der Kulturabkommen mit Frankreich vom 23. Oktober 1954, Spanien vom 10. Dezember 1954, Italien vom 8. Februar 1956 und dem Kulturabkommen mit Großbritannien vom 18. April 1958 eine Übersicht über den Inhalt der einzelnen Bestimmungen zu erhalten, so ergibt sich etwa folgendes Bild:

Im Vordergrund steht meist die Absicht der Vertragspartner, die Verbreitung der eigenen und fremden *Sprache* zu fördern. Dem dient die Vereinbarung von Sprachlehrgängen[46] und Ferienkursen[47], insbesondere aber die immer wiederkehrende Verpflichtung, den Unterricht in der Sprache des anderen Landes an den Universitäten und Schulen zu fördern[48]. Dazu kommt die Errichtung von *Lehrstühlen* für die Sprache, Literatur und Geschichte des anderen Landes[49], die Förderung der *Auslandsschulen, Bibliotheken* und *Kulturinstitute* des anderen Staates[50] und die Zusammenarbeit der beiderseitigen Organisationen für *Jugend-* und *Erwachsenenbildung*[51].

Daneben steht das Bestreben, den Kontakt unter den *Hochschulen* zu verbessern. Dem dient der verstärkte Austausch von Professoren und Studenten[52] und die Vergabe von Stipendien[53] sowie die Zusage, den Zugang zu den Universitäten zu erleichtern[54] und die gegenseitige Anerkennung der Zeugnisse zu verbessern[55].

Um die Kultur des anderen Landes aber auch einem breiten Publikum bekanntzumachen, wird die *Veranstaltung* von Vorträgen, Konzerten,

---

[46] Frankreich, Art. 1; Italien, Art. 1; Großbritannien, Art. 1.

[47] Frankreich, Art. 4; Italien, Art. 8.

[48] Frankreich, Art. 7; Spanien, Art. 5; Italien, Art. 2; Großbritannien, Art. 11.

[49] Spanien, Art. 5; Italien, Art. 1; Großbritannien, Art. 1.

[50] Spanien, Art. 6; Italien, Art. 3; Großbritannien, Art. 2.

[51] Großbritannien, Art. 8.

[52] Frankreich, Art. 3; Spanien, Art. 3; Italien, Art. 4; Großbritannien, Art. 3.

[53] Frankreich, Art. 6; Spanien, Art. 3; Italien, Art. 5; Großbritannien, Art. 4.

[54] Spanien, Art. 2.

[55] Frankreich, Art. 8; Spanien, Art. 1; Italien, Art. 7; Großbritannien, Art. 6.

Theateraufführungen, Ausstellungen und Filmen vereinbart[56], aber auch die erleichterte *Einfuhr* von Büchern, Filmen und Schallplatten[57] und der Austausch von *Rundfunk*- und Fernsehsendungen[58]. Schließlich bildet die gemeinsame Bereinigung der in den Schulen benutzten Geschichtsbücher einen oft wiederkehrenden Gegenstand der Kulturabkommen[59].

5. Die wichtigste organisatorische Bestimmung der Kulturabkommen ist regelmäßig die Einsetzung eines Ständigen Gemischten Ausschusses (Kulturkommission)[60].

Die Ausschüsse werden paritätisch mit Angehörigen der beiden vertragschließenden Staaten besetzt und treten in bestimmten Zeitabschnitten oder auch ad hoc, abwechselnd in Deutschland und im Partnerland, zusammen[61]. Ist ein überseeisches Land Vertragspartner, so tagen die beiden Kulturkommissionen jeweils in ihrem Heimatland. Die Bundesregierung entsendet in diese Ausschüsse Vertreter des Auswärtigen Amtes, des Innenministeriums, der Ständigen Konferenz der Kultusminister und der Wissenschaft[62].

Auf der ersten Sitzung des Ständigen Gemischten Ausschusses wird in der Regel ein Überblick über „den gegenseitigen Stand der kulturellen Beziehungen auf den verschiedenen, vom Abkommen angesprochenen Gebieten erarbeitet, wobei nicht nur die staatlich geförderten, sondern auch die vielseitigen privaten Kulturbeziehungen einbezogen werden"[63]. Die Ständigen Gemischten Ausschüsse sind „kein Exekutivorgan" und haben „keine Weisungsbefugnis, weder gegenüber den Regierungen der Vertragsstaaten, noch gegenüber innerstaatlichen Behörden"[64]. Die von den Ausschüssen angenommenen Entschließungen haben also nur „den Charakter von Empfehlungen an die beiderseitigen Regierungen"[65].

---

[56] Frankreich, Art. 9; Spanien, Art. 9; Italien, Art. 12; Großbritannien, Art. 9.

[57] Frankreich, Art. 10; Spanien, Art. 7; Italien, Art. 3; Großbritannien, Art. 10.

[58] Frankreich, Art. 10; Spanien, Art. 9; Italien, Art. 12.

[59] Frankreich, Art. 13; Spanien, Art. 8; Italien, Art. 10. Vgl. auch die in 10 Punkte gegliederte Zusammenfassung der üblichen Inhalte von Kulturabkommen im AA-Bericht.

[60] Vgl. etwa das Kulturabkommen mit Frankreich, Art. 16; Spanien, Art. 10; Italien, Art. 13; Großbritannien, Art. 12.

[61] Über Zeitpunkt und Ort aller Sitzungen der Kulturkommissionen bis Juni 1965 gibt die Anlage 2 des AA-Berichts Auskunft.

[62] Außenminister Schröder vor dem Deutschen Bundestag am 11. Dezember 1963 (a.a.O., S. 4728 (D)).

[63] AA-Bericht.

[64] AA-Bericht.

[65] Außenminister Schröder, a.a.O., S. 4728 (D).

Die Ständigen Gemischten Ausschüsse sind also ausschließlich auf den guten Willen der Länder angewiesen, der aber durchaus vorhanden ist. Doch sind auch die Länder „ihrerseits in vielen Fällen ... auf den guten Willen und die Mitarbeit autonomer Körperschaften, etwa der Universitäten bei allen Hochschul- und Studentenfragen oder der Gemeinden bei der Förderung ausländischer Kultureinrichtungen" angewiesen[66]. So hängt die Ausführung der Kulturabkommen — nach den Worten des Generalsekretärs der Kultusministerkonferenz[67] — davon ab, „daß Gemeinden, Städte und Länder bereit sind, die kulturelle Bewegung zwischen den Angehörigen freier Nationen mit allen Mitteln zu fördern".

6. Einen ganz anderen Charakter hat die „Vereinbarung zwischen der Regierung der Bundesrepublik Deutschland und der Regierung der Union der Sozialistischen Sowjetrepubliken über kulturellen und technisch-wirtschaftlichen Austausch" vom 30. Mai 1959[68]. In diesem Vertrag wird nicht ein allgemeiner Rahmen geschaffen, sondern bis in alle Einzelheiten hinein bestimmt, welche Künstlergruppen und wie viele Studenten welcher Fachrichtungen in welchem Jahre ausgetauscht werden sollen, welche Ausstellungen die Bundesrepublik und welche die UdSSR zeigen wird und welche Bezeichnung die Buchausstellungen haben sollen (bezeichnenderweise „Technik und exakte Naturwissenschaften"). Die Anlage zu der eigentlichen Vereinbarung ist so umfangreich wie diese selbst und konkretisiert alle Vorhaben noch einmal so weitgehend, wie dies überhaupt möglich ist. Ob die mit den osteuropäischen Staaten geplanten Kulturabkommen die Form eines Rahmenabkommens oder einer Programmvereinbarung nach diesem Muster haben werden, läßt sich zur Zeit noch nicht übersehen[69].

7. Man wird die praktische Bedeutung der Kulturabkommen nicht überschätzen dürfen, legen sie doch in vielen Fällen „nur in schriftlicher Form eine bereits bestehende Praxis fest"[70]. Gar keine Bedeutung kommt aber den Kulturabkommen für die Frage nach dem Umfang der dem Bund zustehenden Vertragsschlußkompetenz zu. Denn sie werden — wie die Darstellung gezeigt hat — bewußt unterhalb der Schwelle gelassen, oberhalb derer die Länder überhaupt erst in ihrer Selbständigkeit berührt würden oder die Legislative des Bundes oder der Länder ihre Zustimmung erteilen müßte. Das ist der Grund, warum die Kultur-

---

[66] AA-Bericht.

[67] *Frey*, Zur Mitwirkung der Länder, S. 62.

[68] Vgl. dazu *Mühlenhöver*, Bulletin 1959, S. 951 f.

[69] AA-Bericht.

[70] So der damalige Leiter der Kulturabteilung des Auswärtigen Amtes, von Trützschler, vor dem Rechtsausschuß des Bundesrates, Sten.Niederschr. der 165. Sitzung vom 25. April 1956, S. 46.

abkommen hier nur kurz behandelt worden sind. Sie stehen damit im Gegensatz zu einer kleineren Anzahl von Verträgen, die auf kulturellem Gebiet Regelungen vorsehen, die einer Transformation bedürfen und zudem ihrer Materie entsprechend in das Gesetzgebungsgebiet der Länder eingreifen[71].

V. Die kulturellen Bestimmungen des deutsch-französischen Vertrages und ihre Durchführung

1. Ein Kulturabkommen besonderer Art stellt der Abschnitt II C des deutsch-französischen Vertrages[72], der „Erziehungs- und Jugendfragen" überschrieben ist, dar. Innerhalb dieses Abschnittes sind Vereinbarungen über den Sprachunterricht, die Gleichwertigkeit der Diplome, die Zusammenarbeit auf dem Gebiet der wissenschaftlichen Forschung und den Gruppenaustausch von Jugendlichen getroffen worden.

Unter 1 a) heißt es:

„Die beiden Regierungen erkennen die wesentliche Bedeutung an, die der Kenntnis der Sprache des anderen in jedem der beiden Länder für die französisch-deutsche Zusammenarbeit zukommt. Zu diesem Zweck werden sie sich bemühen, konkrete Maßnahmen zu ergreifen, um die Zahl der französischen Schüler, die Deutsch lernen und die der deutschen Schüler, die Französisch lernen, zu erhöhen. Die Bundesregierung wird in Verbindung mit den Länderregierungen, die hierfür zuständig sind, prüfen, wie es möglich ist, eine Regelung einzuführen, die es gestattet, dieses Ziel zu erreichen."

Diese Formulierung hat bei den Ländern ausdrückliche Anerkennung erfahren. So sagte der damalige Senator Dehnkamp (Bremen) in der 254. Sitzung des Bundesrates[73]: „Der Kulturausschuß begrüßt es nachdrücklich, daß diese Bestimmung in den Vertrag aufgenommen worden ist. Bei dieser Formulierung sind die Wünsche der Kultusministerkonferenz, die vorher dem Auswärtigen Amt vorgetragen worden sind, in so vollständiger Weise berücksichtigt worden, daß ich das hier mit ausdrücklichem Dank feststellen möchte."

2. Der deutsch-französische Vertrag hat zunächst organisatorische Probleme aufgeworfen. Im Vertragstext heißt es dazu unter I 3 a):

---

[71] Siehe unten S. 95 ff.

[72] Vertrag zwischen der Bundesrepublik Deutschland und der Französischen Republik über die deutsch-französische Zusammenarbeit vom 22. 1. 1963, BGBl. II, 1963, S. 707 ff. (abgedr. in Bulletin 1963, Nr. 15, S. 117 f. u. Bulletin 1963, Nr. 88, S. 776 f.). Gesetz zu der gemeinsamen Erklärung und zu dem Vertrag vom 22. 1. 1963 zwischen der Bundesrepublik Deutschland und der Französischen Republik über die deutsch-französische Zusammenarbeit vom 15. 6. 1963, BGBl. II, 1963, S. 705.

[73] Vom 1. 3. 1963, Protokolle, S. 25.

„Ferner trifft sich der französische Erziehungsminister in den gleichen Zeitabständen mit derjenigen Persönlichkeit, die auf deutscher Seite benannt wird, um die Ausführung des Programms der Zusammenarbeit auf kulturellem Gebiet zu verfolgen."

Das Auswärtige Amt bat die Ministerpräsidenten der Länder, einen Kultusminister zu benennen, der die Konsultationsgespräche zusammen mit einem Beauftragten der Bundesregierung führen sollte[74]. Die Ministerpräsidenten benannten jedoch keinen Kultusminister, sondern den baden-württembergischen Ministerpräsidenten Kurt Georg Kiesinger. Durch Kabinettsbeschluß vom 3. Juli 1963 ernannte die Bundesregierung Kiesinger zum „Bevollmächtigten der Bundesrepublik Deutschland für kulturelle Angelegenheiten im Rahmen des Vertrages über die Deutsch-Französische Zusammenarbeit". Der gleiche Kabinettsbeschluß ordnete ihm den Leiter der Kulturabteilung des Auswärtigen Amtes, Ministerialdirektor Sattler, bei.

Die Zwitterstellung des Bevollmächtigten zeigt sich aber nicht nur in Kiesingers doppelter Funktion als Chef einer Landesregierung und Bundesbevollmächtigter und seiner *Be*nennung durch die Länder und *Er*nennung durch die Bundesregierung, sie zeigt sich auch in weiteren Einzelheiten: es ist einerseits die Funktion des Bevollmächtigten, auf Grund eines Auftrags durch die Ministerpräsidenten bei der Koordinierung der Ländermeinungen mitzuwirken, andererseits, die von den Ländern erarbeiteten Ergebnisse dem französischen Gesprächspartner gegenüber als Vertreter der Bundesregierung darzulegen. Entsprechend seiner januskopfigen Natur verfügt der Bundesbevollmächtigte über zwei Bonner Büros. Für die Verhandlungen mit dem französischen Gesprächspartner steht ihm eine Arbeitseinheit im Auswärtigen Amt („Büro Koblenzer Straße") zur Verfügung; für die Zusammenarbeit mit den Ländern bedient er sich einer Arbeitseinheit im Haus der Vertretung des Landes Baden-Württemberg in Bonn („Büro Welcker Straße"). Das Büro Welcker Straße verkehrt nicht mit dem Ausland und nicht mit Bundesbehörden. Das Auswärtige Amt hat den französischen Erziehungsminister offiziell davon unterrichtet, daß der amtliche Schriftverkehr an die Arbeitseinheit im Auswärtigen Amt zu richten sei[75].

Auf Wunsch der Bundesregierung ist der Bevollmächtigte möglichst weitgehend in die Bundesregierung integriert worden, was sich besonders an seiner protokollarischen Einordnung zeigt. Er führt bei der Aus-

---

[74] Zum Folgenden vgl. die Aufzeichnung des AA vom 7. Dezember 1964 — IV 1 — 88/1024/4 —.

[75] Jedes der beiden Büros hat auch einen eigenen Briefkopf: Der Bevollmächtigte verwendet gegenüber französischen Stellen und gegenüber Bundesbehörden einen Briefkopf, auf dem das Büro Koblenzer Straße, gegenüber den Ländern und Länderinstitutionen Briefpapier, auf dem die Welcker Straße im Kopf angegeben ist.

übung seines Amtes den Stander eines Bundesministers. Ebenso ist er in Frankreich stillschweigend protokollarisch wie ein Bundesminister empfangen worden. Anläßlich des Konsultationsgesprächs am 3./4. Juli 1964 in Bonn wurde der Bevollmächtigte sogar zwischen dem Bundesaußenminister und dem Bundeswirtschaftsminister eingereiht, also an einer anderen Bundesministern gegenüber bevorzugten Stelle. Schließlich nimmt Kiesinger an Kabinettsitzungen teil, soweit einschlägige Fragen des deutsch-französischen Vertrages behandelt werden.

Wenn auf diese Weise auch wirksam die Tatsache unterstrichen wird, daß die „Persönlichkeit, die auf deutscher Seite benannt wird", vom Bund und nicht von den Ländern bevollmächtigt ist, so kann doch nicht übersehen werden, daß alle wirklichen Entscheidungen in den Händen der Länder liegen. Der Bund hat zwar das Recht, Vorschläge zu machen und gehört zu werden, seine eigentliche Funktion besteht aber darin, die von den Ländern erarbeiteten Ergebnisse dem auswärtigen Partner offiziell zu übermitteln. Die so häufig geforderte einheitliche Vertretung des Gesamtstaates Bundesrepublik droht damit zu einer reinen Formsache zu werden, nämlich zu einer Etikettierung der allen Ländern gemeinsamen Ansichten als Auffassung der Bundesregierung.

Gegenwärtig arbeiten die Ständige Vertragskommission und die Bundesregierung an dem Text einer Vereinbarung über die Durchführung des Deutsch-Französischen Vertrages[76]. Die Entwürfe[77] sehen im wesentlichen eine Fixierung der gegenwärtigen Praxis vor: Vorschlagsrecht der Länder, Beiordnung des Leiters der Kulturabteilung des Auswärtigen Amtes und protokollarische Einordnung unmittelbar hinter dem Außenminister. Von seiten des Auswärtigen Amtes besteht dabei die Tendenz, in dem Abkommen lediglich die Fragen zu regeln, die im Zusammenhang mit dem Deutsch-Französischen Vertrag stehen, während die Vertragskommission die Ausweitung zu einer generellen Regelung vorziehen würde.

VI. Kulturpolitische Verträge mit transformationsfähigem Inhalt

Soweit die Bundesrepublik Verträge geschlossen hat, deren innerstaatliche Geltung die Behörden unmittelbar zu bestimmtem Handeln verpflichtet — etwa zur Anerkennung von Abschlußzeugnissen ausländischer höherer Schulen oder der Auslandssemester von Studenten —, handelt es sich nie um bilaterale Abkommen. Vielmehr ist die Bundes-

[76] Die Verhandlungen führt auf seiten des Bundes die Politische Abteilung I des Auswärtigen Amtes, während die Durchführung eines eventuellen Abkommen bei der Kulturabteilung des Auswärtigen Amtes liegen würde.

[77] Entwurf der Bundesregierung vom Dezember 1963, Gegenentwurf der Ständigen Vertragskommission vom März 1964.

republik solche Verpflichtungen immer nur dann eingegangen, wenn sie als Mitglied des Europarates oder der UNESCO dazu aufgefordert wurde. Im Zwiespalt zwischen der in bilateralen Kulturabkommen strikt geübten Rücksicht auf die Belange der Länder und dem Willen, den Pflichten eines Mitgliedstaates genau zu entsprechen, hat die Bundesregierung den durch die Lindauer Vereinbarung bestimmten Mittelweg gewählt und ist den Abkommen erst nach der internen Zustimmung durch die Länder beigetreten. Aber auch schon vor Inkrafttreten dieser Vereinbarung ersuchte die Bundesregierung die Länder um ihre Zustimmung, die dann durch die Kultusministerkonferenz erteilt wurde. Obwohl in der Lindauer Vereinbarung nicht vorgesehen, werden von den Ländern gelegentlich die Parlamente eingeschaltet. Das geschieht dann, wenn das Abkommen für den Fall, daß es sich um ein von dem betreffenden Land allein abgeschlossenes Abkommen handeln würde, nach dem Verfassungsrecht des Landes der parlamentarischen Zustimmung bedürfte.

1. Konventionen des Europarates[78]

a) Europäische Konvention über die Gleichwertigkeit der Reifezeugnisse vom 11. Dezember 1953

aa) Die Bundesrepublik ist dem Abkommen durch Hinterlegung der Ratifikationsurkunde am 3. März 1955 beigetreten[79], nachdem die Kultusministerkonferenz durch Beschluß vom 1./2. Oktober 1951[80] empfohlen hatte, „dem vorläufigen Entwurf eines Abkommens der Mitgliedstaaten des Europarats über die Gleichwertigkeit von Reifezeugnissen, der vom Generalsekretär des Europarats mit Schreiben vom 14. 6. 1951 — D 5950 — übersandt wurde, grundsätzlich zuzustimmen".

Die Konvention über die Gleichwertigkeit der Reifezeugnisse bestimmt in ihrem Art. 1:

> „Jeder Vertragschließende erkennt für die Zulassung zu den in seinem Gebiet gelegenen Universitäten, falls diese Zulassung der staatlichen Kontrolle unterliegt, die Gleichwertigkeit der im Gebiet jedes anderen Vertragschließenden erteilten Zeugnisses an..."

bb) Neuerdings ist diese Konvention durch ein Zusatzprotokoll über die Anerkennung der Reifeprüfung der Auslandsschulen vom 3. Juni 1964 ergänzt worden, das am 4. Juli 1964 durch den Beitritt Dänemarks, Frankreichs und Norwegens in Kraft getreten ist. Die Ständige Vertragskommission empfahl den Ländern am 24. Juni 1964, ihr Einver-

---

[78] Vgl. *Kunzmann*, S. 301 ff.

[79] BGBl. 1955, Teil II, S. 599 f.

[80] Abgedr. in der Fassung vom 28./29. September 1961 in der Beschlußsammlung der KMK, Nr. 280.

ständnis zu dem Zusatzprotokoll zu erklären. Dies Einverständnis haben die Länder Bremen, Berlin, Niedersachsen, Bayern, Rheinland-Pfalz, Saarland und Baden-Württemberg noch im Laufe des Jahres 1964, die Länder Schleswig-Holstein und Hessen im Frühjahr 1965 erteilt[81]. Für Hessen hat der Landtag die Zustimmungserklärung erteilt[82].

b) Europäische Konvention über die Gleichwertigkeit der Studienzeit an den Universitäten vom 15. Dezember 1956

Das Abkommen wurde am 15. Dezember 1956 von dem deutschen Mitglied des Ministerausschusses des Europarates für die Regierung der Bundesrepublik unterzeichnet. Es bildet die Ergänzung der Europäischen Konvention über die Gleichwertigkeit der Reifezeugnisse vom 11. Dezember 1953.

In diesem Abkommen erkennen die Unterzeichnerstaaten, „jede Studienzeit, die ein Studierender der lebenden Sprachen an einer Universität eines anderen Mitgliedslandes des Europarates verbringt, als gleichwertig mit einer entsprechenden Studienzeit an seiner Heimatuniversität an ..." (Art. 2). Die Bundesregierung hat den Text des Abkommens allen Ländern zur Zustimmung zugeleitet. Im Laufe der Jahre 1959/60 haben auch alle Regierungen die Zustimmung erteilt[83]. Nur Hessen hat seinen Landtag beteiligt, der ein entsprechendes Zustimmungsgesetz am 8. Februar 1961 erlassen hat[84], ohne daß dies allerdings die Hessische Landesregierung bei ihrer Zustimmungserklärung erwähnt hat.

Nachdem die Zustimmung aller Länder vorlag, legte die Bundesregierung dem Deutschen Bundestag einen das Abkommen betreffenden Gesetzentwurf vor[85]. Darin heißt es: „Das Übereinkommen bedarf nach Artikel 59 Abs. 2 Satz 1 des Grundgesetzes der Zustimmung der für die Bundesgesetzgebung zuständigen Körperschaften in der Form eines Bundesgesetzes, da es sich auf Gegenstände der Gesetzgebung bezieht. Die sich aus dem Grundgesetz ergebenden Zuständigkeiten der Länder bleiben unberührt." Die Bundesregierung hat also das Wort „Bundesgesetzgebung" in Art. 59 II GG stillschweigend in „Gesetzgebung" geändert, um auf diese Weise eine Zuständigkeit des Bundestages zu erreichen. Der Bundesrat nahm dazu am 20. Dezember 1963[86] wie folgt Stellung: „Nach Auffassung des Bundesrates ist eine Gesetzgebungskompetenz des

---

[81] Im Herbst 1965 standen noch die Stellungnahme von Hamburg und Nordrhein-Westfalen aus.
[82] GVBl. 1965, Teil I, S. 59.
[83] Bayern im Januar 1961.
[84] Hess. GVBl. 1961, S. 21.
[85] Deutscher Bundestag, 4. Wahlperiode, Drucksache IV/1807, Anlage 1.
[86] Verhandlungen des Bundesrats, 264. Sitzung, 1963, S. 253 f.

Bundes für den Gesetzentwurf nicht gegeben, da das Übereinkommen, auf das er sich bezieht, nur Gegenstände regelt, für die ausschließlich die Länder zuständig sind. Die Transformation des Inhalts des Übereinkommens in innerstaatliches Recht ist daher allein Sache der Länder. Im Hinblick auf die Lindauer Vereinbarung ... erhebt der Bundesrat jedoch keine Einwendungen gegen den Gesetzentwurf. Er weist aber darauf hin, daß das Übereinkommen erst ratifiziert werden kann, wenn sämtliche Länder ihr Einverständnis gemäß Nr. 3 der Lindauer Vereinbarung erklärt haben".

c) Europäische Konvention über die Anerkennung Akademischer Grade und Hochschulzeugnisse vom 14. Dezember 1959

Die Zustimmung erfolgte durch Baden-Württemberg, Hamburg, das Saarland und Berlin im Jahre 1963, wobei sich Baden-Württemberg vorbehielt, die Frage der Beteiligung des Landtages zu prüfen. Niedersachsen stimmte im Januar 1964 zu, und Baden-Württemberg erklärte im Juni 1964 nach eingehender Prüfung, die Beteiligung des Landtages sei nicht erforderlich. Dagegen erfolgte die hessische Zustimmung wieder durch den Landtag[87]. Zwar durch seinen Landtag[88], aber nicht in Form eines Gesetzes erklärte Rheinland-Pfalz seine Zustimmung im April 1965. Ebenfalls durch Beschluß des Landtages[89] stimmte Bayern zu. Bremen wiederum erklärte seine Zustimmung im Juli 1965 ohne Beteiligung des Parlaments[90].

2. UNESCO-Abkommen

a) Abkommen über eine internationale Studienzentrale für die Erhaltung und Restaurierung von Kulturgut vom 27. April 1957

Zu diesem Abkommen haben alle Länder der Bundesregierung ihre Zustimmung erklärt, und zwar Hamburg noch im Jahre 1961, Baden-Württemberg, Bayern, Hessen, Rheinland-Pfalz und das Saarland im im Jahre 1962 und Berlin, Bremen, Niedersachsen, Nordrhein-Westfalen und Schleswig-Holstein im Jahre 1963. Nachdem das Abkommen schon am 10. Mai 1958 in Kraft getreten war, trat ihm die Bundesrepublik durch Hinterlegung der Beitrittsurkunde am 30. Oktober 1964 mit Wirkung vom gleichen Tage bei[91].

---

[87] Gesetz vom 18. Februar 1965, GVBl. 1965, I, S. 35.
[88] Beschluß vom 7. April 1965.
[89] Vom 7. Juli 1965, Bayer. GVBl. 1965, S. 189.
[90] Über die Zustimmung Schleswig-Holsteins und Nordrhein-Westfalens lagen keine Angaben vor.
[91] BGBl. vom 16. Oktober 1964, II, S. 1321; Veröffentlichung durch Bekanntmachung vom 13. Januar 1965 — BGBl. 4/II, S. 106.

b) Übereinkommen gegen Diskriminierung im Unterrichtswesen und Empfehlung gegen Diskriminierung im Unterrichtswesen vom 14. Dezember 1960

Alle Länder haben die Zustimmung erteilt. Sie haben dazu drei verschiedene Wege eingeschlagen:

Baden-Württemberg[92], Niedersachsen[93] und Hessen[94] haben durch ihre Landtage ein Zustimmungsgesetz erlassen.

Nordrhein-Westfalen[95], Rheinland-Pfalz[96], Bayern[97] und Hamburg[98] haben die Zustimmung von einem Beschluß ihrer Parlamente abhängig gemacht, der nicht in Form eines Gesetzes ergangen ist.

Schleswig-Holstein, Bremen, das Saarland und Berlin haben ihre Zustimmung im Laufe des Jahres 1963 ohne Beteiligung des Landesparlaments erteilt.

Das Wort Diskriminierung umfaßt nach der ausdrücklichen Definition in Artikel 1 des Abkommens

„jegliche auf der Rasse oder der Hautfarbe, dem Geschlecht, der Sprache, der Religion, der politischen oder sonstigen Überzeugung, der nationalen oder sozialen Herkunft, den wirtschaftlichen Verhältnissen oder der Geburt beruhende Unterscheidung, Ausschließung, Beschränkung oder Bevorzugung, die den Zweck oder die Wirkung hat, die Gleichbehandlung auf dem Gebiet des Unterrichtswesens aufzuheben oder zu beeinträchtigen ..."

In Artikel 3 verpflichten sich alle Vertragsstaaten,

„alle Rechts- und Verwaltungsvorschriften aufzuheben und alle Verwaltungsgepflogenheiten einzustellen, die eine Diskriminierung im Unterrichtswesen bewirken ..."

c) Protokoll über die Errichtung einer Schlichtungs- und Vermittlungskommission zur Beilegung möglicher Streitigkeiten zwischen den Vertragsstaaten des Übereinkommens gegen Diskriminierung im Unterrichtswesen vom 10. Dezember 1962

Dem Abkommenstext haben alle Länder der Bundesrepublik Deutschland im Laufe des Jahres 1964 zugestimmt[99]. In dem Protokoll wird die Errichtung einer Schlichtungs- und Vermittlungskommission vorgesehen, die damit beauftragt werden soll, „sich um die gütliche Beilegung

---

[92] Gesetz vom 10. März 1964, Gesetzbl. f. Baden-Württemberg, 1964, S. 107.
[93] Gesetz vom 13. Juli 1964, Nieders. GVBl. 1964, S. 97.
[94] GVBl. 1964, I, S. 183.
[95] Beschluß vom 26. Mai 1964.
[96] Kein Nachweis im GVBl. 1964.
[97] GVBl. 1964, S. 31.
[98] Beschluß vom 21. Juli 1964.
[99] Hessen allerdings nur mit einem Zwischenbescheid vom 17. Juli 1964.

von Streitigkeiten zwischen den Vertragsstaaten des Übereinkommens gegen Diskriminierung im Unterrichtswesen ..., über dessen Anwendung oder Auslegung zu bemühen" (Art. 1). Die Behandlung eines Falles durch die Kommission ist jedoch erst dann möglich, wenn alle verfügbaren innerstaatlichen Rechtsbehelfe erschöpft sind (Art. 14).

d) Übereinkommen über den internationalen Austausch von Veröffentlichungen vom 3. Dezember 1958

Dem am 23. November 1961 in Kraft getretenen Abkommen haben alle Länder der Bundesrepublik im Laufe des Jahres 1964 zugestimmt.

Das Übereinkommen sieht die Verpflichtung der Vertragsstaaten vor,

„zwischen staatlichen Stellen sowie zwischen nichtstaatlichen Einrichtungen erzieherischen, wissenschaftlich-technischen oder kulturellen Charakters, die keinen Erwerbszweck verfolgen, den Austausch von Veröffentlichungen nach Maßgabe dieses Übereinkommens zu fördern und zu erleichtern."

e) Übereinkommen über den zwischenstaatlichen Austausch von amtlichen Veröffentlichungen und Regierungsdokumenten vom 3. Dezember 1958

Das Abkommen, dem alle Länder der Bundesrepublik im Laufe des Jahres 1964 ihre Zustimmung erteilt haben, erklärt in Art. 1 die Absicht der Vertragsstaaten,

„ihre amtlichen Veröffentlichungen und Regierungsdokumente auf der Grundlage der Gegenseitigkeit und gemäß den Bestimmungen dieses Übereinkommens auszutauschen".

Dabei soll

„Verzeichnis und Anzahl der auszutauschenden amtlichen Veröffentlichungen und Regierungsdokumente ... von den Behörden der Vertragsstaaten, denen der Austausch übertragen ist, in gegenseitigem Einvernehmen bestimmt"

werden.

VII. Die Bestimmungen des EWG-Vertrages über die Berufsausbildung

1. Die gegenseitige Anerkennung der Befähigungsnachweise (Art. 57 EWGV)

a) „Die Beseitigung der Hindernisse für den freien Personen- und Dienstleistungs- und Kapitalverkehr zwischen den Mitgliedstaaten" ist eines der erklärten Ziele der EWG (Art. 3 c EWGV). Art. 52 EWGV enthält deshalb die generelle Verpflichtung zum Abbau der bestehenden Beschränkungen der Niederlassungsfreiheit für die Angehörigen der

Vertragsstaaten im Gebiet der Gemeinschaft. Das bedeutet nun nicht, daß die Schranken der Berufszulassung und der Berufsausübung überhaupt fallen sollen, sondern nur, „daß ein Angehöriger einer der sechs Vertragsstaaten in jedem dieser Vertragsstaaten jeden Beruf unter den gleichen Bedingungen ausüben kann wie ein Inländer“[100]. Art. 52, der die endgültige Niederlassung regelt, wird durch Art. 59 ergänzt, der die Freiheit des Dienstleistungsverkehrs vorsieht, also der nur zeitweise im Ausland ausgeübten Berufstätigkeit[101].

Da sich die Freizügigkeit in der Berufsausübung nur verwirklichen läßt, wenn vorher geklärt ist, welchen Angehörigen des Berufs xy des Gastlandes A der Angehörige der Berufsgruppe xy des Landes B gleichgestellt sein soll, sieht der EWG-Vertrag vor, daß die Äquivalenzen für die einzelnen Befähigungsnachweise einheitlich durch den Ministerrat festgelegt werden:

„Um die Aufnahme und Ausübung selbständiger Tätigkeiten zu erleichtern, erläßt der Rat während der ersten Stufe der Übergangszeit einstimmig und danach mit qualifizierter Mehrheit auf Vorschlag der Kommission und nach Anhörung der Versammlung Richtlinien für die geegenseitige Anerkennung der Diplome, Prüfungszeugnisse und sonstigen Befähigungsnachweise[102].“

Art. 57 I EWGV hat nicht nur Bedeutung für die Niederlassungsfreiheit, sondern auch —über Art. 66, der insbesondere Art. 55 bis 59 für entsprechend anwendbar erklärt — für die Liberalisierung des Dienstleistungsverkehrs. Art. 189 EWGV bestimmt dazu, daß „die Richtlinie ... für den Mitgliedstaat, an den sie gerichtet wird, ... verbindlich“ ist. Durch die Richtlinien des Ministerrats soll jedoch nicht die völlige Angleichung der Ausbildungsgänge, sondern nur die gegenseitige Anerkennung angestrebt werden, d. h. der Ministerrat soll festlegen, welches Zeugnis oder welche Ausbildung des einen Landes welchen Befähigungsnachweisen in den übrigen Ländern entspricht und „auf diese Weise die an sich verschieden gestalteten Ausbildungsgänge und Examina vergleichbar machen“[103]. Auf diese Weise erlangt die wirtschaftliche Zielsetzung der EWG durch das Verbindungsstück der Berufszulassung Bedeutung auch für die Bildungspolitik.

b) Die in Artikel 54 und 66 EWGV vorgesehenen Programme[104] hat der Rat am 18. Dezember 1961 verkündet. Sie präzisieren die Bestimmungen

---

[100] *Coing*, S. 138.

[101] Vgl. auch Art. 96 des Euratomvertrages, der allen Staatsangehörigen der Sechsergemeinschaft gleichen Zugang zu allen qualifizierten Tätigkeiten auf dem Gebiet der Kernenergie gewährt.

[102] Abs. II sieht Richtlinien zur Koordinierung der Rechts- und Verwaltungsvorschriften über die Aufnahme und Ausübung selbständiger Tätigkeiten vor.

[103] *Coing*, S. 139.

[104] Art. 54 EWGV umschreibt in Abs. I die Befugnisse der EWG-Organe

der Artikel 52 ff. und 59 ff. und stellen einen Zeitplan für die Arbeiten auf. Der Text des EWG-Vertrages selbst verzichtet auf die Aufstellung eines solchen starren Programms, um das Verfahren möglichst elastisch zu gestalten und Härten für einzelne Berufsgruppen zu vermeiden.

Für die Vorbereitung der in Art. 54 und 57 vorgesehenen Richtlinien hat die Kommission Arbeitsgruppen für die verschiedenen Berufe eingesetzt, in denen die Mitgliedsstaaten durch Sachverständige vertreten sind[105]. Es bestehen bisher Arbeitsgruppen für die folgenden Berufe: selbständige Apotheker, Ärzte[106], Zahnärzte, Ingenieure, selbständige Architekten und Vermessungsingenieure[107]. Die Entwürfe der Arbeitsgruppen enthalten als wesentlichen Inhalt die gegenseitige Anerkennung der erworbenen Zeugnisse und akademischen Grade. Dabei ergeben sich Schwierigkeiten besonders bei den Zahnärzten (da Italien nur solche anerkennen will, die zugleich ein abgeschlossenes Medizinstudium nachweisen können) und den Ingenieuren (da nur Deutschland und Holland Ausbildungsstätten kennen, die nicht Hochschulcharakter haben). Ähnliche Schwierigkeiten wie bei den Ingenieuren ergeben sich auch bei den Architekten.

2. Gemeinsame Politik der Berufsausbildung (Art. 128 EWGV)

Nicht der Freizügigkeit in der Berufsausübung, sondern der rechtlichen Vereinheitlichung und wirtschaftlichen Förderung aller Mitgliedsstaaten dient Artikel 128 EWG-Vertrag:

„Auf Vorschlag der Komission ... stellt der Rat in bezug auf die Berufsausbildung allgemeine Grundsätze zur Durchführung einer gemeinsamen Politik auf, die zu einer harmonischen Entwicklung sowohl der einzelnen Volkswirtschaften als auch des Gemeinsamen Marktes beitragen kann.“

Demgemäß hat der Rat der Gemeinschaft am 2. April 1963 Zehn Allgemeine Grundsätze für die Durchführung einer gemeinsamen Politik der Berufsausbildung aufgestellt[108].

---

bei der Verwirklichung der Niederlassungsfreiheit und sieht vor, daß der Rat ein allgemeines Programm aufstellt, das für jede Tätigkeit die allgemeinen Voraussetzungen und insbesondere die Stufen für die Verwirklichung der Niederlassungsfreiheit festlegt. Abs. II sieht zur Verwirklichung des Programms dienende Richtlinien vor, die ebenfalls vom Rat zu erlassen sind.

[105] Vgl. im einzelnen den Bericht des Sekretariats der Ständigen Konferenz der Kultusminister — III A-Tgb. Nr. 2.960/65 vom 9. März 1965.

[106] Die Bundesrepublik ist in diesen Arbeitsgruppen durch zwei Angehörige des Bundesgesundheitsministeriums und einen Angehörigen des Bundeswirtschaftsministeriums vertreten.

[107] In die Arbeitsgruppen Ingenieure, Vermessungsingenieure und Architekten hat die Bundesregierung auf Vorschlag der KMK einen Ministerialrat aus dem nordrhein-westfälischen Kultusministerium entsandt sowie einen Angehörigen des Bundesministeriums für Wirtschaft.

Zur Unterstützung der Kommission bei der Erfüllung ihrer Aufgaben auf dem Gebiet der Berufsausbildung sieht der Vierte Grundsatz einen Beratenden Ausschuß vor. Die Satzung des Beratenden Ausschusses hat der Rat am 18. Dezember 1963 erlassen. Artikel 1 dieser Satzung sieht vor, daß jeder Mitgliedsstaat zwei Regierungsvertreter, zwei Arbeitnehmer- und zwei Arbeitgebervertreter entsendet. Die Bundesregierung hat als Regierungsvertreter je einen Beamten des Bundeswirtschaftsministeriums benannt. Die auf der 249. Sitzung vom 26. Oktober 1962[109] vom Bundesrat erhobene Forderung nach einer angemessenen Vertretung der Kultusministerien der Länder im Beratenden Ausschuß hat der Bundesinnenminister erst mit Schreiben vom 26. Mai 1964 beantwortet. Darin wird vorgeschlagen, daß die Länder einen technischen Berater benennen, der zu allen Fragen gehört werden soll, oder ein stellvertretendes, an die Weisungen der Bundesregierung gebundenes Mitglied. In seiner Antwort forderte der Ausschuß für Kulturfragen des Bundesrates die Vertretung der Länder durch ein Vollmitglied. Als Zwischenlösung hat das Bundeswirtschaftsministerium einen von der Kultusministerkonferenz benannten Oberschulrat als stellvertretendes Mitglied für die Gruppe der Regierungsvertreter des Beratenden Ausschusses zur Ernennung vorgeschlagen.

---

[108] Abgedruckt in: „Um die Ordnung der Berufsausbildung — Dokumentation des DGB-Bundesvorstandes", Düsseldorf (ohne Verlag und Jahr), S. 77 ff.

[109] Bundesratsdrucksache 250/62.

Zweiter Teil

Abschluß und Transformation übergreifender Verträge nach dem Grundgesetz

A. Einleitung

Nachdem die Problematik der übergreifenden Verträge im ersten Teil zunächst durch eine Einführung in das entsprechende amerikanische und schweizer Recht und durch die Darstellung der Rechtslage im Deutschen Reich seit 1871 sowie der in Bonn geübten Praxis umrissen worden ist, soll im folgenden zweiten Teil versucht werden, die Frage der übergreifenden Verträge für die Bundesrepublik Deutschland durch eine Auslegung des Grundgesetzes zu beantworten. Obgleich dabei das Interesse an der Vertragsfähigkeit der Bundesrepublik Deutschland in kulturellen Angelegenheiten im Vordergrund steht, muß doch die Frage allgemein gestellt und beantwortet werden, weil sich die kulturellen Verträge in der Kompetenzfrage nicht von den anderen Verträgen des Bundes auf dem Gebiet der Landesgesetzgebung unterscheiden.

Dabei wird im folgenden das Vertragsschlußrecht der Länder nicht als eigenständiges Problem diskutiert, weil diese Frage ziemlich klar durch das Grundgesetz gelöst ist. In Artikel 32 III hat der Verfassungsgeber den Ländern ein Vertragsschlußrecht im Rahmen ihrer Gesetzgebungszuständigkeit zugewiesen, das freilich nur mit Zustimmung der Bundesregierung ausgeübt werden kann. Ob man unter diesen Umständen — die Bundesregierung kann durch die Verweigerung der Zustimmung jeden Vertragsschluß der Länder verhindern — noch von einem „Vertragsschlußrecht" sprechen kann, mag zweifelhaft sein. Der Umfang dieser Zuständigkeit ist jedoch klar bestimmt und bietet nur hinsichtlich der Verwaltungsabkommen Anlaß zu Zweifeln[1]. Insbesondere wird die Zuständigkeit zum Abschluß von Konkordaten und Kirchenverträgen nicht untersucht, weil heute ebenso wie schon unter der Weimarer Reichsverfassung Einigkeit darüber besteht, daß sie nur innerhalb der

---

[1] S. unten S. 143 ff.

Gesetzgebungszuständigkeit geschlossen werden können[2]. Das Recht zum Abschluß von Konkordaten ist weder in Art. 32 noch an anderer Stelle im Grundgesetz geregelt, richtet sich also nach den allgemeinen Vorschriften (Art. 30 GG)[3].

I. Die Zuständigkeit des Bundes in auswärtigen Angelegenheiten außerhalb der übergreifenden Verträge

Die grundlegende Regelung der Zuständigkeit in auswärtigen Angelegenheiten enthält Art. 32 GG[4]:

„(I) Die Pflege der Beziehungen zu auswärtigen Staaten ist Sache des Bundes.

(II) Vor dem Abschluß eines Vertrages, der die besonderen Verhältnisse eines Landes berührt, ist das Land rechtzeitig zu hören.

(III) Soweit die Länder für die Gesetzgebung zuständig sind, können sie mit Zustimmung der Bundesregierung mit auswärtigen Staaten Verträge abschließen."

In Absatz I ist der Grundsatz anerkannt, daß die auswärtigen Angelegenheiten Sache des Bundes sind. Eine Ausnahme davon macht das Grundgesetz nur in Art. 32 III zugunsten der Länder und *nur im Hinblick auf völkerrechtliche Verträge*. Die Frage, deren Klärung der folgende Teil der Arbeit gilt, ist nun die, ob Absatz III nur insofern eine Ausnahme von Absatz I ist, als er für einen gewissen Bereich die *Allein*zuständigkeit des Bundes einschränkt oder ob er überhaupt die Zuständigkeit des Bundes insoweit aufhebt, mit anderen Worten: Treten die Länder aufgrund des Absatzes III konkurrierend neben den Bund, soweit es sich um Verträge über Fragen der Landesgesetzgebung handelt — oder sind die Länder in diesem Bereich allein und ausschließlich zuständig?

An dieser Stelle ist nur festzuhalten, daß die Länder lediglich insofern in völkerrechtliche Beziehungen treten dürfen, als es sich um Verträge handelt[5]. Eingeschlossen in diese Befugnis sind neben der Entsendung von Unterhändlern die Vorbesprechungen, die dem Vertragsschluß vorausgehen. Jede andere außenpolitische Betätigung ist den Ländern aber untersagt.

Wenn demnach höchstens die übergreifenden Verträge nicht zur Bundeszuständigkeit gehören, dann bedeutet das, daß der Bund alle anderen

[2] *Anschütz*, Kommentar, S. 417; *Menzel*, BK, Anm. II 2 zu Art. 32; *Mosler*, Bilfinger-Fschr. S. 261; Werner *Weber*, Konkordatsprozeß, S. 1401, ders. Stichwort „Konkordate" S. 1774, r. Sp.

[3] Vgl. Werner *Weber*, Konkordatsprozeß, S. 1401/02; BVerfGE 6, 362.

[4] *Bernhardt*, S. 126; Karl Heinz *Klein*, S. 50; *Mosler*, ZaöRuVR S. 13; *Hamann* Anm. C 2 zu Art. 32; *von Mangoldt - Klein* S. 777.

[5] *von Mangoldt - Klein*, S. 777; *Mosler*, Thoma-Fschr. S.150.

Akte, die zur Pflege der Beziehungen zu auswärtigen Staaten gehören, vornehmen darf. Der Bund kann also mindestens

a) alle Verträge schließen, die nicht die Gesetzgebungszuständigkeit der Länder betreffen,

b) auch Verträge über Fragen der Landesgesetzgebung abschließen, soweit er sich nur verpflichtet, sich bei den Ländern für den Erlaß bestimmter Maßnahmen einzusetzen, die Handlungsfreiheit der Länder also nicht berührt wird,

c) alle Maßnahmen ergreifen, die nicht Vertragsschlüsse sind und die ihre wesentliche Wirkung im Ausland entfalten.

Mit der Aufzählung dieser drei Gruppen ist der dem Bund vom Grundgesetz unstreitig[6] zugewiesene Bereich der auswärtigen Gewalt umrissen.

Zu a): Die Frage, die im weiteren Verlauf zu erörtern ist, lautet nur, ob der Bund nicht ein über den unter a) bezeichneten Umfang hinausgehendes Vertragsabschlußrecht hat. Das Grundgesetz ist mit der zum Grundsatz erhobenen Zuständigkeit des Bundes also *zumindest* nicht hinter die Linie zurückgegangen, die in der Kaiserzeit und in der Weimarer Republik nach überwiegender Ansicht die Vertragsschlußzuständigkeiten von Reich und Ländern schied, und die sich nicht schlechthin mit der Grenze der Gesetzgebungsbefugnisse deckte[7]. Am klarsten hat das schon im Jahre 1892 Albert Haenel ausgedrückt: „Während im Gebiete der inneren Kompetenzen das Reich nur soweit berechtigt ist, als die Verfassung ihm nachweisbar Befugnisse überträgt und über diesen Kreis hinaus das ausschließende Recht der Einzelstaaten Platz greift, so liegt kraft jener allgemeinen Fassung[8] auf dem Gebiete des völkerrechtlichen Vertrages die Sache umgekehrt. Das Reich ist zu Staatsverträgen jedes Inhaltes und ohne Rücksicht auf das Zutreffen einer Specialklausel der Verfassung berechtigt und nur das entgegenstehende Recht der Einzelstaaten auf Wahrung ihrer inneren Kompetenzen setzt ihm Grenzen[9].“

Zu b): Beispiele für solche Verträge sind die von der Bundesrepublik geschlossenen Kulturabkommen[10]. Da der Bund hier nur seine guten

---

[6] Anders wohl nur *Maunz*, Staatsrecht, S. 290; *Stralenheim*, a.a.O.

[7] Anders nur *Maunz*, Staatsrecht, S. 290.

[8] sc. des Art. 11, I, 2 aRV; s. oben S. 33.

[9] S. 541; s. oben S. 36; zur Rechtslage in der Weimarer Zeit s. oben S. 47 ff.

[10] S. oben S. 87 f.; vgl. aus einem anderen Bereich den Vertrag über die Rechte und Pflichten ausländischer Streitkräfte und ihrer Mitglieder (BGBl. 1955 II, S. 321 ff.), Art. 46 I: „Die Bundesrepublik unternimmt im Rahmen ihrer Zuständigkeit Schritte, um den Mitgliedern der Streitkräfte besondere Jagd- und Fischereiprivilegien auf bundeseigenem Land zu gewähren und

Dienste innerhalb seiner innerstaatlichen Zuständigkeiten zusichert und daher nur Verpflichtungen eingeht, die er selbst erfüllen kann, liegt ein übergreifender Vertrag nicht vor. Denn dazu wäre eine vertraglich übernommene Verpflichtung nötig, zu der der Bund nach der *innerstaatlichen* Kompetenzordnung nicht befugt wäre. In dem von der Bundesregierung gehandhabten Rahmen begegnet also „der Abschluß von Kulturabkommen durch den Bund keinen Bedenken“[11]. Denn „soweit sich die Bundestätigkeit nicht in Maßnahmen des Gesetzgebers und in Vorschriften und Weisungen für die Landesverwaltungen manifestiert, wird der Charakter der Länder als geschlossener Körperschaften innerhalb der Bundesrepublik nicht beeinträchtigt“[12]. Wenn die Bundesregierung sich in der Lindauer Vereinbarung[13] also zu Konsultationen[14] der Länder vor dem Abschluß der Kulturabkommen verpflichtet hat, so entsprach das wohl der politischen Klugheit, nicht aber einer verfassungsrechtlichen Verpflichtung.

Zu c): Zu den hier zu nennenden Maßnahmen der Bundesregierung gehört die Finanzierung von Auslandstourneen deutscher Künstler, die Unterstützung der Goethe-Institute und der deutschen Auslandsschulen[15], für die „eine natürliche Bundeszuständigkeit ... unstreitig“ ist[16]. Daß solche Maßnahmen notwendig Rückwirkungen im Inland haben, versteht sich von selbst und beeinträchtigt nicht ihren Charakter als Mittel zur Pflege der auswärtigen Beziehungen.

II. Die drei möglichen Ansichten über den Umfang der Vertragskompetenz des Bundes

Über die Frage, ob das Grundgesetz übergreifende Verträge des Bundes zuläßt, gibt es im wesentlichen drei verschiedene Ansichten:

a) Die süddeutsche Lösung

Übergreifende Verträge sind unzulässig, die Länder also allein zum Abschluß von Verträgen, die Fragen der Landesgesetzgebung betreffen,

---

gewähren zu lassen. Sie verwendet ihre guten Dienste bei den Ländern ..., daß diese hinsichtlich anderen Landes in öffentlichem Eigentum das gleiche tun.“

[11] *Mosler*, ZaöRuVR, 16, S. 23.

[12] *Mosler*, a.a.O., S. 23. *Mosler* gibt eine Übersicht über die Fragen, die seiner Ansicht nach in Kulturabkommen geregelt werden dürfen, und die sich fast vollständig mit dem deckt, was die Bundesregierung tatsächlich zu vereinbaren pflegt (a.a.O., S. 24).

[13] Nr. 3 der Vereinbarung; s. oben S. 80 f.

[14] S. oben S. 84.

[15] S. oben S. 58 f.

[16] *Köttgen*, S. 191.

befugt. Ob die Zuständigkeit zum Abschluß von Verwaltungsabkommen sich nach der Zuständigkeit für die Verwaltung oder ebenfalls nach der Gesetzgebungszuständigkeit richtet, wird nicht einheitlich beantwortet, wenn auch meist im letzteren Sinne[17]. Die süddeutsche Lösung wurde in den Beratungen des Unterausschusses „Verwaltungsabkommen" des Rechtsausschusses des Bundesrates vom 17. März und 17. Mai 1955 so bezeichnet, weil sich die Vertreter der Länder Bayern, Hessen und Nordrhein-Westfalen zu ihr bekannten[18]. In der 165. Sitzung vom 25. April 1956 schloß sich der Vertreter des Landes Baden-Württemberg dieser Ansicht an[19]. Die süddeutsche Lösung ist außerdem in der Literatur häufig vertreten und besonders von Bernhardt und Maunz eingehend begründet worden[20].

b) Die Berliner Lösung

Nach der Berliner Lösung kann der Bund über jede Frage völkerrechtliche Vereinbarungen eingehen und sich insbesondere verpflichten, in die Landesgesetzgebung eingreifende Bestimmungen zu erlassen[21]. Diese Ansicht soll hier als Berliner Lösung bezeichnet werden, weil nicht nur die Bundesregierung[22], sondern auch der Vertreter Berlins im Rechtsausschuß des Bundesrates sie sich zu eigen gemacht hatte[23].

---

[17] S. unten S. 143 ff.

[18] S. oben S. 65 f.; Bundesrat, Rechtsausschuß, R 1011 (59 II 2) c — Nr. R 77/55 —.

[19] S. oben S. 76; Bundesrat, Rechtsausschuß, R 0055 — Nr. R 94/56 —.

[20] *Bernhardt*, S. 154; *Hallmayer*, S. 83; *v. d. Heydte*, S. 587; *Hüchting*, S. 33; Karl Heinz *Klein*, S. 53; *Kraus*, Wehrbeitrag I, S. 144; *Maunz - Dürig*, Rdn. 29 zu Art. 32, *Maunz*, S. 289 f.; *Mosler*, Thoma-Fschr. S. 150, Bilfinger-Fschr. S. 262, allerdings mit Einschränkungen zugunsten des Bundes hinsichtlich eines ius eminens (ZaöRuVR, S. 26, 31, 33); *Schröcker*, S. 527; *v. Stralenheim*, S. 6 ff.; *v. d. Heydte, Hugelmann, Mosler, Merk, Nawiasky* in der Aussprache bei der Tagung der Vereinigung der deutschen Staatsrechtslehrer 1953, VVDStRL 12 (vgl. dazu den Bericht von D(ürig) und M(allmann) in JZ 53 S. 707 ff.).

[21] Diese Ansicht wird in der Literatur vertreten von Hans-Joachim *Becker*, S. 110; *Grewe*, VVDStRL 12, S. 177 u. 264; *Haas*, S. 382; *Heckt*, passim; *Kaufmann*, Sondersitzung des Bundesrats vom 15. 6. 1951, Sitzungsbericht S. 19 ff. (vgl. Europa-Archiv 1951, S. 4323 ff.), ders. Wehrbeitrag II, S. 58 f.; *Kaiser*, S. 541; *Menzel*, VVDStRL 12, S. 206, 219 ff., 257, ders. AöR 79, S. 339 f., ders. anscheinend auch in BK, Anm. II 1 zu Art. 32; *Pfeifer*, VVDStRL 12, S. 244 (Diskussionsbeitrag); *Schätzel*, Wehrbeitrag II, S. 638; *Scheuner*, Gutachten vom 18. 8. 1952, Wehrbeitrag II, S. 151 ff. (153); *Wolff*, S. 53, 62 ff.

[22] Stellungsnahme vom 18. 2. 1952, Wehrbeitrag II, S. 30; Schreiben des Auswärtigen Amtes an den Vorsitzenden des Rechtsausschusses des Bundesrates vom 28. September 1955, 500-170-07-3353/55 V und zweites Schreiben des Auswärtigen Amtes an den Vorsitzenden des Rechtsausschusses des Bundesrates vom 26. 3. 1956, 500-512-07-1884/56 (vgl. oben S. 70 f. u. S. 72 ff.).

[23] 165. Sitzung des Rechtsausschusses des Bundesrates vom 25. 4. 1956 — 80055 — Nr. R 94/56 — (s.oben S. 76).

c) Die norddeutsche Lösung

Die norddeutsche Lösung leitet ihren Namen aus der Tatsache her, daß zum ersten Male die Länder Bremen, Hamburg, Niedersachsen und Schleswig-Holstein sich in den Jahren 1955/56 im Rechtsausschuß des Bundesrates und seinem Unterausschuß „Verwaltungsabkommen" für sie ausgesprochen haben[24]. Sie nimmt eine Mittelstellung zwischen der Berliner Lösung und der süddeutschen Lösung ein, weil sie zwar Art. 32 I ein umfassendes *Abschluß*recht, indirekt aber Art. 59 II ein beschränktes *Transformations*recht des Bundes entnimmt. Übergreifende Verträge können also vom Bund geschlossen, aber nur von den Ländern transformiert werden. In die wissenschaftliche Auseinandersetzung hat Wolfgang Böning diese Trennung von (völkerrechtlichem) Abschluß und (innerstaatlicher) Transformation der Verträge und die Verteilung der Zuständigkeit auf Bund und Länder für den Fall der übergreifenden Verträge eingeführt[25]. Ihm hat sich Klein in der Neubearbeitung des von Mangoldt'schen Kommentars[26] angeschlossen, und diese Lösung wird auch das Ergebnis der im folgenden angestellten Untersuchungen sein.

Ohne daß damit das Ergebnis in den Gang der Untersuchung selbst eingehen soll, wird bei der weiteren Erörterung getrennt nach dem Umfang der Abschlußkompetenz (unten Teil B) und der Transformationskompetenz (unten Teil C) für die übergreifenden Verträge gefragt. Dabei wird unter der *Abschlußkompetenz* die von der Verfassung selbst begründete Fähigkeit, völkerrechtliche Verträge im eigenen Namen einzugehen, verstanden. Der Bund hat also dann die Abschlußkompetenz, wenn er eine völkerrechtliche Verpflichtung eingehen kann, ohne daß die Länder die dazu erforderliche Kompetenz erst auf den Bund übertragen oder den Bund ermächtigen müssen. Keine Einschränkung der Abschlußkompetenz bedeuten dagegen innerstaatliche besondere Genehmigungsrechte: Ebenso wie das Zustimmungserfordernis des Bundesgesetzgebers in Art. 59 II GG die Abschlußkompetenz des Bundespräsidenten nicht mindert, so kann man auch dann, wenn der Abschluß des Vertrages von der Zustimmung der Länder abhängig gemacht wird (Zuständigkeit der Länder zur Transformation), uneingeschränkt von einer Abschlußkompetenz des Bundes sprechen.

Unter *Transformationskompetenz* soll die Fähigkeit verstanden werden, die zur innerstaatlichen Erfüllung des Vertrages erforderlichen Akte vorzunehmen, also die Transformation der dazu geeigneten Ver-

---

[24] Zuletzt in der 165. Sitzung des Rechtsausschusses des Bundesrates vom 25. 4. 1956 — R 0055 — Nr. R 94/56 —, s. oben S. 75 f. u. S. 68.

[25] DÖV 1957, S. 817 ff.

[26] S. 784 und 1128 f.; zust. *Kölble*, S. 147 Anm. 20.

tragsbestimmungen und den Erlaß der im übrigen zur Ausführung erforderlichen Normen und Maßnahmen[27]. Der hier zur Abkürzung verwendete Begriff „Transformationskompetenz“ umfaßt also mehr als nur die Fähigkeit zur Transformation im engeren Sinne.

B. Der Abschluß übergreifender Verträge durch den Bund

Im folgenden Teil B soll untersucht werden, ob das Grundgesetz dem Bund ein unbeschränktes oder ein durch das entsprechende Abschlußrecht der Länder beschränktes Recht zum Abschluß von völkerrechtlichen Verträgen des Bundes eingeräumt hat. Die entscheidende Vorschrift ist dabei wieder Art. 32 GG, dessen Interpretation deshalb im Vordergrund steht. Es ist die Frage, wieweit Art. 32 III den Abs. I einschränkt. Nur zur Auslegung von Art. 32 werden auch andere Verfassungsvorschriften herangezogen (Art. 59, Art. 73 Ziff. 1, Art. 73 Ziff. 5, Art. 24 und Art. 123 II GG). Sodann werden auch Argumente allgemeiner Art diskutiert. Ein Exkurs über die Frage, ob die für die Verträge allgemein gefundene Lösung der Kompetenzfrage auch für die in Art. 59 II 2 GG genannten Verwaltungsabkommen gilt, bildet den Schluß.

I. Art. 32 GG

1. Der Aufbau des Artikels 32 GG

Betrachtet man zunächst den äußeren Aufbau von Art. 32 GG, so fällt auf, daß Bund und Ländern ihre Rechte in jeweils eigenen Absätzen zugewiesen sind, die voneinander durch einen weiteren Absatz getrennt sind. Absatz I bleibt zunächst uneingeschränkt stehen, ohne daß gleich von entsprechenden Länderrechten die Rede ist. Man gewinnt den Eindruck, daß der Verfassungsgeber durch diese Sperrung der Absätze betonen wollte, daß jeder Absatz unbeschadet des anderen seine Geltung haben soll. Das mag ein erster Hinweis dafür sein, daß Bundes- und Landeszuständigkeit sich nicht ausschließen, sondern gegebenenfalls nebeneinander stehen.

Hinzu kommt, daß Abs. I bei der Festlegung der Bundeskompetenz keine Einschränkung macht[1] und umgekehrt Absatz III den Ländern ihr

---

[27] Zu der dreifachen Wirkung des Vertragsgesetzes s. *von Mangoldt - Klein*, S. 1147.

[1] *von Mangoldt - Klein*, S. 785.

Recht einräumt, ohne dabei eine Ausschließlichkeit anzudeuten. Wäre sie beabsichtigt, würde man eine Formulierung wie „können *nur* sie... Verträge schließen" erwarten[2]. Es ist auch nicht angedeutet, daß Absatz III in einem Gegensatz zu Absatz I stehen soll, obgleich es ein Leichtes gewesen wäre, dies zum Ausdruck zu bringen. So hätte es etwa heißen können „Soweit *jedoch* die Länder für die Gesetzgebung zuständig sind...".

2. Das Wort „können" in Absatz III

Am auffälligsten ist aber für eine zunächst am Wortlaut orientierte Interpretation die in Absatz III gewählte Formulierung, daß die Länder im Rahmen ihrer Zuständigkeit Verträge abschließen „können". Wenn die Verfasser des Grundgesetzes hier nicht das Wort „können" gewählt, sondern etwa formuliert hätten: „... schließen die Länder die Verträge mit auswärtigen Staaten"[3], oder: „ist Sache der Länder"[4], so wäre wohl nie streitig geworden, ob es sich hier um ein ausschließliches oder ein konkurrierendes Recht der Länder handelt. So aber gewinnt man den Eindruck, den Ländern solle zwar das Recht zum Abschluß in gewissem Umfang nicht verwehrt, es solle aber auch nicht ihre alleinige Aufgabe sein, die Verträge über Gegenstände ihrer Gesetzgebung zu schließen[5].

Der erste Eindruck von der Bedeutung des Wortes „können" in diesem Zusammenhang wird bestätigt, wenn man zum Vergleich andere Bestimmungen des Grundgesetzes heranzieht, die eine Kompetenzzuweisung enthalten. In keinem Fall findet man hier das Wort „können".

So „ist" die Ausübung der staatlichen Befugnisse und Erfüllung der staatlichen Aufgaben nach Art. 30 GG „Sache der Länder", die auch das Recht der Gesetzgebung „haben" (Art. 70 I, 71 I und 72 I GG). Sie „wirken" bei der Gesetzgebung und Verwaltung des Bundes mit (Art. 50) und „führen die Bundesgesetze ... aus" (Art. 83, 84 I, 85 I GG). Der Bund „hat" die ausschließliche Gesetzgebung (Art. 73 GG) bzw. ein Gesetzgebungsrecht (Art. 72 II). Der Bundeskanzler „bestimmt" die Richtlinien der Politik (Art. 65 GG) und die Bundesregierung „erläßt" Verwaltungsvorschriften und „regelt" die Einrichtung der Behörden (Art. 86 GG). Der Bundespräsident „vertritt" den Bund, „schließt" die Verträge und „ernennt und entläßt" die Beamten (Art. 60 I GG).

Die genannten Beispiele zeigen, daß das Grundgesetz einem Organ eine Kompetenz entweder mit der Feststellung, daß es ein bestimmtes

---

[2] *von Mangoldt - Klein*, S. 785.
[3] *von Mangoldt - Klein*, a.a.O.
[4] *Kaiser*, S. 542.
[5] Vgl. Pfeifer, VVDStRL 12, S. 244 (Diskussionsbeitrag).

Recht „hat" oder durch einen Satz einräumt, in dem das Organ Subjekt und die ausgeübte Tätigkeit Prädikat ist.

Von der Begründung solcher generellen Zuständigkeiten unterscheiden sich die Fälle, in denen das Grundgesetz das Wort „können" verwendet: Der Bundestag und seine Ausschüsse „können" die Anwesenheit eines Ministers verlangen (Art. 43 I GG), der Bundespräsident kann angeklagt (Art. 61 I 1 GG), es kann der Bundestag aufgelöst (Art. 68 I 1 GG) oder die Polizei eines anderen Landes angefordert werden (Art. 91 I GG). In diesen Fällen handelt es sich nicht um dauernde Zuständigkeiten, sondern um ihrer Natur nach nur von Fall zu Fall aktuelle Rechte. Sie sind also immer nur auf dem Hintergrund einer unausgesprochenen entgegengesetzten Regel zu verstehen. Dementsprechend ist das Wort „können" besonders häufig dort, wo es sich darum handelt, neben einem zunächst aufgestellten Grundsatz *ausdrücklich* eine Ausnahme zuzulassen. So „kann" etwa ein Grundrecht eingeschränkt (Art. 8 II GG) oder die Öffentlichkeit aus dem Bundestag ausgeschlossen werden (Art. 42 I 2, Art. 44 I 2 GG), oder der Bund kann Verwaltungskompetenzen übertragen (Art. 89 II 3 GG) oder an sich ziehen (Art. 90 III GG).

Ordnet man Art. 32 III GG in den Zusammenhang dieser Vorschriften ein, so kommt man zu dem Ergebnis, daß der Abschluß eines Vertrages durch ein Land im Rahmen des Artikels 32 III GG zwar möglich ist, aber nicht die Regel bildet. Soweit die Länder von der ihnen eingeräumten Möglichkeit keinen Gebrauch machen, verbleibt es bei dem Grundsatz der Bundeszuständigkeit.

Besonders überzeugend ist die Parallele zwischen Art. 32 GG und Art. 84 GG, weshalb sie hier als letztes Beispiel etwas ausführlicher betrachtet werden soll.

Art. 84 I GG bestimmt, daß die Länder die „Einrichtung der Behörden und das Verwaltungsverfahren" regeln, wenn sie die Bundesgesetze als eigene Angelegenheit ausführen. In Abs. II heißt es dann: „Die Bundesregierung kann mit Zustimmung des Bundesrates allgemeine Verwaltungsvorschriften erlassen." Das Konstruktionsschema ist also das gleiche wie in Art. 32 GG: In Abs. I wird zunächst dem einen Teil eine umfassende Zuständigkeit zugesprochen, in dem anderen Absatz wird bestimmt, welche Rechte die andere Seite ausüben „kann". Diese Rechte sind in beiden Fällen nur ein Ausschnitt aus der in Abs. I genannten Befugnis. So ist in dem Begriff der Pflege der Beziehungen zu auswärtigen Staaten der Abschluß von Verträgen über Gegenstände der Landesgesetzgebung ebenso enthalten wie in dem Begriff der Regelung des Verwaltungsverfahrens der Erlaß von allgemeinen Verwaltungsvorschriften.

Es ist nun möglich, von der im wesentlichen unstreitigen Bedeutung des Art. 84 GG Rückschlüsse auf die Auslegung des Art. 32 GG zu ziehen. Nach allgemeiner Auffassung ist durch Art. 84 I GG dem Bund nicht das ausschließliche Recht zum Erlaß von allgemeinen Verwaltungsvorschriften eingeräumt. Vielmehr sind die Länder nicht nur in den Fällen, in denen der Bund von seinem Recht keinen Gebrauch macht, sondern in jedem Fall berechtigt, Verwaltungsvorschriften zu erlassen[6]. Durch Art. 84 II GG entsteht also eine konkurrierende Zuständigkeit von Bund und Ländern.

Zieht man nun eine Parallele zu Art. 32 GG, so ergibt sich eine konkurrierende Zuständigkeit von Bund und Ländern zum Abschluß von Verträgen über Gegenstände der Landesgesetzgebung. Denn zwischen Aufbau, Formulierung und Ausgangspunkt der einen und der anderen Vorschrift besteht kein Unterschied, und es ist deshalb nicht einzusehen, warum man beiden Vorschriften nicht auch den gleichen Sinn entnehmen sollte.

3. Absatz III als Ausnahme zu Absatz I

Aus dem Verhältnis von Absatz I zu Absatz III des Art. 32 GG ergibt sich, daß Abs. III eine Ausnahme von Absatz I ist[7]. Denn wenn Abs. III auch vielleicht keine Ausnahme vom Grundsatz der *umfassenden* Zuständigkeit des Bundes in Auswärtigen Angelegenheiten ist, so doch sicher eine Ausnahme vom Grundsatz der *Allein*zuständigkeit. Aus diesem Regel-Ausnahme-Verhältnis würde dann folgen, daß Abs. III eng auszulegen wäre[8], was wiederum dafür spräche, die Länder nur für konkurrierend zuständig zu halten[9]. Dieses Ergebnis wird jedoch wieder in Frage gestellt durch das Verhältnis, in dem Art. 32 I GG seinerseits zu Art. 30 GG steht. Hier ist umgekehrt Abs. I Ausnahme zu Art. 30, da er entgegen der in Art. 30 GG zugunsten der Länder ausgesprochenen Vermutung eine Kompetenzzuweisung an den Bund enthält. Es wäre also Art. 32 Abs. I GG dergestalt eng auszulegen, daß bei allen Zweifelsfragen die Zuständigkeit der Länder anzunehmen wäre. Ein solcher Zweifel liegt nun vor. Es könnte sich also aus Art. 30 GG ergeben, daß der Bund

---

[6] Allerdings nur im Rahmen der Bundesvorschriften, *Maunz - Dürig* Rdn. 36 zu Art. 84.

[7] *Bernhardt*, S. 169; *Mosler* in Bilfinger-Fschr. S. 262; *Wolff*, S. 63.

[8] Gegen eine solche Regel grundsätzlich *von Mangoldt - Klein*, S. 787.

[9] *Menzel*, VVdStRL 12, S. 201, 257. Für eine „strikte" Interpretation auch *Mosler* in Bilfinger-Fschr. S. 263, mit der Begründung, daß die Vertragskompetenz der Länder eine „Sondernorm" sei, die „vom Grundsatz abweicht". Dagegen wendet sich *Klein (von Mangoldt - Klein*, S. 787), der bei *Mosler* versehentlich statt „Grundsatz" „Grundgesetz" gelesen hat, mit der Begründung, es gebe keine Sondernorm, die vom Grundgesetz abweiche.

im Bereich des den Ländern zugestandenen Abschlußrechts nicht seinerseits berechtigt ist.

Tatsächlich ist Böning[10] der Ansicht, daß sich ein doppeltes Ausnahmeverhältnis zwischen den Artikeln 30, 32 I und 32 III GG ergibt, in dessen Mitte — januskopfig — Art. 32 I GG steht und daß sich deshalb aus Art. 32 I weder eine Vermutung zugunsten des Bundes noch eine solche zugunsten der Länder entnehmen läßt. Entgegen dieser Ansicht ist aber davon auszugehen, daß Art. 32 I GG für den gesamten Bereich der Auswärtigen Beziehungen eine Vermutung zugunsten des Bundes schafft und dies Gebiet dadurch gegen die Wirkungen des Art. 30 GG abschirmt. Trotzdem bleibt Art. 30 GG auch in dieser Frage anwendbar[11], weil er selbst die Zuständigkeitsvermutung zugunsten der Länder nur aufstellt, „soweit dieses Grundgesetz keine andere Regelung trifft oder zuläßt". Da durch Art. 32 I GG der „Soweit"-Satz ausgefüllt ist, entfaltet Art. 30 in diesem Bereich keine Wirkung zugunsten der Länder. Innerhalb der Auswärtigen Gewalt ist also die Zuständigkeitsvermutung des Art. 30 GG aufgehoben und umgekehrt eine Zuständigkeitsvermutung zugunsten des Bundes aufgestellt worden[12].

Auch aus dem Regelausnahmeverhältnis, in dem die Absätze I und III des Art. 32 GG stehen, läßt sich also eine Vermutung zugunsten einer konkurrierenden Zuständigkeit des Bundes für den Bereich der Verträge über Fragen der Landesgesetzgebung entnehmen[13].

4. Die Entstehungsgeschichte des Art. 32 GG als Auslegungshilfe

Die Entstehungsgeschichte des Art. 32 ist oben auf den Seiten 52 ff. dargestellt worden. Sie soll hier ebensowenig wie das aus ihr bereits gezogene Fazit[14] wiederholt werden. Es ist aber daran zu erinnern, daß der Entstehungsgeschichte nur das eine mit Sicherheit zu entnehmen ist, daß die innerstaatliche Zuständigkeitsordnung nicht mehr für den Bund, wohl aber noch für die Länder maßgebend sein sollte[15/17].

---

[10] DÖV 1957, S. 818 r. Sp.

[11] Mißverständlich *Kölble*, S. 146, der der Ansicht ist, Art. 30 GG sei „jedenfalls insoweit nicht anwendbar, als es sich um die Wahrnehmung staatlicher Funktionen im Ausland" handele.

[12] *Bernhardt*, S. 131; *Dünfründt*, S. 361 f.; *Hüchting*, S. 4; Karl Heinz *Klein*, S. 53 f.; *Kölble*, S. 146; *Maunz - Dürig*, Rdn. 16 zu Art. 32 (entgegengesetzter Ansicht *Maunz*, Staatsrecht, S. 290); *Mosler*, Bilfinger-Fschr. S. 257 u. 263, ders. ZaöRuVR 16, S. 12 u. 14, ders. VVdStRL 12, S. 241 (Diskussionsbeitrag); a. A. *von Mangoldt - Klein*, S. 776 f., die weder Art. 30 noch Art. 32 GG als Zuständigkeitsvermutung anerkennen.

[13] A. A. *Maunz - Dürig*, Rdn. 29 zu Art. 32, die annehmen, „aus dem Ausnahmecharakter der Länderkompetenzen an sich" ergebe sich keine Lösung.

[14] S. 56 f.

[15/17] Vgl. *Scheuner*, Gutachten im Konkordatsprozeß, S. 709.

Die durch die Anträge des Abgeordneten von Mangoldt nahegelegte Interpretation der Entstehungsgeschichte hat dazu geführt, daß sich die Vertreter einer die Bundeskompetenz einschränkenden Auslegung vornehmlich auf die Entstehungsgeschichte berufen, während sich die Vertreter der norddeutschen oder der Berliner Lösung weitgehend auf den Wortlaut des Art. 32 stützen[18]. Es ist deshalb bezeichnend, daß alle Ländervertreter im Unterausschuß „Verwaltungsabkommen" des Rechtsausschusses des Bundesrates[19] der Ansicht waren, die Entstehungsgeschichte spreche gegen eine unbeschränkte Befugnis des Bundes, dies Ergebnis aber ganz verschieden werteten: Die Vertreter der Länder Baden-Württemberg, Berlin, Bremen, Hamburg und Niedersachsen waren der Ansicht, daß der Wortlaut des Art. 32 GG für eine unbegrenzte Bundeszuständigkeit spreche und es unzulässig sei, ihm nur mit Rücksicht auf seine Entstehungsgeschichte eine andere Auslegung zu geben. Demgegenüber meinten die Vertreter der Länder Bayern, Hessen und Nordrhein-Westfalen, der Wortlaut des Art. 32 GG, insbesondere die Fassung „können", scheine zwar eine konkurrierende Tätigkeit des Bundes und der Länder zuzulassen, allein, eine derartige Auslegung des Art. 32 III GG sei mit der Entstehungsgeschichte des Grundgesetzes nicht zu vereinbaren.

II. Art. 59 II GG

1. Unterschiede gegenüber Art. 32 GG

Wenn Art. 59 II zum näheren Verständnis von Art. 32 GG herangezogen werden soll, so kommt es zunächst darauf an, sich die Unterschiede beider Vorschriften hinsichtlich ihrer Stellung im Grundgesetz, ihres Inhalts, ihrer Funktion und des geregelten Gegenstandes vor Augen zu führen. Denn sowohl Art. 32 GG wie auch Art. 59 GG behandeln Verträge mit auswärtigen Staaten; sie tun dies aber in einer in mehrfacher Hinsicht unterschiedlichen Weise:

a) Art. 32 spricht in seinem Absatz I allgemein von der Pflege der Beziehungen zu auswärtigen Staaten, zu der nur unter anderem der Abschluß völkerrechtlicher Verträge gehört. (Die völkerrechtlichen Verträge sind nur in Art. 32 III GG ausdrücklich erwähnt.) Im Ge-

---

[18] *Böning*, DÖV 1957, S. 817/818. Ob „der Konflikt daher zunächst methodischer Art" ist (*Böning*, S. 818), ist aber doch zweifelhaft, denn die Gruppenbildung in dieser Auseinandersetzung dürfte sich eher nach dem Verständnis des Bundesstaates als nach auslegungsmethodischen Theorien richten. Es benutzt dann verständlicherweise jede Partei die ihr günstigsten Argumente.

[19] Sitzungen vom 17. 3. und 17. 5. 1955 — Bundesrat, Rechtsausschuß, R 1011 (59 II 2) c — Nr. R 77/55 —.

gensatz dazu behandelt Art. 59 II ausschließlich völkerrechtliche Verträge.

b) Während Art. 32 I die Verträge als Instrumente zur Pflege der Beziehungen zu auswärtigen Staaten behandelt — also ihre nach außen gerichtete, völkerrechtliche Seite, kurz: ihren Abschluß —, regelt Art. 59 II den Umfang der legislativen Beteiligung an der völkerrechtlichen und innerstaatlichen Geltung der Verträge.

c) Art. 32 grenzt Kompetenzen zwischen Bund und Ländern ab, wie sich schon aus seiner Stellung im Abschnitt II „Der Bund und die Länder", aber auch aus der Gegenüberstellung von Abs. I („... ist Sache des Bundes") und Abs. III („Soweit die Länder . . . zuständig sind...") ergibt. Demgegenüber ordnet Art. 59 die Zuständigkeiten von Exekutive (Abs. I) und Legislative (Abs. II) des Bundes, nimmt also keine Aufteilung zwischen Bund und Ländern, sondern zwischen Bundesorganen vor.

2. Insbesondere: Art. 59 als Zuständigkeitsordnung für die Bundesorgane

a) Daß Art. 59 II keine Kompetenzvorschrift im Bund-Länder-Verhältnis ist, ist heute die ganz herrschende Auffassung in Lehre[20] und Praxis[21] und wird auch von Maunz und Düring[22] ausdrücklich anerkannt, wenn es gleich im ersten Satz der Kommentierung zu Art. 59 heißt, Art. 59 regele „*nicht* das Verhältnis zwischen Bund und Ländern" und für die Zuständigkeit des Bundes sei „aus Art. 59 II nichts zu entnehmen"[23]. In seinem Lehrbuch hat Maunz dennoch an der entgegengesetzten Meinung festgehalten[24], weshalb auf die Frage näher eingegangen werden muß.

Aus der recht belanglosen Bemerkung des Abgeordneten von Mangoldt[25], in dem heutigen Artikel 59 sei „alles festgelegt, was über die Zuständigkeit des Bundes zum Abschluß von Verträgen zu sagen" sei,

[20] *Mosler*, Bilfinger-Fschr. S. 263, ZaöRuVR Bd. 16, S. 17; *Grewe*, VVdStRL 12, S. 167 ff.; *Bernhardt*, S. 129 und 151; *Böning*, DÖV 1957, S. 818; *Hüchting*, S. 13; *von Mangoldt - Klein*, S. 1124/25, geben Art. 59 II ebenfalls keine Bedeutung im Bund-Länder-Verhältnis für den *Abschluß* von Verträgen, wohl aber für die Zuständigkeiten „innerhalb des Gesamtstaates", also für die Transformation und Ausführung der Verträge.

[21] Einstimmige Ansicht aller Ländervertreter im Unterausschuß „Verwaltungsabkommen" des Rechtsausschusses des Bundesrates, vgl. Niederschrift über die Sitzungen vom 17. 3. und 17. 5. 1955 R 1011 (59 II 2) c — Nr. R 77/55 —, vgl. oben S. 64/65, ebenso das Schreiben des Auswärtigen Amtes vom 28. 9. 1955 an den Vorsitzenden des Rechtsausschusses des Bundesrates — 500-170-07-3353/55 V — u. Schreiben vom 26. 3. 1956 — 500-512-07-1884/56 —.

[22] Art. 59 Rdn. 1 und 17, Art. 32 Rdn. 37.

[23] Rdn. 17.

[24] *Maunz*, Staatsrecht, S. 289 f.

[25] Im Hauptausschuß des Parlamentarischen Rates, HA. Prot. S. 368.

schließt Maunz, „also" sei in Art. 59 auch die innerstaatliche Zuständigkeit behandelt[26]. Im weiteren Verlauf setzt er stillschweigend den Bund mit Bundestag und Bundesrat gleich. Auf diese Weise sind dann in Art. 59 II nicht den gesetzgebenden Körperschaften des Bundes, sondern dem Bund selbst „einzelne Arten von Verträgen . . . vorbehalten"[27]. Dabei benutzt Maunz das Wort „vorbehalten" hier als euphemistische Umschreibung der Tatsache, daß der Bund nach seiner Ansicht auf den Abschluß solcher Verträge beschränkt ist.

Ebenso ist durch das Zustimmungserfordernis für Verträge, welche sich auf Gegenstände der Bundesgesetzgebung beziehen, nach Ansicht von Maunz nicht etwa gesagt, daß der *Bundesgesetzgeber* gegenüber der Bundesexekutive, sondern daß der *Bund* gegenüber den Ländern beschränkt[28] ist auf „Sachgegenstände, die in den Bereich der Bundesgesetzgebung fallen würden, falls diese Gegenstände innerhalb des Gebietes der Bundesrepublik durch Gesetze zu regeln wären"[29]. Gegensatz zur „Bundesgesetzgebung" ist danach nicht die „Bundesverwaltung", sondern die „Landesgesetzgebung" — nur, daß Maunz daraus natürlich nicht schließt, der Bundespräsident könne nun ungehindert über Ländermaterien Verträge schließen[30]. Denn nicht eine Beschränkung der Legislative, sondern eine solche des Bundes überhaupt ist ja nach Ansicht von Maunz in Art. 59 II enthalten.

Nach Maunz gab wohl die alte Reichsverfassung und die Weimarer Reichsverfassung dem Reich ein umfassendes und nur durch das Recht der Gliedstaaten auf Wahrung ihres inneren Aufgabenbereichs begrenztes Abschlußrecht, nicht aber das Grundgesetz, weil sich „heute . . . aus Art. 59 II in Verbindung mit Art. 30 GG die umgekehrte Vermutung" ergibt[31]. Das heißt also: Die Länder sind für alle Arten von Verträgen allein zuständig und nur das entgegenstehende Recht des Bundes auf Wahrung seines inneren Aufgabenbereichs setzt ihnen Grenzen.

Die notwendige Folge solcher Auslegung ist dann, daß die „Abhaltung von wissenschaftlichen Vorträgen deutscher Gelehrter im Ausland oder die Vornahme von Ausgrabungen durch Deutsche im Ausland" — weil sie zweifellos nicht die politischen Beziehungen regeln und nicht die Gesetzgebungszuständigkeit des Bundes betreffen — nicht Gegenstand vertraglicher Regelung durch den Bund sein können[32].

---

[26] a.a.O., S. 290.
[27] a.a.O., S. 290.
[28] *Maunz* benutzt hier wiederum nicht das Wort „beschränkt", sondern das Wort „zuständig", das aber die wahre Meinung des Autors nicht mit genügender Klarheit wiedergibt.
[29] S. 290.
[30] S. unten S. 120.
[31] S. 290.
[32] S. 290.

Diese Ergebnisse sind alle folgerichtig aus der Grundannahme entwickelt, daß der Bund und nicht nur die Bundeslegislative auf die in Art. 59 II genannten Verträge beschränkt ist. Die Ergebnisse sollen deshalb nicht selbst Gegenstand der Auseinandersetzungen sein, sind hier aber doch von Interesse, weil sie allein schon dazu beitragen, die Unhaltbarkeit der Maunz'schen Ansicht zu verdeutlichen. Vielmehr lautet die eigentliche und entscheidende Frage: Beschränkt Art. 59 II auch den Bund oder nur seine Gesetzgebungsorgane beim Abschluß völkerrechtlicher Verträge?

b) Für eine richtige Lösung dieser Frage muß man zunächst in Betracht ziehen, daß sich Art. 32 und Art. 59 GG schon durch ihre Stellung im Grundgesetz charakteristisch unterscheiden: Art. 32 steht im Abschnitt II „Der Bund und die Länder", betrifft also die bundesstaatliche Seite des Problems, während Art. 59 im Abschnitt V „Der Bundespräsident" steht, also schon aus diesem Grunde als konstitutionelle Kompetenzabgrenzung gelesen werden muß[33].

Außerdem ist in Art. 59 mit keinem Wort von den Ländern oder ihren Kompetenzen die Rede, erst recht nicht von einer Entgegensetzung zwischen Bund und Ländern. Daß es sich in Art. 59 GG bei der Gegenüberstellung der Absätze I und II um Zuständigkeitsfragen von Bundesorganen handelt, ist deshalb für jeden unbefangenen Leser unzweifelhaft. An den Länderinteressen orientierte Verfassungsinterpreten mag dabei am ehesten die Tatsache überzeugen, daß es dem Art. 59 GG entsprechende Gegenüberstellungen in den Landesverfassungen gibt[34]. Daß sie nur den Sinn haben können, Zuständigkeiten von Länderorganen gegeneinander abzugrenzen und keine Bedeutung im Bund-Länder-Verhältnis haben, ist offensichtlich. Soweit hier bestimmte Verträge (und eben nicht alle Verträge) der Zustimmung der Parlamente unterworfen werden, käme wohl niemand auf den Gedanken, darin eine Beschränkung des Landes selbst auf den Abschluß dieser Verträge zu erblicken.

---

[33] *Grewe*, VVdStRL 12, S. 163.

[34] Nach Art. 43 der Hamburger Verfassung bedarf die Ratifikation von Staatsverträgen nur dann der Zustimmung der Bürgerschaft, „sofern die Verträge Gegenstände der Gesetzgebung betreffen oder Aufwendungen erfordern, für die Haushaltsmittel nicht vorgesehen sind". Die niedersächsische Verfassung beschränkt die Zustimmung des Landtages in Art. 26 II auf die Verträge des Landes, „die sich auf Gegenstände der Gesetzgebung beziehen". Die Verfassung des Saarlandes unterstellt in Art. 97 Satz 2 den Abschluß von Staatsverträgen der Zustimmung des Landtages, stellt diesen Staatsverträgen aber „andere wichtige Vereinbarungen" gegenüber, und verpflichtet die Landesregierung, den Landtag über den Abschluß solcher Vereinbarungen zu unterrichten. Nach Art. 25 II 2 der schleswig-holsteinischen Verfassung muß der Landtag nur solchen Verträgen zustimmen, die „Gegenstände der Gesetzgebung betreffen oder zu ihrer Durchführung eines Gesetzes bedürfen".

Das wäre schon deshalb widersinnig, weil ja offensichtlich die Abschlußkompetenz der Exekutive in diesen Fällen weiter geht als die Beteiligung der Legislative.

Aus alledem ergibt sich, daß Art. 59 II nicht die Aufgabe hat, die Zuständigkeit des Bundes zu bestimmen. Das schließt aber nicht die Möglichkeit aus, dieser Vorschrift doch im Zusammenhang mit anderen Überlegungen Hinweise auf die Zuständigkeit des Bundes zum Abschluß völkerrechtlicher Verträge zu entnehmen.

3. Die Bedeutung des Art. 59 II GG für die Auslegung von Art. 32 GG

a) Aus Art. 59 II ergibt sich zunächst für die Abschlußkompetenz des Bundes, daß der Bund „Verträge, welche die politischen Beziehungen des Bundes regeln" sowie Verträge, die „sich auf Gegenstände der Bundesgesetzgebung beziehen" abschließen darf. Denn dürfte er dies nicht, so wäre es sinnlos, dem Bundestag und dem Bundesrat in diesen Fällen ein Mitwirkungsrecht einzuräumen. Auch wenn Art. 59 II eine entsprechende Abschlußkompetenz des Bundes nicht normiert, so setzt doch „das Zustimmungsrecht der gesetzgebenden Körperschaften die Bundeszuständigkeit kraft der Natur der Sache voraus"[35].

Die Frage ist nur, ob mit diesen beiden Gruppen von Verträgen bereits alle denkbaren Arten von Bundesverträgen genannt sind.

b) Aus dem Verhältnis von Absatz I zu Absatz II des Art. 59 läßt sich entnehmen, daß der Bundespräsident nicht in jedem Fall der Mitwirkung der Bundeslegislative bedarf. Sonst hätte es heißen können, der Bundespräsident schließe die Verträge, die die politischen Beziehungen des Bundes regeln oder sich auf Gegenstände der Bundesgesetzgebung beziehen — und diese Verträge bedürften eines Vertragsgesetzes der Bundeslegislative. Die in Absatz II enthaltene Beschränkung auf zwei Gruppen von Verträgen hätte also sinnvollerweise in Abs. I stehen müssen. Nach der tatsächlichen Formulierung aber sind aus den vom Bundespräsidenten geschlossenen Verträgen nur die beiden in Abs. II genannten Gruppen herausgenommen und der notwendigen Zustimmung unterstellt. Es ergibt sich also die Frage, welche anderen Verträge als die in Abs. II genannten der Bundespräsident schließen kann.

Die nächstliegende Antwort lautet: die in Art. 59 II 2 genannten Verwaltungsabkommen. Das kann aber nicht richtig sein, weil Verwaltungs-

---

[35] *Mosler*, Bilfinger-Fschr. S. 264; vgl. auch ZaöRuVR Bd. 16, S. 19.

abkommen gerade u. a. dadurch charakterisiert sind, daß sie nicht vom Staatsoberhaupt abgeschlossen werden[36].

Es wäre deshalb daran zu denken, daß den Gegensatz zu den Verträgen, die „sich auf Gegenstände der Bundesgesetzgebung beziehen", die Verträge bilden, die die Landesgesetzgebung betreffen, und daß der Bundespräsident diese Verträge ohne legislative Beteiligung schließen kann. Eine solche Auslegung schien schon die entsprechende Vorschrift der Reichsverfassung von 16. April 1871 und der Weimarer Reichsverfassung[37] nahezulegen, doch wurde diese Möglichkeit immer mit Selbstverständlichkeit zurückgewiesen[38]. Denn schon damals „galten als Verträge, die sich auf Gegenstände der Reichsgesetzgebung beziehen, allein diejenigen, deren Umwandlung in innerstaatliches Recht notwendig war und nur im Wege der Gesetzgebung erfolgen konnte"[39].

So stellte schon Laband[40] fest, eine wörtliche Auslegung des Art. 11 III aRV ergebe zwar „das unsinnige und deshalb unmögliche Resultat", daß der Kaiser Staatsverträge über Landesmaterien ohne Zustimmung des Bundesrates und des Reichstages abschließen könne. Diese Mißverständlichkeit beruhe aber nur darauf, daß dem Wortlaut des Art. 11 II offenbar eine Verwechslung „zwischen den Angelegenheiten, welche zur *Kompetenz* des Reiches gehören, und denjenigen Gegenständen, welche das Reich in der *Form* der Gesetzgebung erledigen soll", zugrunde liege[41].

Entsprechendes gilt auch für die Auslegung von Art. 59 II GG. Auch hier bezeichnet das Wort „Bundesgesetzgebung" den Gegensatz zwischen Gesetzgebung und Verwaltung, nicht den zwischen Bundesgesetzgebung und Landesgesetzgebung[42]. Es ist also Bundes*gesetzgebung* zu betonen[43]. Verträge betreffen dann Gegenstände der Bundesgesetzgebung, „wenn sie Rechte und Pflichten für inländische Rechtssubjekte von der Art bestimmen, wie sie nach deutschem Verfassungsrecht nur in der Form eines formellen Bundesgesetzes geregelt werden dürften"[44]. Der Grund der Vorschrift liegt darin, daß „die Regierung nicht ohne Mitwirkung der gesetzgebenden Körperschaften völkerrechtliche Verpflichtungen

---

[36] Vgl. unten S. 141 f.

[37] Art. 11 II aRV und Art. 45 III WRV.

[38] Vgl. oben S. 34 f. und 47 f.

[39] BVerfGE 1, 372 (389) mit zahlreichen Nachweisen.

[40] II, S. 137.

[41] II, S. 139.

[42] *Menzel,* BK, Art. 59, Anm. II 6; *Bernhardt,* S. 151.

[43] *Maunz - Dürig,* Art. 59, Rdn. 17.

[44] *Maunz - Dürig,* a.a.O.; anders *Maunz,* Staatsrecht, S. 290, wo die Bundesgesetzgebung als Gegensatz zur Landesgesetzgebung aufgefaßt wird, vgl. oben S. 117.

übernehmen" soll, wenn sie diese Verpflichtungen „nicht auch in eigener Kompetenz ohne ein Tätigwerden der gesetzgebenden Körperschaften erfüllen kann"[45].

c) Auch wenn deshalb die Bedeutung des Wortes „Bundesgesetzgebung" der ganzen Ausrichtung des Art. 59 entsprechend seine Bedeutung im Bereich der Gewaltenteilung, nicht im bundesstaatlichen Bereich hat, so ist doch auch sein erster Bestandteil nicht zu vernachlässigen. Aus ihm ergibt sich, daß der Bundesgesetzgeber unbeteiligt ist, wenn der Bundespräsident Verträge über Gebiete der Landesgesetzgebung schließen kann. Diesem Umstand werden die drei Lösungen in sehr unterschiedlicher Weise gerecht:

aa) *Süddeutsche Lösung:*

Da der Abschluß übergreifender Verträge nach der süddeutschen Lösung ausgeschlossen ist, ist es nur folgerichtig, daß sie auch nicht in Art. 59 II zu den zustimmungsbedürftigen Verträgen gezählt werden. Art. 59 II ist also eine wesentliche Stütze der süddeutschen Lösung.

bb) *Norddeutsche Lösung:*

Aber auch die norddeutsche Lösung enthält keinen Widerspruch zu Art. 59 II. Denn Art. 59 II schließt nur die Mitwirkung der gesetzgebenden Körperschaften des Bundes bei übergreifenden Verträgen aus — nicht auch deren Abschluß durch den Bundespräsidenten. Die auf den ersten Blick daraus entstehende Lücke (nämlich die fehlende Beteiligung eines Parlaments) schließt die norddeutsche Lösung durch Einschaltung der Länderparlamente. Obwohl also aus Art. 59 II nichts für die norddeutsche Lösung zu entnehmen ist, spricht die Vorschrift auch in keiner Weise gegen sie. Es ist sogar gerade der umfassende Art. 32 I auf der einen und der beschränkende Art. 59 II auf der anderen Seite, der die norddeutsche Lösung als die dem Grundgesetz gemäßeste nahegelegt hat. Die enge Verzahnung von rechtsstaatlichen und bundesstaatlichen Überlegungen wird hier besonders deutlich: Nicht primär aus Rücksicht auf die Zuständigkeit der Länder erscheint ihre Beteiligung erforderlich, sondern aus rechtsstaatlicher Notwendigkeit: Da die Beteiligung des Bundesgesetzgebers nicht vorgesehen ist, bleibt nur die Einbeziehung der Landesparlamente übrig.

cc) Die *Berliner Lösung* stimmt mit Art. 59 II nicht überein, da die (aus Gründen der Gewaltenteilung häufig notwendige) Beteiligung eines Parlaments bei der Transformation übergreifender Verträge in Art. 59 II nicht vorgesehen ist. Die Berliner Lösung kann deshalb nur gehalten werden, wenn man Art. 59 II erweiternd auslegt, indem man den ersten

[45] BVerfGE 1, 372 (390).

Bestandteil des Wortes Bundesgesetzgebung in Gedanken streicht. So ist Grewe[46] der Ansicht, „nur durch eine Unachtsamkeit des Allgemeinen Redaktionsausschusses" sei ein Änderungsantrag unberücksichtigt geblieben, der den Ausdruck „Bundesgesetzgebung" durch Gesetzgebung schlechthin habe ersetzen wollen[47]. Die Bundesregierung hat sich ebenfalls darauf berufen, daß die Worte „sich auf Gegenstände der Bundesgesetzgebung beziehen" zugegebenermaßen „irreführend" seien[48]. Damit sei keine Beschränkung auf die Bundesgesetzgebung, sondern auf die Gesetzgebung im Gegensatz zur Verwaltung gemeint. Bei allen normsetzenden Verträgen habe die Zustimmung durch die gesetzgebenden Körperschaften des Bundes zu erfolgen. Ein über diese Anordnung hinausgehender Sinn komme der Vorschrift nicht zu. In der Begründung zu dem Gesetzentwurf, die europäische Konvention über die Gleichwertigkeit der Studienzeit an den Universitäten vom 15. Dezember 1956 betreffend[49], heißt es entsprechend: „Das Übereinkommen bedarf nach Art. 59 II 1 des Grundgesetzes der Zustimmung der für die Bundesgesetzgebung zuständigen Körperschaften in der Form eines Bundesgesetzes, da es sich auf Gegenstände der Gesetzgebung bezieht". Obwohl sich dieses Abkommen auf Fragen der Landesgesetzgebung bezieht, hat die Bundesregierung auf diese Weise eine Zuständigkeit des Bundestages begründen wollen[50].

Die Nachprüfung der drei vorgeschlagenen Lösungen anhand von Art. 59 II GG hat also gleichermaßen die süddeutsche wie die norddeutsche Lösung bestätigt, während die Berliner Lösung in dieser Frage nur bei einer stillschweigenden oder ausdrücklichen Verfassungsänderung mit dem Grundgesetz vereinbar ist.

III. Art. 73 Ziff. 1 GG

1. Nach Art. 73 Ziff. 1 GG hat der Bund die ausschließliche Gesetzgebung über „die auswärtigen Angelegenheiten". Da diese Vorschrift die Gesetzgebung betrifft, hat sie für den Abschluß von Verträgen keine unmittelbare Bedeutung. Mittelbar kann sie aber wichtig sein, wenn sich der Umfang der Abschlußkompetenz des Bundes nach seiner Gesetzgebungszuständigkeit richtet. Dann hängt die Abschlußkompetenz in ihrem

---

[46] VVdStRL 12, S. 163.

[47] Vgl. oben S. 56.

[48] Schreiben des Auswärtigen Amtes an den Vorsitzenden des Rechtsausschusses des Bundesrates vom 26. 3. 1956 — 500-512-07-1884/56 —; vgl. oben S. 72.

[49] Deutscher Bundestag, 4. Wahlperiode, Drucksache IV/1807 Anl. 1.

[50] S. dazu aber unten S. 176 f.

Umfang wesentlich von der Auslegung dieser Gesetzgebungszuständigkeitsnorm ab.

Ergibt sich dabei, daß die Zugehörigkeit einer Frage zu den auswärtigen Angelegenheiten von Fall zu Fall durch die Tatsache bestimmt wird, daß sie außenpolitische Bedeutung erlangt, so wird damit die Ansicht einer auf die Gesetzgebungszuständigkeit beschränkten Abschlußkompetenz des Bundes ad absurdum geführt; denn von einer „Begrenzung" könnte auf diese Weise nicht mehr die Rede sein. Die Rechtmäßigkeit eines Vertragsschlusses hinge in einem circulus vitiosus von der Gesetzgebungszuständigkeit ab und diese wiederum vom Abschluß des Vertrages[51]. Eine solche flexible Bedeutung des Art. 73 Ziff. 1 wäre also ein sehr starkes Argument dafür, eine Beschränkung der Vertragsgewalt auf die Gesetzgebungszuständigkeit gar nicht erst anzunehmen.

Der Begriff der auswärtigen Angelegenheiten ist ebenso wie schon der in der Weimarer Verfassung verwendete Begriff „Beziehungen zum Ausland" (Art. 6 Ziff. 1 WRV) „sprachlich weit gefaßt, aber zugleich unklar"[52]; eine „klare Abgrenzung des Begriffs ... ist nicht möglich"[53].

2. Zu den auswärtigen Angelegenheiten gehören sicher zunächst „die Materien des Auswärtigen Verkehrs"[54]. Damit hat Art. 73 Ziff. 1 im Bereich der Gesetzgebung die gleiche Funktion, die Art. 87 I für die Verwaltung hat, soweit dort die Verwaltung des auswärtigen Dienstes zur alleinigen Zuständigkeit des Bundes erklärt wird. Der Bund kann demnach alle Vorschriften über „Aufbau und Aufgaben des auswärtigen Dienstes der Bundesrepublik[55] erlassen. Zu den auswärtigen Angelegenheiten gehört aber nicht nur der deutsche diplomatische Dienst im In- und Ausland, sondern auch der ausländische Dienst im Inland, also „die Festlegung der inländischen Rechtsstellung ausländischer Gesandtschaften, Missionen und Konsulate jeder Art sowie der bei ihnen beschäftigten Personen"[56]. Die notwendige Unzuständigkeit der Länder für die gesetzliche Regelung dieser Fragen folgt schon aus der Tatsache, daß auswärtige Mächte Vertretungen bei den Länderregierungen nicht einrichten dürfen. Darüber hinaus ist der Bund aber bei der Regelung der Rechtsverhältnisse auswärtiger Missionen und ihrer Angehörigen nicht nur auf die Gegenstände beschränkt, die seiner sonstigen Gesetzgebung

---

[51] Vgl. *Hüchting*, S. 15 mit weiteren Nachweisen.

[52] *Bernhardt*, S. 144/145; ähnlich *von Mangoldt - Klein*, S. 1457.

[53] *Mosler*, Thoma-Fschr., S. 159.

[54] *Mosler*, Bilfinger-Fschr., S. 266; *von Mangoldt - Klein*, Anm. III 2 a, S. 1458; *Bernhardt*, S. 145.

[55] *Bernhardt*, S. 145.

[56] *Bernhardt*, a.a.O.

unterliegen[57]. Wenn das nicht so wäre, so hätte Art. 73 Ziff. 1 insoweit keine eigenständige Bedeutung. Jede Frage, die im Zusammenhang mit auswärtigen diplomatischen Vertretungen in der Bundesrepublik notwendig geregelt werden muß, wird damit eine ausschließliche Bundesangelegenheit. So kann der Bund etwa für die Kinder ausländischer Diplomaten besondere Schulen einrichten und ausländische Missionsangehörige von Länder- und Gemeindesteuern befreien[58].

Eine allgemeine Bedeutung für die Rechtsstellung aller Ausländer in der Bundesrepublik hat Art. 73 Ziff. 1 jedoch nicht, da dieser Bereich in Art. 74 Ziff. 4 („das Aufenthalts- und Niederlassungsrecht der Ausländer“) besonderes genannt ist[59].

Die Schwierigkeiten einer genauen Begriffsbestimmung rühren für Art. 73 Ziff. 1 hauptsächlich daher, daß das Grundgesetz dem Bund zahlreiche Einzelgebiete zugewiesen hat, die ebenfalls in einem weiteren Sinne den auswärtigen Angelegenheiten zuzurechnen sind, so „die Einheit des Zoll- und Handelsgebietes, die Handels- und Schiffahrtsverträge, ... und den Waren- und Zahlungsverkehr mit dem Auslande ...“ (Art. 73 Ziff. 5), „den Schutz deutschen Kulturgutes gegen Abwanderung in das Ausland“ (Art. 74 Ziff. 5), „das Recht der Wirtschaft“ (Art. 74 Ziff. 11), „die Ein- und Ausfuhr land- und forstwirtschaftlicher Erzeugnisse, die Hochsee- und Küstenfischerei“ (Art. 74 Ziff. 17), „die Hochsee- und Küstenschiffahrt“ (Art. 74 Ziff. 21) und „die Zölle“ (Art. 105 GG). Aus der Existenz dieser Einzelbestimmungen hat Bernhardt[60] geschlossen, Art. 73 Ziff. 1 habe „nicht die Bedeutung einer Generalklausel“, die „zum Erlaß aller Normen berechtigt, die für die Beziehungen zum Ausland bedeutsam sind“, sondern berechtige den Bund „nur zur Ordnung des auswärtigen Dienstes und der Rechtsstellung ausländischer Vertretungen in Deutschland“. Dem widerspricht aber der Wortlaut der Vorschrift, aus der eine solche Beschränkung nicht zu entnehmen ist und gerade die Tatsache der vielen anderen Einzelregelungen. Denn Einzelregelungen machen eine Generalnorm gerade nicht überflüssig, sondern oft notwendig. Richtig aber dürfte sein, daß ein Gebiet nicht schon wegen seines vorübergehend oder nebensächlich für die auswärtigen Beziehungen wichtigen Charakters damit der ausschließlichen Bundeszuständigkeit unterfällt.

Dies ergibt sich auch aus einer historischen Interpretation. Die Staatsrechtslehre der Weimarer Zeit, die im Anschluß an Heckel[61] gegen Hat-

---

[57] *Bernhardt*, a.a.O.; für die Alte Reichsverfassung schon *Haenel*, S. 533, Anm. 4.

[58] *Bernhardt*, S. 145/146.

[59] *Bernhardt*, S. 146.

[60] S. 147, ihm folgend *von Mangoldt - Klein*, S. 1458.

[61] s. oben S. 48.

schek[62] dem Art. 6 Ziff. 1 WRV nur eine begrenzte Zuständigkeit des Reichs, „seine eigene auswärtige Verwaltung und die Rechtsstellung der zum Reich entsandten Vertreter anderer Staaten und des Papstes zu regeln“[63] entnahm, war der Ausgangspunkt für Art. 35 Ziff. 1 des Herrenchiemseer Entwurfs[64]. Die aus der deutschen Tradition herzuleitende Eindeutigkeit dieser Vorschrift des Herrenchiemseer Entwurfs wurde noch durch die Tatsache erhöht, daß der Bund zunächst ausdrücklich auf seine Gesetzgebungszuständigkeit beim Abschluß völkerrechtlicher Verträge beschränkt war[65] und diese Abhängigkeit von „der Zuständigkeit zur Gesetzgebung“ nicht gut durch einen inhaltlich uferlosen Art. 35 Ziff. 1 zunichte gemacht werden konnte[66]. Die Beratungen des Parlamentarischen Rates lassen trotzdem keine einhellige Auffassung unter den Abgeordneten erkennen[67]. Schwierigkeiten macht nachträglich besonders die Frage, ob die Änderung von Art. 41 in der Dritten Lesung[68] zu einem anderen Verständnis des Begriffs der „Beziehungen zum Ausland“ als Gesetzgebungszuständigkeit des Bundes geführt hat. Mit dieser Frage weist die Prüfung des Art. 73 Ziff. 1 GG — die ja der Erklärung von Art. 32 GG dienen soll — wieder zurück auf den Ausgangspunkt, Art. 32. Denn hier taucht wieder die Frage auf, wie der heutige Art. 32 I von den Abgeordneten, die der Beseitigung jeder ausdrücklichen Beschränkung des Bundes beim Abschluß von Verträgen zustimmten, verstanden wurde. Wollten sie den Ländern einen unantastbaren Bereich von Verträgen belassen, so mußten sie auch den heutigen Art. 73 Ziff. 1 einschränkend verstehen; wollten sie es nicht, so konnten sie ihm einen umfassenden und jeweils wechselnden Sinn beilegen.

Entscheidend für eine enge Auslegung von Art. 73 Ziff. 1 dürften aber zwei Gesichtspunkte sein: Einmal verträgt sich eine rein formale, inhaltlich nicht begrenzte Zuständigkeitsnorm nicht mit der Sorgfalt, mit der das Grundgesetz die dem Bund übertragenen Kompetenzen umreißt. Zum anderen macht schon die Tatsache, daß es sich um eine *ausschließliche* Zuständigkeit des Bundes handelt, deutlich, daß der Begriff der „auswärtigen Beziehungen“ nicht alle Fragen von jeweils außenpolitischer Bedeutung umfaßt. Wäre dies nämlich so, so wären

---

[62] s. oben S. 49 f.

[63] *Heckel*, S. 214.

[64] „Das Reich hat die ausschließliche Gesetzgebung über: 1. Die Beziehungen zum Ausland; ... “.

[65] Art. 41 I Herrenchiemseer Entwurf; s. oben S. 52.

[66] Erst recht konnte Art. 35 Ziff. 1 nicht zum Erlaß von Vorschriften ermächtigen, die auf Grund übergreifender Verträge geboten waren, weil solche Verträge überhaupt ausgeschlossen waren; *Bernhardt*, S. 147/148.

[67] Nachweise bei *Bernhardt*, S. 148.

[68] s. oben S. 55.

die Länder von jedem Vertragsschluß mit auswärtigen Staaten ausgeschlossen, weil ihnen die Gesetzgebungszuständigkeit dann fehlen würde. Das ist aber mit der ausdrücklichen Zuweisung der Vertragsschlußkompetenz in Art. 32 III an die Länder nicht zu vereinbaren. Wie schon Heckel für die Weimarer Reichsverfassung[69], so hat auch Mosler für das Grundgesetz zu Recht festgestellt, daß Art. 32 III GG, „der den Ländern das Vertragsrecht auf den Gebieten ihrer Gesetzgebungskompetenz beläßt", unverständlich wäre, „wenn der Bund das Gesetzgebungsrecht im Rahmen des umfassenden formalen Begriffs der auswärtigen Angelegenheiten besäße"[70].

Art. 73 Ziff. 1 GG gibt dem Bund deshalb nur das Recht zur gesetzlichen Regelung aller ihrem Wesen nach zu den auswärtigen Beziehungen gehörenden innerstaatlichen Bereiche. In diesem Umfang kann der Bund selbstverständlich auch völkerrechtliche Verträge abschließen; für ein darüber hinausgehendes Abschlußrecht ist aus Art. 73 Ziff. 1 GG nichts zu entnehmen.

IV. Art. 73 Ziff. 5 GG

Nach Art. 73 Ziff. 5 hat der Bund die ausschließliche Gesetzgebung über die „Handels- und Schiffahrtsverträge". Man könnte diese Vorschrift zur Begründung beschränkter Vertragsgewalt heranziehen, indem man sagte: Die Handels- und Schiffahrtsverträge in den Katalog der ausschließlichen Bundesgesetzgebungszuständigkeit aufzunehmen, wäre nicht nötig gewesen, wenn dem Bund schon auf Grund von Art. 32 ein Abschlußrecht für alle Verträge zustände.

Das ist jedoch nicht richtig. Art. 73 Ziff. 5 hat nicht in erster Linie die Aufgabe, eine Zuständigkeit des Bundes zu begründen, sondern eine entsprechende Zuständigkeit der Länder auszuschließen[71]. Aus Art. 74 Ziff. 11 ergibt sich ohnehin eine konkurrierende Zuständigkeit des Bundes für „das Recht der Wirtschaft" und nach Ziff. 21 für „die Hochsee- und Küstenschiffahrt". Der Bund könnte also auch schon auf Grund dieser Vorschriften — allerdings in Konkurrenz mit den Ländern — völkerrechtliche Verträge über Handels- und Schiffahrtsfragen abschließen. Um eine Zuständigkeit des Bundes zum Abschluß bestimmter Verträge zu begründen, bedarf es nämlich nicht der ausdrücklichen Bezeichnung dieser Kompetenz als einer solchen zum Abschluß von „Verträgen". Es hätte also auch heißen können ‚Handels- und Schiffahrtsfragen', weil „nach Art. 32 Verträge durch den Bund auch auf allen anderen Sach-

---

[69] S. 212 ff.

[70] Bilfinger-Festschrift, S. 255.

[71] *Böning*, DÖV 1957, S. 819.

gebieten der Bundeszuständigkeit uneingeschränkt abgeschlossen" werden dürfen, „deren Sachgebiets-Bezeichnungen sämtlich nicht den Wortteil ‚Verträge' enthalten"[72]. Würde aber Art. 73 Ziff. 5 im Zuständigkeitskatalog des Grundgesetzes fehlen, so ergäbe sich die Frage, ob Handelsverträge unter die „auswärtigen Angelegenheiten" fielen — und damit dem Bund ausschließlich zuständen (Art. 73 Ziff. 1) — oder ob es sich um Angelegenheiten der Wirtschaft handelte und damit um ein Gebiet, das auch den Ländern zur Gesetzgebung und zum Vertragsschluß konkurrierend zugänglich ist (Art. 74 Ziff. 11). Art. 73 Ziff. 5 hat damit den Sinn, „durch ausdrückliche Zuweisung der in ihr genannten Sachgebiete zur ausschließlichen Bundesgesetzgebungszuständigkeit Unklarheiten der Überschneidungsbreite und der entsprechenden konkreten Rechtsanwendung abzuhelfen, die aus dem Mangel an Klarheit der Begriffe ‚auswärtige Angelegenheiten' und ‚Recht der Wirtschaft' folgen"[73].

Die ausdrückliche Nennung der „Verträge" in Art. 73 Ziff. 5 bedeutet also, daß die Länder das Recht der Wirtschaft und der Hochseeschiffahrt *gesetzlich* konkurrierend regeln dürfen, daß sie dies aber ausnahmsweise nicht vertraglich tun dürfen. Darüber hinaus hat die Beschränkung auf die Verträge wohl den Sinn, dem Bund ein Vertragsschlußrecht nur in dem Umfang einzuräumen, der herkömmlich solchen Verträgen zugrunde gelegt wird. Diese Kompetenz darf zwar nicht engherzig ausgelegt werden, doch dürfen nicht „etwa rein kulturelle Fragen allein auf Grund von Art. 73 Ziff. 5 in einen Handelsvertrag einbezogen werden, da nicht die formelle Bezeichnung, sondern der materielle Gehalt eines Abkommens für seine Qualifizierung maßgeblich ist"[74].

V. Art. 24 I GG

Nach Art. 24 I GG kann der Bund „durch Gesetz Hoheitsrechte auf zwischenstaatliche Einrichtungen übertragen". Mit dieser wenig glücklichen Formulierung[75] wollte der Verfassungsgeber den Bundesorganen die Möglichkeit verschaffen, durch einen Staatsvertrag mit einer auswärtigen Macht Hoheitsrechte auf zwischenstaatliche Einrichtungen zu übertragen, ohne dabei für das Zustimmungsgesetz einer verfassungsändernden Mehrheit zu bedürfen. Er stellt damit eine vorweggenommene Verfassungsdurchbrechung dar[76].

---

[72] *von Mangoldt - Klein*, S. 1483.

[73] *von Mangoldt-Klein*, S. 1484; vgl. auch *Böning*, DÖV 1957, S. 819.

[74] *Bernhardt*, S. 150.

[75] Nachweise über die verschiedentlich in der Literatur geäußerten Beanstandungen bei *von Mangoldt - Klein*, S. 657.

[76] Zweifel bei *Maunz*, Staatsrecht, S. 292.

Das Ergebnis jeder Übertragung von Hoheitsrechten ist „der Kompetenzverlust der nationalen Instanzen und die entsprechende Kompetenzbegründung bei außer- oder überstaatlichen Stellen, die zu Eingriffen in den staatsinternen Bereich ermächtigt werden“[77]. In dem hier untersuchten Zusammenhang kommt es auf die Frage an, ob der Bund auch Hoheitsrechte der Länder durch Vertrag auf internationale und supranationale Einrichtungen[78] übertragen kann. Diese Frage ist sehr umstritten[79]. Sie muß hier aber gestellt werden, weil sich aus ihr möglicherweise Rückschlüsse auf die Auslegung von Art. 32 I und III GG ziehen lassen. Einen gewissen Hinweis auf die Einbeziehhung der Länderhoheitsrechte in die Übertragungskompetenz des Bundes kann man schon aus der Bezeichnung „Hoheitsrechte“ in Abs. I entnehmen, die in Gegensatz zu der Formulierung in Abs. II steht, wo es heißt, der Bund werde in die Beschränkungen „seiner“ Hoheitsrechte einwilligen. Feststeht aber, daß Art. 24 I im Verhältnis von Bund und Ländern keine Kompetenznorm darstellt[80]. Aus dieser Tatsache folgert Karl Heinz Klein, daß sich nur „aus den Artikeln 32, 59 und 70 ff. ergibt, welche Hoheitsrechte der Bund übertragen kann“[81]. Klein geht also den gleichen Weg, der hier beschritten werden soll, in der umgekehrten Richtung, indem er versucht, über die Tragweite des Art. 24 I Aufschluß durch die Auslegung des Art. 32 I GG zu erhalten. Er kommt zu dem Ergebnis, daß das „Recht der Länder, im Rahmen ihrer Gesetzgebungsbefugnis Verträge abschließen zu können“, dem Bund Grenzen setzt[82] und schließt daraus, der Bund könne „also“ nicht reine Ländermaterien an sich ziehen und übertragen[83]. Es wäre nun sicher falsch, diesen Schluß herumzudrehen und von der engen Auslegung des Art. 24 I bei Klein auf eine gleiche Interpretation des Art. 32 GG zu schließen. von Mangoldt - Klein nehmen umgekehrt die mangelnde Relevanz des Art. 24 I im Bund/Länder-Verhältnis zum Anlaß, den Schluß zu ziehen, daß „der Bund auch reine Landesmaterien auf dem Wege über seine ausschließliche Zuständigkeit in auswärtigen Angelegenheiten an sich ziehen und übertragen“ kann[84].

---

[77] *Bernhardt,* S. 184.

[78] Beide Gruppen fallen unter den Begriff der Zwischenstaatlichen Einrichtung i. S. des Art. 24 I GG *(von Mangoldt - Klein,* S. 664.)

[79] Nachweise bei *von Mangoldt - Klein,* S. 661, *Bernhardt,* S. 185, Anm. 739, und besonders *Hüchting,* S. 59 ff.; die unterschiedlichen Stellungnahmen ergaben sich insbesondere in dem Prozeß um den Wehrbeitrag vor dem Bundesverfassungsgericht.

[80] Karl Heinz *Klein,* S. 45 f.; *von Mangoldt - Klein,* S. 661.

[81] S. 50; gegen *Klein* ausführlich *Hüchting,* S. 64 ff.

[82] S. 53.

[83] a.a.O.

[84] S. 661.

Schon im Hauptausschuß des Parlamentarischen Rates wurde darauf hingewiesen, daß „natürlich auch die Hoheitsrechte der Länder beeinträchtigt“ würden[85], was sicherlich nicht nur im Hinblick auf gewisse Einschränkungen der Verwaltungszuständigkeit der Länder gemeint war[86]. Die Frage läßt sich wohl nur dann richtig beantworten, wenn man sie unabhängig von den Kompetenzen des Bundes in anderen Fragen der auswärtigen Beziehungen betrachtet. Denn es ergibt sich weder aus den Artikeln 32, 59 und 70 ff., die alle eine ganz andere, spezielle Bedeutung haben, etwas über die Übertragung der Hoheitsrechte, noch ist gar die ausschließliche Zuständigkeit des Bundes in den auswärtigen Angelegenheiten (Art. 73 Nr. 1), die gar nicht die Vertragsgesetzgebung betrifft[87], von irgendwelcher Bedeutung für die Übertragung von Hoheitsrechten[88]. Ein gewisser Anhaltspunkt läßt sich nur dem gesamteuropäischen Bekenntnis in der Präambel des Grundgesetzes („als gleichberechtigtes Glied in einem vereinten Europa“) und der betonten Völkerrechtsfreundlichkeit des Grundgesetzes in Art. 25 entnehmen. Das Grundgesetz gibt damit dem vereinten Europa und seinen Vorstufen den Vorzug vor der Unantastbarkeit des Länderbereichs; zumindest muß eine verständige Auslegung die Verfassung so verstehen. Denn „die föderalistische Verfassung ist nicht mehr eine deutsche, sondern eine europäische Aufgabe“[89]. Bedenkt man ferner, daß die Übertragung von Hoheitsrechten der Länder zwar den staatlichen Raum ihrer Betätigung schmälert, die vom Grundgesetz sehr sorgsam gehütete Kompetenzgrenze zwischen Bund und Ländern aber nicht ändert, so ergibt sich eine starke Vermutung für ein extensive Auslegung von Art. 24 I GG. Während die Sorge nicht unberechtigt sein mag, der Bund könne eine unbeschränkte Vertragszuständigkeit nach Gutdünken zu eigenen Gunsten zu Eingriffen in den Landesbereich nutzen, ergibt sich für Art. 24 I eine andere Interessenlage: begünstigt ist ein Dritter (die zwischenstaatliche Einrichtung), auf den auch der Bund nur einen sehr mittelbaren Einfluß hat.

Wichtiger mag aber folgender Gedanke sein: Art. 24 I erleichtert eine bestimmte Art der Verfassungsänderung, indem er für die Übertragung von Hoheitsrechten die einfache Mehrheit der gesetzgebenden Körperschaften genügen läßt. Ohne diese Vorschrift wäre die Übertragung von Hoheitsrechten auch möglich, nur unterläge sie dann den erschwerten Voraussetzungen einer normalen Verfassungsänderung (Art. 79 II GG). Wären sie aber erst gegeben, so könnten im Wege dieser Verfas-

---

85 *Seebohm*, HA Prot. S. 70, vgl. auch S. 346 und *Kaufmann*, Wehrbeitrag II, S. 52.

86 So aber *Bernhardt*, S. 186, Anm. 742.

87 S. unten S. 122 ff.

88 Anders *Klein*, S. 50.

89 Werner *Weber*, Spannungen und Kräfte, S. 95.

sungsänderung auch Hoheitsrechte der Länder übertragen werden. Eine Grenze bildet hier nur Art. 79 III GG, der eine Änderung des Grundgesetzes, „durch welche die Gliederung des Bundes in Länder" und „die grundsätzliche Mitwirkung der Länder bei der Gesetzgebung" berührt werden, verbietet. Da Art. 24 I nur die Voraussetzungen einer Verfassungsänderung erleichtern, nicht aber den Umfang der zulässigen Verfassungsänderung einschränken will, kann der Bund durch einfaches Gesetz auch Hoheitsrechte der Länder auf zwischenstaatliche Einrichtungen übertragen. Er ist dann nur an die durch Art. 79 III bezeichneten allgemeinen bundesstaatlichen Grenzen der Verfassungsänderung gebunden.

Eine natürliche Einschränkung dieser Befugnis ergibt sich schon aus dem Wesen des Bundesstaates, in dem gerade die Fragen, die keiner einheitlichen Regelung bedürfen, den Gliedstaaten übertragen sind. Da die Gesetzgebung auf diesen Gebieten in der Regel erst recht nicht überstaatlich vereinbart werden muß, wird sich kaum die Notwendigkeit einer Übertragung von Hoheitsrechten der Länder auf zwischenstaatliche Einrichtungen ergeben. Aus dieser Tatsache allerdings den Schluß zu ziehen, der Bund sei für eine Übertragung von Hoheitsrechten der Länder überhaupt nicht zuständig, erscheint nicht gerechtfertigt[90].

Eine Bedeutung hätte Art. 24 I für die Auslegung von Art. 32 also nur dann, wenn er eine Übertragung von Hoheitsrechten der Länder nicht zuließe. Dann könnte man daraus schließen, daß erst recht nicht die Verfügung über Länderrechte im Vertragswege gestattet sein könne. Aber aus dem entgegengesetzten Ergebnis lassen sich keine Rückschlüsse ziehen: Es erscheint durchaus sinnvoll, die Länder bei Vertragsschlüssen unbeeinträchtigt, die notwendigen Formen übernationaler Zusammenarbeit aber nicht an den Ländergrenzen scheitern zu lassen. Erst recht läßt sich natürlich eine weite Auslegung von Art. 32 I mit einer weiten Auslegung von Art. 24 GG vereinbaren. Ein in dem hier vertretenen Sinne ausgelegter Art. 24 I hat also für die Interpretation von Art. 32 keine Bedeutung.

VI. Art. 123 II GG

Die dunkelste und unergiebigste aller hier herangezogenen Vorschriften des Grundgesetzes ist zweifellos Art. 123 II:

„Die vom Deutschen Reich abgeschlossenen Staatsverträge, die sich auf Gegenstände beziehen, für die nach diesem Grundgesetz die Landesgesetzgebung zuständig ist, bleiben, wenn sie nach allgemeinen Rechtsgrundsätzen gültig sind und fortgelten, unter Vorbehalt aller Rechte und Einwendungen

[90] So aber *Bernhardt*, S. 187 f.

der Beteiligten in Kraft, bis neue Staatsverträge durch die nach diesem Grundgesetz zuständigen Stellen abgeschlossen werden oder ihre Beendigung auf Grund der in ihnen enthaltenen Bestimmungen anderweitig erfolgt."

Diese Vorschrift verdankt ihr Entstehen der Auseinandersetzung um die Gültigkeit des Reichskonkordats und stellt einen Kompromiß dar, dessen Aussagekraft im umgekehrten Verhältnis zu seiner Umständlichkeit und Länge steht. „In Wahrheit hat in den Wortlaut des Art. 123 II der nicht beseitigte offene Zweifel des Grundgesetzgebers darüber Eingang gefunden, ob die Reichsverträge (vor allem das Reichskonkordat) rechtsgültig zustandegekommen und vom Grundgesetz gültig angetroffen worden sind"[91]. Wie der Berichterstatter von Brentano in der Plenarsitzung des Parlamentarischen Rates vom 6. Mai 1949[92] einräumte, konnte es der Parlamentarische Rat „nicht als im Rahmen seiner Zuständigkeit liegend erachten, zu der Frage der völkerrechtlichen und innerstaatlichen Weitergeltung der vom Deutschen Reich abgeschlossenen internationalen Verträge, so auch des Reichskonkordats von 1933, Stellung zu nehmen". Er betonte deshalb ausdrücklich, daß über die Gültigkeit der Verträge „nicht entschieden" wurde[93].

Wenn deshalb der rechtliche Gehalt der Vorschrift auch sehr gering ist, so wird man doch nicht sagen können, sie enthalte „allenfalls eine Disposition der Fragen, die zu beantworten wären, wenn man sich mit dem Problem befaßte"[94]. Man muß Art. 123 II vielmehr mindestens die Ansicht seiner Verfasser entnehmen, die Werner Weber[95] mit den Worten gekennzeichnet hat: „Aus der Tatsache, daß wir hier statt eines früheren Einheitsstaates ein föderalistisches Gefüge aufgebaut haben ..., sollen keine Bedenken gegen die Weitergeltung des Konkordats hergeleitet werden". Dieser Ansicht ist das Bundesverfassungsgericht im sog. Konkordatsurteil[96] gefolgt, wenn es angenommen hat, Art. 123 II treffe nur die Feststellung, „daß das vertragsgemäße innerstaatliche Recht nicht schon allein durch das Inkrafttreten der neuen Verfassungsordnung, insbesondere ihrer Zuständigkeitsordnung, außer Kraft tritt".

Die Zuständigkeit von Bund/Ländern auf dem Gebiet der völkerrechtlichen Verträge sollte Art. 123 II auch nicht mittelbar ordnen. Dies um so weniger, als Konkordate — also die hier eigentlich gemeinten Fälle — nach deutscher Verfassungstradition nicht zu den völkerrechtlichen Verträgen mit auswärtigen Staaten rechnen und auch nicht unter Art. 32

[91] BVerfGE 6, 309 (350).

[92] Sten. Ber. S. 190.

[93] a.a.O.

[94] So *Krüger*, Konkordatsprozeß, S. 1395.

[95] Konkordatsprozeß, S. 1396, vgl. auch S. 1398.

[96] BVerfGE 6, 309 (349).

des Grundgesetzes fallen[97]. Weil jedoch Art. 123 alle Verträge einbezieht, „die sich auf Gegenstände beziehen, für die nach diesem Grundgesetz die Landesgesetzgebung zuständig ist“, liegt es nahe, hier ein Argument im Streit um den Umfang der Vertragsschlußkompetenz des Bundes zu suchen.

So meint Bernhardt[98], Art. 123 II gehe von einem ausschließlichen Länderbereich aus, „denn andernfalls wäre der Hinweis auf Reichsverträge über Gegenstände, die nunmehr in die Gesetzgebungssphäre der Gliedstaaten fallen, und auf den späteren Abschluß neuer Verträge ‚durch die nach diesem Grundgesetz zuständigen Stellen‘ unverständlich“. Es scheint so, als liege dieser Argumentation eine Verwechslung des durch Art. 123 II sicher unterstellten ausschließlichen *Gesetzgebungs*bereichs mit einem gerade nicht unterstellten ausschließlichen *Vertragsschluß*bereich der Länder zugrunde. Der Hinweis auf die Verträge, die nunmehr in die Gesetzgebungssphäre der Länder fallen, ist auch dann sehr verständlich, wenn es ein konkurrierendes Abschlußrecht von Bund und Ländern gibt, weil auch dann eine Reihe schwieriger Rechtsfragen hinsichtlich der Rechtsnachfolge und der Zuständigkeit zum Neuabschluß auftauchen.

Maunz und Dürig[99] gehen deshalb bei ihrem Versuch, in Art. 123 II einen Nachweis für die Richtigkeit der süddeutschen Lösung zu finden, auch davon aus, „daß der Verfassungsgeber mit einem Zweifel an der Fortgeltung alten Vertragsrechts rechnete“, und meinen, dies Bedenken habe nur entstehen können, „wenn dem Bund heute Vertragsschluß- und Transformationskompetenz nicht mehr auf allen Gebieten zukommen“. Denn hätte der Bund noch wie früher das Reich ein umfassendes Vertragsrecht, so sei Art. 123 II überflüssig, weil die dort genannten Verträge dann bereits unter Art. 123 I fielen. Diese Argumentation übersieht, daß durch die neubegründete Zuständigkeit der Länder zum Abschluß von Verträgen in Art. 32 III in jedem Fall eine neue Rechtslage geschaffen wurde, nämlich entweder eine konkurrierende Zuständigkeit von Bund und Ländern oder eine Alleinzuständigkeit der Länder, der alte Rechtszustand also sicher nicht fortbestand. Einer besonderen Regelung bedurften diese Verträge daher in jedem Falle. Es ist sogar umgekehrt so, daß eine wirkliche Notwendigkeit zu einer verbindlichen Klarstellung im Verfassungstext sich erst durch eine Doppelzuständigkeit von Bund und Ländern ergab. Wären die Länder nunmehr allein zuständig zum Abschluß von Verträgen, die sich auf Gegenstände beziehen, für die die Landesgesetzgebung zuständig ist, so wäre die Rechtslage so-

[97] BVerfGE 6, 309 (362); Werner *Weber*, Stichwort ‚Konkordate‘, S. 1774, r. Sp.; *von Mangoldt - Klein*, S. 790 u. 1134.

[98] S. 153/154.

[99] *Maunz-Dürig*, Art. 32, Rdn. 38; vgl. auch *Hüchting*, S. 19 f.

gar so wesentlich einfacher, daß eine besondere Regelung fast überflüssig gewesen wäre.

Im Zusammenhang mit dem Neuabschluß von Verträgen über Fragen der Landesgesetzgebung erwähnt Art. 123 II sogar ausdrücklich die Vertragsparteien — aber nur mit dem nichtssagenden Ausdruck „die nach diesem Grundgesetz zuständigen Stellen". Eine ausdrückliche Entscheidung enthält Art. 123 II also nicht. Aber man muß doch fragen, warum es hier nicht „die Länder" heißt, wenn wirklich nur die Länder für den Vertragsschluß in Frage kommen sollten. Die unbestimmte Formulierung von den „zuständigen Stellen" läßt darauf schließen, daß die Verfasser dieser Vorschrift sowohl den Bund wie die Länder zum Abschluß von Verträgen über Gegenstände der Landesgesetzgebung (nicht notwendig von Konkordaten!) für zuständig ansahen[100].

VII. Allgemeine Erwägungen

1. Prinzipien des Bundesstaates

Im Streit der Meinungen haben sich beide Seiten auch auf das Wesen des Bundesstaates und die Art. 32 GG entsprechende Regelung in anderen Verfassungen berufen, was — dem widersprüchlichen Wesen des Bundesstaates gemäß — zu verschiedenen Antworten geführt hat.

Einerseits muß die von der Verfassung vorgenommene Kompetenzverteilung sorgfältig eingehalten werden, um das Gleichgewicht zwischen Zentralstaat und Gliedstaaten nicht zu stören. Diesem Ziel soll der Grundsatz dienen, daß der Zentralstaat auf dem Wege über die Außenpolitik keine zusätzlichen innerstaatlichen Befugnisse erhalten darf[101]. Ein entsprechender Grundsatz gilt sicher für das Verhältnis zwischen Exekutive und Legislative, und das Grundgesetz hat ihm in Art. 59 II Rechnung getragen, indem es die innerstaatlichen Zuständigkeiten der Legislative auch auf den Bereich der völkerrechtlichen Verträge ausgedehnt hat. Aber da eine entsprechende Mitwirkung der Länder bei übergreifenden Verträgen nicht vorgesehen ist, stellt sich gerade die Frage, ob damit nicht dem Zentralstaat stillschweigend von vornherein eine durch die Länder nicht beschränkte Vertragskompetenz zusteht.

Andererseits ergibt der Grundsatz der Einheitlichkeit nach außen ein wichtiges Argument für eine umfassende Bundeszuständigkeit, weil es weitgehend „die raison d'être einer bundesstaatlichen Ordnung" ist, daß

---

[100] Anders *Böning*, DÖV 1957, S. 819.
[101] Dazu *Grewe*, VVdStRL, 12, S. 171.

„die auswärtigen Angelegenheiten einheitlich wahrgenommen werden und in der Hand der Bundeszentralgewalt liegen“[102].

Allgemein läßt sich nur sagen, daß „es nicht gegen das Wesen des Bundesstaates ist, wenn den Gliedstaaten ein, wenn auch begrenzter Spielraum freier Thätigkeit nach Außen eingeräumt ist...“[103], bzw. daß eine beschränkte Bundeskompetenz nicht dem Wesen des Bundesstaates widerspricht[104]. Umgekehrt gehört „die Befugnis der Glieder, neben dem Bunde eigene Zuständigkeiten ... auch auf dem Gebiete der auswärtigen Angelegenheiten wahrzunehmen ...“ nicht zum Wesen des Bundesstaates[105]. Ja, die Zuerkennung einer beschränkten Völkerrechtsfähigkeit der Gliedstaaten erscheint sogar als „Anomalie“[106]. Es ist deshalb auch keine „in der Natur des Bundesstaates liegende Notwendigkeit, die auswärtige Gewalt des Zentralstaates auf seine inneren materiellen Hoheitsrechte zu beschränken“[107]. Wie das Beispiel der USA und der Schweiz[108] zeigt, muß die bundesstaatliche Kompetenzabgrenzung im Bereich der Verträge insbesondere nicht mit den innerstaatlichen Befugnissen übereinstimmen, wie das der deutschen Tradition entspricht, sondern kann zu ungunsten der Länder verschoben sein[109].

Die ausschlaggebende Bedeutung der Verfassungsbestimmungen ergeben im Verein mit der kaum ausgeprägten Typik des Bundesstaates in der Frage der völkerrechtlichen Vertragsfähigkeit der Gliedstaaten und des Umfangs der Bundesrechte einen geringen Wert rechtsvergleichender Studien für die Auslegung der Verfassung in dieser Frage. Die am Anfang dieser Arbeit gegebenen Darstellungen des entsprechenden amerikanischen und schweizer Rechts haben deshalb auch mehr den Charakter einer Einführung und dienen der Veranschaulichung des Themas. Insbesondere kann man nicht von dem in Art. 32 III GG im Hinblick auf andere Verfassungen sehr weit gefaßten Abschlußrecht der Länder schließen, daß dann auch zum Ausgleich die Zuständigkeit des Bundes nach Art. 32 I weit ausgelegt werden müsse. Jeder Bundesstaat ist frei in der Entscheidung über die völkerrechtliche Stellung der Gliedstaaten und ist insbesondere „unabhängig von juristischen Theorien über die völkerrechtlichen Verhältnisse von Teilstaaten im Bundesstaat im allgemeinen“[110]. Billigt die Verfassung den Gliedstaaten aber überhaupt die

---

[102] *Grewe*, VVdStRL 12, S. 171; vgl. auch *Menzel*, ebendort, S. 209.

[103] Georg *Jellinek*, S. 308, mit dem Zusatz, daß aber ein noch so begrenzter Spielraum „politisch keineswegs zu billigen“ sei.

[104] *Haenel*, S. 538.

[105] *Mosler*, Thoma-Festschrift, S. 130/131.

[106] *Mosler*, a.a.O., S. 138.

[107] Erich *Kaufmann*, Auswärtige Gewalt, S. 97.

[108] s. oben S. 15 ff., S. 26 ff.

[109] Vgl. *Hüchting*, S. 34 f.

[110] *Paur*, S. 13.

Vertragsfähigkeit für völkerrechtliche Verträge zu, so findet dieses Recht insoweit eine Grenze, als den Gliedstaaten auch bei Vertragsschlüssen der Bereich der hohen Politik und insbesondere die Entscheidung über Krieg und Frieden vorenthalten sein muß[111], denn Gliedstaaten sind u. a. „nicht fähig, Kriege zu beginnen"[112]. Eine Selbständigkeit der Glieder in den wesentlichen Fragen der Außenpolitik wäre in der Tat unvereinbar mit dem Begriff des Bundesstaates.

Die Vielfalt der Lösungen, die das Problem in den verschiedenen Bundesstaatsverfassungen gefunden hat[113], macht es deshalb unmöglich, nur die Alleinzuständigkeit der Länder oder nur die konkurrierende Zuständigkeit von Bund und Ländern für die einzig wesensgemäße zu halten. Wenn aber auch weder rechtsvergleichende Untersuchungen noch allgemeine Theorien über den Bundesstaat zu einer Klärung wesentlich beitragen können, so mag doch die Frage weiterhelfen, welche Bedeutung der bundesstaatliche Aufbau nach Entstehung und tatsächlicher Staatspraxis in der Bundesrepublik selbst hat. Mosler[114] hat zwar die Ansicht vertreten, wegen des „nach dem Kriege bei uns etwas dubiosen Tatbestandes ‚föderalistischer Aufbau'" müsse man sich in der Frage der Bundes- und Landeszuständigkeit „auf die Auslegung des Textes beschränken" und dürfe nicht, wie es sonst üblich sei, „die Verfassungsbestimmungen aus dem Gesamtzusammenhang und nach den dahinter stehenden sozialen Fakten" auslegen. Es dürfte jedoch unmöglich sein, den Gesamtzusammenhang des Grundgesetzes nicht doch in die Interpretation einfließen zu lassen, so daß es für die Offenheit der Diskussion besser ist, dies dann auch ausdrücklich zu tun. Man sollte aber Moslers Mahnung insofern ernst nehmen, als man der nüchternen Verfassungsinterpretation den absoluten Vorrang beläßt und erst danach prüft, wie sich die gefundenen Ergebnisse in einen größeren Zusammenhang einfügen lassen. Bei diesem Vorgehen zeigt sich, daß das Grundgesetz zwar durch die Zuständigkeitsvermutung zugunsten der Länder und durch die Unabänderlichkeit der bundesstaatlichen Struktur alles getan hat, damit die Länder dem Sog des Bundes standhalten können. Das kann aber nicht darüber hinwegtäuschen, daß sich das Grundgesetz damit nur „den Anschein eines ursprünglichen und fundamentalen Föderalismus" gegeben hat[115]. Wie sich an Art. 29 zeigt, hat die Verfassung selbst die Länder „nach ihrer verwaltungspolitischen Zweckhaftigkeit begriffen" und sie damit „zum wandelbaren Element einer politischen Dezentrali-

---

[111] *Paur*, S. 38/39.

[112] *Kohler*, S. 54.

[113] *Nawiasky*, VVdStRL 12, S. 236, Diskussionsbeitrag.

[114] VVdStRL 12, S. 241 (Diskussionsbeitrag).

[115] Werner *Weber*, Spannungen und Kräfte, S. 69.

sation" gemacht[116]. Diese Tatsache allein kann natürlich keine Grundlage zur Entscheidung der Frage nach der Abschlußkompetenz des Bundes sein, vermag aber doch die Bedeutung der Länder im Gesamtgefüge der Bundesrepublik etwas zurechtzurücken. Damit soll nicht eine ausschließlich in Art. 32 getroffene Entscheidung des Grundgesetzes an anderer Stelle gesucht werden, eine solche allgemeine Orientierung kann aber deutlich machen, daß sich eine Entscheidung des Grundgesetzes für eine durch die Länderzuständigkeit nicht beeinträchtigte Abschlußkompetenz des Bundes — sollte sie sich aus Art. 32 GG ergeben — sehr wohl in das System des Grundgesetzes und unsere tatsächliche Verfassungssituation einfügt.

Es muß nach einer Lösung gesucht werden, „die dem Bund volle Bewegungsfreiheit gewährt und gleichzeitig eine Gefährdung des bundesstaatlichen Aufbaus nicht eintreten läßt"[117]. In einem strengen Sinne wird sich solche Lösung nicht finden lassen, weil volle Bewegungsfreiheit des Bundes in den auswärtigen Angelegenheiten wegen ihrer Rückwirkung im Innern notwendig eine Gefährdung des bundesstaatlichen Aufbaus mit sich bringt. Aber die dem Bundesstaat eigentümliche Geschlossenheit nach außen läßt doch mindestens eine im völkerrechtlichen Verkehr ungehinderte Bewegungsfreiheit des Bundes wünschenswert erscheinen — mag sich die Bundesregierung auch im Innenverhältnis nach den Wünschen der Länder richten müssen. Diese allgemeinen Überlegungen führen zur norddeutschen Lösung als der — falls die Verfassung nichts anderes bestimmt — durch das Wesen des Bundesstaates besonders nahegelegten Kompetenzverteilung.

2. Die ausschließliche Zuständigkeit der Länder als rechtlich einfachere Lösung

Die ausschließliche Zuständigkeit der Länder hat als rechtliche Konstruktion den Vorteil der Einfachheit. Die in diesem Fall allein von den Ländern geschlossenen Verträge werden — wenn dies erforderlich ist — von den Landesparlamenten durch ein Zustimmungsgesetz in Landesrecht transformiert. Ein Problem aus dem komplizierten Bereich des Bund-Länder-Verhältnisses taucht dabei nicht auf. Ganz im Gegensatz dazu türmen sich die eigentlichen Schwierigkeiten erst auf, wenn man sich für eine konkurrierende Zuständigkeit des Bundes zum Abschluß übergreifender Verträge entscheidet. Denn dann ergibt sich z. B. die Frage, ob der Bund solchen Vertrag ohne Zustimmung der Länder ratifizieren kann, wenn ja, ob mit Zustimmung des Bundesrates, wenn nein, ob nur mit Beteiligung der Landtage, wenn dies der Fall ist, ob die

---

[116] Werner *Weber*, a.a.O., S. 70.

[117] *Menzel*, VVdStRL 12, S. 205.

Landtage die Form eines Gesetzes wählen müssen etc. Da alle diese Fragen noch weniger als die Abschlußkompetenz selbst im Grundgesetz ausdrücklich geregelt sind, läßt sich sehr wohl sagen, daß sich aus diesem Umstand ein Argument für die süddeutsche Lösung herleitet[118].

3. Praktische Gründe für eine Zuständigkeit des Bundes zum Abschluß übergreifender Verträge

Auf der anderen Seite ist eine ausschließliche Zuständigkeit der Länder zum Abschluß von Verträgen innerhalb ihres Gesetzgebungsbereiches gerade auf dem Hintergrund einer sich notwendig verstärkenden Außen-Kulturpolitik ein großes Hindernis.

a) Es kommen in diesem Falle für den Abschluß von Länderverträgen drei Wege in Betracht:

aa) Einmal kann jedes Land einzeln vorgehen. Das würde dann dazu führen, daß etwa — um ein Beispiel von Menzel[119] aufzugreifen — die französische Republik mit jedem der deutschen Länder ein Abkommen über die Revision von Geschichtsbüchern schließen müßte. Es ist nicht nur die Umständlichkeit eines solchen Verfahrens, die diese Lösung sehr unerwünscht macht, es ist auch die Tatsache, daß Frankreich sich nur ungern bereit finden wird, die Geschichtsbücher im ganzen Land revidieren zu lassen, wenn sich deutscherseits die entsprechende Revision auf ein einzelnes Bundesland oder einige Länder beschränkt.

bb) Wenn sich aber die Länder durch eine einheitliche Verhandlungskommission vertreten lassen, so führt das nicht nur juristisch in das noch weitgehend ungeklärte Gebiet der Zulässigkeit oder Unzulässigkeit von gemeinschaftlichen Einrichtungen der Länder, es müssen sich auch ganz praktisch gesehen die Schwierigkeiten bei dem Versuch, in jeder Verhandlungsphase zunächst eine Einigung zwischen den Ländern zu erreichen, vervielfachen.

cc) Mosler, der von einer beschränkten Abschlußkompetenz des Bundes ausgeht, schlägt als eine praktikable Lösung der damit verbundenen Schwierigkeiten vor, daß die Länder „die Bundesorgane zum Vertragsabschluß in ihrem Namen bevollmächtigen“[120]. Mit Zustimmung der Länder könne der Bund dann auch „die Gesetzgebungsmaterien der Länder zum Gegenstand von Abkommen machen, die er im eigenen Namen abschließt“[121]. Es liegt dann „ein Verzicht

[118] Anders *Kölble*, S. 148, Anm. 27.
[119] VVdStRL 12, 206.
[120] ZaöRuVR 16, S. 25.
[121] a.a.O.

der Kompetenzausübung zugunsten der Bundesregierung" vor[122], der, da er „im Rahmen des verfassungsrechtlich erstrebten einheitlichen Auftretens der Bundesrepublik liegt", von Mosler als zulässig angesehen wird[123].

Die Folge eines dergestalt vom Bunde abgeschlossenen Vertrages ist es dann, daß „das Land dem Bunde gegenüber zur Durchführung verpflichtet ist" und der Bund „im Wege der Aufsicht und gegebenenfalls des Zwanges das vertragsgemäße Verhalten der Länder durchsetzen" kann[124].

Diese Mosler'schen Gedanken setzten die Entscheidung für die süddeutsche Lösung bereits voraus. Ihre Anführung ist für die Diskussion an dieser Stelle der Überlegungen aber fruchtbar, weil sie die Notwendigkeit zeigen, auf diesem oder jenem Weg zu einem Abschlußrecht des Bundes zu gelangen. Auch wenn man nun wiederum aus dieser Tatsache allein keine unmittelbaren Schlüsse auf die Auslegung von Art. 32 GG ziehen kann, so wird doch deutlich, daß es höchst sinnvoll ist, wenn die Verfassung die Übertragung der Abschlußkompetenz von den Ländern auf den Bund schon vorweggenommen hat.

Der Unterschied zwischen süddeutscher und norddeutscher (bzw. Berliner) Lösung zeigt sich auch an der Funktion, die der Bundespräsident beim Abschluß eines übergreifenden Vertrages hat. Während er die Bundesrepublik Deutschland entgegen dem falschen Wortlaut des Art. 59 I GG in einem normalen Bundesvertrag unzweifelhaft repräsentiert und nicht „vertritt"[125], würde er nach der süddeutschen Auffassung die Länder beim Abschluß eines übergreifenden Vertrages nur vertreten[126]. Denn „Vertretung ist die Teilnahme eines Rechtssubjekts am Rechtsverkehr im Namen einer anderen Rechtspersönlichkeit"[127], wäh-

---

[122] a.a.O., S. 26.

[123] a.a.O., S. 30. In dieser Weise versteht die Bayerische Landesregierung die Lindauer Vereinbarung, wie sich aus dem Text der Gesetzesvorlage an den Bayerischen Landtag das „Übereinkommen gegen Diskriminierung im Unterrichtswesen und eine Empfehlung gegen Diskriminierung im Unterrichtswesen" betreffend ergibt: „... nach der von der Bayerischen Staatsregierung vertretenen Auffassung wird durch die Erklärung des Einverständnisses der Länder der Bund ermächtigt, den Vertrag insoweit, als er sich auf Gegenstände der Landeskompetenzen bezieht, stellvertretend für die Länder abzuschließen" (zit. nach Carlo Schmid, Sitzung des Deutschen Bundestages vom 22. 1. 1964, Deutscher Bundestag, 4. Wahlperiode, StenBer. S. 4971 (C). Schmid bezeichnete diese Auffassung als „über die Maßen seltsam" (a.a.O.).

[124] a.a.O., S. 31.

[125] *von Mangoldt - Klein*, S. 1130; *Hamann*, Art. 59, Anm. C 1; *Maunz*, Staatsrecht, S. 294, insbesondere S. 296.

[126] *Mosler*, Bilfinger-Festschrift, S. 263/264.

[127] *Mosler*, a.a.O., S. 263.

rend ein Organ wie der Bundespräsident den Bund repräsentiert. Nach der norddeutschen und der Berliner Lösung tut er dies auch beim Abschluß übergreifender Verträge, da er nach dieser Ansicht auch für die Länder als deren verfassungsmäßiges Organ tätig wird.

b) Die Fragwürdigkeit einer ausschließlichen Zuständigkeit der Länder wird besonders deutlich, wenn man sich vergegenwärtigt, daß ein guter Teil der auswärtigen Kulturpolitik heutzutage über die Mitgliedschaft in Organisationen wie dem Europarat[128], der Westeuropäischen Union und der UNESCO[129] betrieben wird, denen die Länder grundsätzlich nicht angehören dürfen[130]. Nur gegen eine Mitgliedschaft der Länder in fachlich-technischen Vereinigungen wie etwa einer Studienkommission für die Vereinheitlichung von Lehrplänen[131] ist nichts einzuwenden. Es wäre widersinnig, wenn die Bundesrepublik zwar allein Mitglied, nicht aber Vertragspartner der im Rahmen internationaler kultureller Organisationen angenommenen Abkommen wäre, die Länder aber nicht Mitglied, wohl aber Vertragspartner wären.

c) Daneben sprechen eine Reihe von anderen Gründen für eine Zuständigkeit des Bundes zum Abschluß auch die Landesgesetzgebung betreffender Verträge. Zunächst ist an die Verträge zu denken, die nur zum geringeren Teil Fragen der Landesgesetzgebung regeln. Sie ergeben sich gelegentlich, weil die Erfordernisse der Auswärtigen Politik in einer konkreten außenpolitischen Situation naturgemäß keine Rücksicht auf die innerdeutsche Kompetenzverteilung nehmen. Es ist deshalb ein Erfordernis der Praxis, in solchen Fällen unbehindert verhandeln zu können.

Eine Einschränkung des Umfangs vertraglicher Regelungen ergibt sich bereits aus der Natur gegenseitiger Vereinbarungen. Denn in ihnen werden nur Regelungen getroffen, die von beiden Seiten erfüllt werden können und jeweils dem anderen wünschenswert erscheinen. Schon deshalb kann nur ein geringer Teil der kulturpolitischen Fragen durch ein Abkommen mit einem auswärtigen Staat geregelt werden. Auch muß man wohl annehmen, daß der Bund kein Abkommen schließen darf, dessen Wirkung auf das Gebiet eines Landes beschränkt ist, solange das

---

[128] Vgl. das Europäische Kulturabkommen des Europarates vom 19. 12. 1954, BGBl. II 1955, S. 1128 und die oben S. 96 f. genannten Konventionen des Europarates.

[129] Die UNESCO-Abkommen sind — soweit sie für die Bundesrepublik erst nach Zustimmung der Länder in Kraft getreten sind — oben S. 98 f. angegeben.

[130] *Kraus,* AVR Bd. III, S. 417; *Mosler,* ZaöRuVR Bd. 16, S. 21; *Bernhardt,* S. 172; *Hallmayer,* S. 45; *von Mangoldt - Klein,* S. 790 f.

[131] *Mosler,* a.a.O.

Land grundsätzlich bereit ist, selbst ein entsprechendes Abkommen zu schließen.

Aus alledem ergibt sich die politische Forderung, daß die Bundesrepublik — wie es der Vorsitzende des Bundestagsausschusses für auswärtige Angelegenheiten, der Abgeordnete Dr. Hermann Kopf, formuliert hat[132] — „wie in der Vergangenheit, so auch in der Zukunft bei internationalen Verträgen, die sich auf kulturelle Fragen beziehen, als eine Einheit auftreten" soll. „Die Repräsentanz des deutschen Volkes obliegt dem Bund und nicht den Ländern. Dies gilt sowohl für den Vertragsabschluß als auch für die Vertragsdurchführung. Auf der anderen Seite soll wie bisher sowohl beim Vertragsabschluß als auch bei der Durchführung der Verträge eine angemessene Mitbeteiligung der Länder gewährleistet werden, die den Erfordernissen des innerdeutschen Staatsrechts Rechnung trägt[133]."

VIII. Ergebnis

Die bisherige Untersuchung ergab zunächst bei einer unvoreingenommenen und isolierten Betrachtung des Art. 32 ein umfassendes Abschlußrecht des Bundes. Dies war besonders der ganz uneingeschränkten Aussage des Absatzes I und dem Wort „können" in Absatz III zu entnehmen.

Aus den für die heutige Gestalt des Art. 32 GG wesentlichen Anträgen des Abgeordneten von Mangoldt im Parlamentarischen Rat ergaben sich allerdings Hinweise auf eine der süddeutschen Lösung entsprechende Absicht von Mangoldts. Doch verliert die Entstehungsgeschichte durch die debattenlose Annahme des Änderungsantrags und die bei anderer Gelegenheit offenbar gewordene andere Auffassung der SPD-Fraktion wesentlich an Schärfe und Gewicht.

Auf der anderen Seite schien Art. 59 II GG auf den ersten Blick allein die süddeutsche Lösung zuzulassen, doch betrifft er in Wahrheit nur die Transformationskompetenz; ein unbeschränktes Abschlußrecht des Bundes schließt er nicht aus. Aus Art. 73 Ziff. 1 und Ziff. 5 war ebensowenig wie aus Art. 24 I und Art. 123 II GG ein wirkliches Argument für die eine oder andere Auffassung zu gewinnen. Das gleiche galt für die Natur des Bundesstaates, die in dieser Frage viele Lösungen zuläßt. An den politischen Erfordernissen gemessen erwies sich die süddeutsche Lösung als unpraktisch und widersinnig.

Daraus ergibt sich, daß die durch den Wortlaut des Art. 32 nahegelegte Auslegung weder durch die Entstehungsgeschichte noch durch andere Vorschriften des Grundgesetzes revidiert zu werden braucht. Durch

[132] Deutscher Bundestag, 4. Wahlperiode, 107. Sitzung, StenBer. S. 4970.
[133] *Kopf*, a.a.O.

Art. 32 I wird also die Zuständigkeit des Bundes begründet, in völkerrechtlichen Verträgen auch Verpflichtungen über Gegenstände einzugehen, die nach innerstaatlicher Kompetenzverteilung zur Aufgabe der Länder gehören. Die Abschlußkompetenz des Bundes ist deshalb „sachlich unbeschränkt, vorbehaltlos und umfassend“[134].

IX. Exkurs: Die Zuständigkeit zum Abschluß von Verwaltungsabkommen

Es soll nunmehr geprüft werden, ob das für die Verträge allgemein gefundene Ergebnis auch für Verwaltungsabkommen gilt. Diese sind nur an einer Stelle im Grundgesetz erwähnt, und zwar in Art. 59 II 2:

„Für Verwaltungsabkommen gelten die Vorschriften über die Bundesverwaltung entsprechend.“

Damit erkennt das Grundgesetz „eine in der Praxis entwickelte Unterscheidung als gegeben und wesentlich an“[135], wirft aber durch die ungenaue und dunkle Formulierung mehr Probleme auf als es löst.

1. Definition der Verwaltungsabkommen

Auch Verwaltungsabkommen sind völkerrechtliche Verträge[136], so daß man in dieser Hinsicht aus Art. 59 II keinen Gegensatz zwischen den „Verträgen“ des Satzes 1 und den „Verwaltungsabkommen“ des Satzes 2 entnehmen darf. Die Verwaltungsabkommen unterscheiden sich aber von den übrigen Verträgen auf die gleiche Weise wie ein materielles Gesetz von einer Verwaltungsanordnung[137]. Über einen Gegenstand kann deshalb ein Verwaltungsabkommen dann abgeschlossen werden, wenn er innerstaatlich „mit den Mitteln des Verwaltungsrechts ohne Gesetz bearbeitet“ werden kann[138]. Die Folge davon ist, daß Verwaltungsabkommen zwischen den Ministerien oder Regierungen der Vertragsstaaten ohne Einschaltung der Legislative abgeschlossen werden. Je nach der Beteiligung nur eines oder mehrerer Ministerien unterscheidet man auch zwischen Regierungs- und Ressortabkommen[139] oder auch zwischen Regierungsabkommen und Verwaltungsabkommen in einem engeren Sinne[140].

---

[134] *von Mangoldt - Klein,* S. 1128.

[135] *von Mangoldt - Klein,* S. 1150.

[136] *Wahl,* S. 59; *Haas,* S. 387; *Maunz - Dürig,* Art. 59, Rdn. 37; *von Mangoldt - Klein,* S. 1152.

[137] *Haas,* S. 388.

[138] *Maunz - Dürig,* Art. 59, Rdn. 37; ähnlich *Maunz,* Staatsrecht, S. 290.

[139] *Maunz - Dürig,* Art. 59, Anm. 39.

[140] *Mosler,* Bilfinger-Festschrift, S. 284.

Nach dem bisherigen Ergebnis ist jeder völkerrechtliche Vertrag, der nicht der Zustimmung der gesetzgebenden Körperschaften bedarf, ein Verwaltungsabkommen. In der Tat wird die Abgrenzung häufig in dieser Weise vorgenommen. Nach Erler sind „Regierungs- und Verwaltungsabkommen . . . solche internationalen Vereinbarungen zwischen mehreren Staaten . . . , die nach der Begriffsbestimmung des Art. 59 II GG weder die ‚politischen Beziehungen' des Staates regeln noch einen Inhalt haben, der wegen seiner Einwirkung auf Freiheit und Eigentum der Bürger innerstaatlich der Gesetzesform bedarf"[141], und entsprechend definieren von Mangoldt-Klein die Verwaltungsabkommen als „völkerrechtliche Verträge, die nicht unter Abs. II S. 1" des Art. 59 fallen[142]. Diese Ansicht führt dann entweder dazu, die Beteiligung des Bundespräsidenten immer mit der Beteiligung des Gesetzgebers zu koppeln, oder aber, auch durch das Staatsoberhaupt abgeschlossene Verträge dann als Verwaltungsabkommen anzusehen, wenn sie ohne Beteiligung der Legislative abgeschlossen werden. Es gäbe dann auch Verwaltungsabkommen oder Regierungsabkommen des Bundespräsidenten. Zu dem letztgenannten Ergebnis kommt Erler, wenn er schreibt, „der Staatspräsident, der Regierungschef oder der zuständige Ressortminister" könne Verwaltungs- oder Regierungsabkommen abschließen[143].

Es scheint aber so, als setze Art. 59 nicht nur zwei, sondern drei verschiedene Gruppen von Verträgen voraus, nämlich die in Abs. II Satz 1 genannten zustimmungsbedürftigen Verträge, die übrigen vom Bundespräsidenten zu schließenden Verträge und schließlich die in Abs. II Satz 2 genannten Verwaltungsabkommen. Art. 59 II 2 GG kann deshalb auch den Sinn haben, „Verwaltungsabkommen und Verträge in der Weise gegenüberzustellen, daß jene von den zuständigen Regierungsstellen, diese vom Bundespräsidenten selbst abzuschließen" sind[144]. Ohne daß diese Frage, weil sie nicht die Kompetenzabgrenzung zwischen Bund und Ländern betrifft, hier vertieft werden kann, soll doch folgende Definition versucht werden: Verwaltungsabkommen i. S. des Art. 59 II 2 GG sind völkerrechtliche Verträge, die weder die politischen Beziehungen des Bundes regeln noch sich auf Gegenstände der Bundesgesetzgebung beziehen und deshalb ohne Beteiligung des Parlaments aber auch nicht vom Bundespräsidenten abgeschlossen werden.

---

[141] S. 171.

[142] S. 1153; vgl. die ähnliche Definition des Unterausschusses Verwaltungsabkommen des Rechtsausschusses des Bundesrates, oben S. 64.

[143] S. 171; offenbar ebenso *von Mangoldt - Klein*, S. 1150 und 1153.

[144] *Bernhardt*, S. 159.

2. Die Zuständigkeit der Länder zum Abschluß von Verwaltungsabkommen

Die Frage, wo die Grenze der Landes- und der Bundeskompetenz zum Abschluß von Verwaltungsabkommen zu ziehen ist, ist umstritten und nicht leicht zu beantworten, denn Art. 59 II 2 ist unklar[145] und in seiner „rechtlichen Bedeutung und Auswirkung schwer zu übersehen"[146]. Auch die Entstehungsgeschichte bringt, da die Vorschrift, von einer vorübergehenden Streichung abgesehen, alle Beratungen ohne Änderung und ohne Debatte durchlief, keine Aufklärung[147].

Weitgehende Übereinstimmung besteht aber über die Tatsache, daß Art. 59 auch in dieser Frage keine Kompetenznorm im Bund-Länder-Verhältnis ist[148]. Das wird heute auch von Maunz anerkannt[149]. Es ist also die Frage, ob die Zuständigkeit zum Abschluß von Verwaltungsabkommen durch Art. 32 mitgeregelt oder aber die Kompetenzverteilung „im Grundgesetz nicht ausdrücklich vorgenommen worden" ist[150] und damit grundsätzlich den Ländern zusteht (Art. 30 GG).

a) Nach Ansicht von Maunz ist die Zuständigkeit zum Abschluß von Verwaltungsabkommen weder in Art. 32 noch in Art. 59 geregelt, weil durch Art. 32 „nur die Kompetenz in Gesetzgebungsfragen, nicht im Verwaltungsbereich abgegrenzt werden" sollte[151] und weil Art. 59 „insgesamt die Kompetenzverteilung zwischen Bund und Ländern nicht betrifft"[152]. Maunz fordert deshalb auch für die Verwaltungsabkommen eine Symmetrie innerer und äußerer Zuständigkeiten, woraus folgt, daß „die Verteilung der Vertragsschlußkompetenzen . . . der der Verwaltungskompetenzen" entspricht[153]. Damit ist der Bund beim Abschluß von Verwaltungsabkommen auf den Bereich der bundeseigenen Verwaltung verwiesen.

---

145 *Bernhardt*, S. 158; *Maunz - Dürig*, Art. 59, Rdn. 40.

146 *von Mangoldt - Klein*, S. 1155.

147 JöR n. F. 1, S. 415 f.

148 *Bernhardt*, S. 160 f.; ebenso die Mehrheit des Unterausschusses „Verwaltungsabkommen" des Rechtsausschusses des Bundesrates. Nur der Vertreter Bayerns war der Ansicht, daß das Grundgesetz eine ausdrückliche Kompetenzverteilung für Verwaltungsabkommen nicht enthalte. Die Verteilung der Zuständigkeit zum Abschluß von Verwaltungsabkommen ergebe sich daher aus den allgemeinen Vorschriften über die Verwaltungszuständigkeit (Art. 30, 83 ff. GG). (Bundesrat, Rechtsausschuß R 1011 (59 II 2) c — Nr. R 77/55 —, Niederschr. über d. Sitzung d. Unterausschusses „Verwaltungsabkommen" vom 17. 3. und 17. 5. 1955).

149 *Maunz - Dürig*, Art. 32, Rdn. 68; anders bis heute *Maunz*, Staatsrecht, S. 290 f.

150 *Maunz - Dürig*, Art. 32, Rdn. 68.

151 Art. 32, Rdn. 68.

152 a.a.O.

153 Art. 32, Anm. 69.

Da Maunz aber etwas überraschend am Schluß seiner Kommentierung[154] dem Bund das Abschlußrecht auch über den Bereich der bundeseigenen Verwaltung hinaus einräumt, wenn der Bund „nach Art. 84 II und 85 II allgemeine Verwaltungsvorschriften erlassen kann", stimmt Maunz im Ergebnis ganz mit der herrschenden Meinung überein.

b) Die Ansicht, das Grundgesetz enthalte keine Kompetenzregelung für den Abschluß von Verwaltungsabkommen, ist nicht richtig. Der in Art. 32 I GG verwendete Begriff der Pflege der Beziehungen zu auswärtigen Staaten umfaßt grundsätzlich alle Akte, durch die die Bundesrepublik in ein Verhältnis zu auswärtigen Mächten tritt, also neben dem Abschluß von Verträgen im engeren Sinne auch den Abschluß von Verwaltungsabkommen[155].

Wenn die Kompetenzen zum Abschluß von Verwaltungsabkommen wirklich nicht im Grundgesetz geregelt wären, dann würde das bedeuten, daß ihr Abschluß den Ländern ganz versagt wäre. Denn im Bereich der auswärtigen Gewalt gilt der Grundsatz der Bundeszuständigkeit (Art. 32 I GG), nicht die Zuständigkeitsvermutung zugunsten der Länder (Art. 30 GG)[156]. Angesichts dieser Tatsache und der Beschränkung der Länder auf den Bereich ihrer „Gesetzgebung" in Art. 32 III ist es bei einer wörtlichen Auslegung des Verfassungstextes sogar nicht leicht, den Ländern den Vertragsschluß auch für den Bereich der „Verwaltung" zuzugestehen. Es gilt jedoch für Art. 32 III das gleiche wie schon für Art. 78 II der Weimarer Reichsverfassung, nämlich daß die Bezugnahme auf die „Gesetzgebung" den Gegensatz zwischen landesrechtlicher Regelung und bundesrechtlicher Regelung im Auge hat[157]. Das Wort „Gesetzgebung" in Art. 32 besagt also nicht, daß die Länder nur Vereinbarungen mit einer der Gesetzgebung entsprechenden Bedeutung abschließen können. Art. 32 III „will nicht etwa die Landesgesetzgebung in einen Gegensatz zur Landesverwaltung stellen. Daraus ergibt sich, daß die Länder auch auf dem Gebiete der Landesverwaltung zum Abschluß von Verträgen befugt sind"[158]. Die Worte „Gesetzgebung" in Art. 32 III und „Bundesgesetzgebung" in Art. 59 II haben also ebenso eine entgegengesetzte Tendenz wie schon in der Weimarer Verfassung die Worte „Landesgesetzgebung" in Art. 78 II WRV und „Reichsgesetzgebung" in Art. 45 III WRV[159].

---

[154] Art. 32, Rdn. 69 „Ergebnis".

[155] *Haas*, S. 382; *Bernhardt*, S. 161.

[156] s. oben S. 114.

[157] Vgl. dazu *Wahl*, S. 60 und oben S. 44 f.

[158] BVerfGE 2, S. 347 (369/370); vgl. *Kraus*, AVR 3, S. 423;; *Mosler*, Thoma-Festschrift, S. 151; *Haas*, S. 383; K. H. *Klein*, S. 55; *Hallmayer*, S. 38; *Menzel*, AöR 79, S. 342; *Bernhardt*, S. 157; *Grewe*, VVdStRL 12, S. 178.

[159] s. oben S. 44 f.

Wenn die Erwähnung der Landesgesetzgebung in Art. 32 III Verwaltungsabkommen der Länder damit auch nicht ausschließt, so beschränkt sie doch ihren Umfang auf den Bereich, der der Landesgesetzgebung zugänglich ist. Die Länder dürfen also — weil eine lediglich verwaltungsmäßige Zuständigkeit nicht ausreicht — niemals über Gegenstände der Bundesgesetzgebung Verträge abschließen[160]. Während die Länder in dem gleichen Umfang zum Vertragsschluß zuständig sind wie zur Gesetzgebung (Art. 32 III GG), bleibt ihre Zuständigkeit zum Abschluß von Verwaltungsabkommen weit hinter ihrer Zuständigkeit zur Verwaltung zurück. Das liegt daran, daß die Länder in viel größerem Umfang zur Verwaltung als zur Gesetzgebung berufen sind, ihre Vertragskompetenz aber unabhängig von dem Abschluß eines Vertrages oder eines Verwaltungsabkommens jeweils gleich groß ist.

3. Die Zuständigkeit des Bundes zum Abschluß von Verwaltungsabkommen

Da sich nach den bisherigen Ausführungen das Recht zum Abschluß von Verwaltungsabkommen ebenso wie das Abschlußrecht für die übrigen völkerrechtlichen Verträge nach Art. 32 I GG richtet, haben beide Kompetenzen notwendig den gleichen Umfang. Der hier vertretenen These von der umfassenden Abschlußkompetenz des Bundes im Bereich der übrigen Verträge entspricht also die Auffassung einer ebenso uneingeschränkten Kompetenz bei den Verwaltungsabkommen. Der Bund kann deshalb auch Verwaltungsabkommen über Gegenstände der Landesgesetzgebung bzw. der Landesverwaltung abschließen[161].

In den Sitzungen vom 17. März und 17. Mai 1955 des Unterausschusses „Verwaltungsabkommen" des Rechtsausschusses des Bundesrates waren die Vertreter der Länder Baden-Württemberg und Niedersachsen[162] ebenfalls der Ansicht, die Bundesregierung bedürfe für den *Abschluß*

---

[160] *Kraus,* AVR 3, S. 423; K. H. *Klein,* S. 55; *Hüchting,* S. 52; *Bernhardt,* S. 161; unklar *Haas,* S. 383 u. *Mosler,* Thoma-Festschrift, S. 151; a. A. *Maunz* in *Maunz - Dürig,* Art. 32, Rdn. 69 und Staatsrecht, S. 290 f.; ebenso die Vertreter der Länder Bayern, Hessen und Nordrhein-Westfalen im Unterausschuß „Verwaltungsabkommen" des Rechtsausschusses des Bundesrates, die Länderverträge über Gegenstände der Landesverwaltung einschließlich derjenigen für zulässig hielten, die der Ausführung von Bundesgesetzen dienten, solange und soweit Verwaltungsvorschriften des Bundes nicht ergangen sind. (Bundesrat, Rechtsausschuß R 1011 (59 II 2) c — Nr. R 77/55 — Niederschrift über die Sitzungen vom 17. 3. und 17. 5. 1955), vgl. oben S. 64 ff.

[161] A. A. *Bernhardt,* S. 157 f. sowie die Vertreter der Länder Bayern, Hessen und Nordrhein-Westfalen in den Sitzungen des Unterausschusses „Verwaltungsabkommen" des Rechtsausschusses des Bundesrates vom 17. 3. u. 17. 5. 1955 (s. oben S. 64 ff.).

[162] s. oben S. 64 ff.

von Verwaltungsabkommen, die Gegenstände der die Landesgesetze ausführenden Landesverwaltung beträfen, weder der Zustimmung des Bundesrates noch der Zustimmung der Länder[163]. Die Begründung entnahmen sie zutreffend der Tatsache, daß Art. 59 GG eine solche Mitwirkung nicht vorsieht und andererseits die Länder durch den Abschluß selbst noch nicht gebunden werden. Diese Stellungnahme dürfte aber entsprechend der von den Ländern vertretenen norddeutschen Lösung dahin zu ergänzen sein, daß die Bundesregierung sich vor einer endgültigen Bindung der Zustimmung der Länder versichern muß[164].

C. Die Transformation übergreifender Verträge

I. Einleitung

Die Entscheidung für ein unbeschränktes Abschlußrecht des Bundes bedeutet den Ausschluß der süddeutschen Lösung aus der weiteren Erörterung. Es geht also im folgenden um die Frage, ob der Bund auch ein umfassendes Transformationsrecht hat (Berliner Lösung) oder ob die Transformation übergreifender Verträge (zumindest im wesentlichen) Ländersache ist (norddeutsche Lösung).

Der Umfang der Transformationskompetenz von Bund und Ländern ist im Grundgesetz nicht geregelt. Da sich aber aus der in Art. 59 II 1 GG umgrenzten Transformationszuständigkeit des Bundesgesetzgebers ergibt, daß sie zugleich die Mindestzuständigkeit des Bundes selber darstellt, ist zunächst deren Umfang zu bestimmen (unten II 1. und 2.). Sodann muß die Frage gestellt werden, ob sich aus anderen Verfassungsbestimmungen oder Theorien eine darüber hinausgehende Zuständigkeit des Bundes ergibt (unten II 3.). Da das Ergebnis der Untersuchungen eine Entscheidung für die norddeutsche Lösung sein wird, sind abschließend Probleme zu erörtern, die sich aus der Transformationszuständigkeit der Länder bei übergreifenden Verträgen ergeben (unten III).

---

[163] Die Vertreter Hamburgs, die die Zustimmung des Bundesrates, und Niedersachsens, die subsidiär die Zustimmung der Länder forderten, hielten sich damit nicht konsequent an die sonst von ihnen vertretene norddeutsche Lösung. Denn auch für Verwaltungsabkommen muß gelten, was nach der norddeutschen Lösung für die anderen Verträge richtig ist, daß nämlich ihr Abschluß selbst keiner Zustimmung bedarf. Diese ist erst für die Transformation notwendig.

[164] Zu der darin liegenden Transformation s. unten S. 186 ff.

II. Die Transformationskompetenz des Bundes

Die erste Prüfung des Art. 59 II[1] ergab, daß Art. 59 II nicht die Kompetenzen zwischen Bund und Ländern scheidet. Um den Grund für die Zuständigkeit des Bundes zur Transformation der in Art. 59 II GG genannten Verträge zu finden, muß man auf die „hinter Art. 59 II stehende natürliche Bundeszuständigkeit“[2] zurückgehen, die in Art. 32 I normiert ist. Die von dieser Grundnorm ausgehende Wirkung wird in Art. 59 II 1 nur reflektiert. Die in Satz 1 erwähnte Transformation der „Verträge, welche die politischen Beziehungen des Bundes regeln“, und der Verträge, die „sich auf Gegenstände der Bundesgesetzgebung beziehen“, ist also nicht deshalb Aufgabe des Bundes, weil sie in Art. 59 II erwähnt ist. Ihre Erwähnung in Art. 59 II macht aber deutlich, daß zumindest diese beiden Gruppen zu den vom Bund zu transformierenden Verträgen gehören. Die Zuständigkeit des Bundes ist notwendige Voraussetzung für die Zuständigkeit des Bundesgesetzgebers.

1. Verträge, die sich auf Gegenstände der Bundesgesetzgebung beziehen (Art. 59 II 1 GG)

Zumindest in allen Fragen, die der Bund innerstaatlich regeln kann, hat er auch das Transformationsrecht. Der Umfang der Transformationszuständigkeit ergibt sich dabei aus der Gesetzgebungszuständigkeit des Bundes, also insbesondere aus den Artikeln 73 und 74 GG. Soweit dies Ergebnis unmittelbar auf Art. 59 II 2 („Gegenstände der Bundesgesetzgebung“) gestützt wird, kann ausnahmsweise auch einmal *Bundes*gesetzgebung betont werden[3].

Eine Transformationskompetenz des Bundes besteht deshalb — ohne daß hier eine auch nur annähernd vollständige Aufzählung möglich wäre — bei den Verträgen, die in der Lindauer Vereinbarung unter Nr. 2 aufgeführt sind[4]. Wie oben auf den Seiten 82 ff. ausgeführt ist, liegen diesen Verträgen ausdrücklich genannte Gesetzgebungszuständigkeiten des Bundes zugrunde. Der Umfang der Bundeskompetenz wird dabei durch den Inhalt bestimmt, der in diesen Verträgen üblicherweise enthalten ist. Das wird ganz deutlich, wenn die Gesetzgebungszuständigkeit sich ausdrücklich auf die Verträge bezieht, wie in Art. 73 Ziff. 5 („die Handels- und Schiffahrtsverträge“). Der Bund ist hier zur Transformation aller Bestimmungen berechtigt, die zu solchen Verträgen nach internationaler Übung gehören. Insoweit kann eine Zuständigkeit

---

[1] s. oben S. 115 ff.
[2] *Mosler*, Bilfinger-Festschrift, S. 266; vgl. auch ZaöRuVR 16, S. 28.
[3] Vgl. oben S. 121.
[4] s. oben S. 80.

der Länder gar nicht vorliegen. Das gleiche gilt auch etwa von den Niederlassungsverträgen, weil der Begriff des „Aufenthalts- und Niederlassungsrechts der Ausländer" (Art. 74 Ziff. 4) mindestens das Gebiet umfaßt, das herkömmlich in Niederlassungsverträgen geregelt wird. Ebenso ist es mit den Verträgen über den Waren- und Zahlungsverkehr, deren Transformation auf Grund von Art. 73 Ziff. 5 („Waren- und Zahlungsverkehr mit dem Auslande") ausschließliche Bundesangelegenheit ist.

Die in Nr. 2 der Lindauer Vereinbarung angedeutete Ansicht der Länder scheint von unverrückbaren Bereichen der Landesgesetzgebung auszugehen, während sich ihr Umfang doch nur jeweils aus der Unzuständigkeit des Bundes ergibt. Dabei ist zu beachten, daß die Transformationszuständigkeit des Bundes sich auch mit den internationalen Gepflogenheiten wandelt. Was früher üblicherweise nicht Inhalt eines Niederlassungsvertrages war, kann heute oder morgen dazu werden. Ausgeschlossen ist lediglich eine sachfremde Einfügung etwa schulrechtlicher Bestimmungen in einen Handelsvertrag, „da nicht die formelle Bezeichnung, sondern der materielle Gehalt eines Abkommens für seine Qualifizierung maßgeblich ist"[5].

Hält sich also ein Vertrag, zu dessen Transformation der Bund durch eine Gesetzgebungskompetenz ermächtigt ist, im Rahmen des — wandelbaren — Begriffs des Üblichen, so ist eine Gesetzgebungszuständigkeit der Länder ausgeschlossen. Ein „Entgegenkommen" stellt es also nicht dar, wenn die Länder in der Lindauer Vereinbarung die Transformationszuständigkeit des Bundes bei den dort genannten Verträgen anerkannt haben. Die für dieses „Entgegenkommen" aufgestellten Bedingungen, die Bestimmungen des Vertrages müßten „typisch und in diesen Verträgen üblicherweise enthalten" sein, sind in Wahrheit nicht die Grenze für eine Konzession der Länder, sondern für die von verfassungswegen bestehende Bundeszuständigkeit.

Ein Entgegenkommen der Länder kann aber aus dem unter b) gemachten Vorbehalt zu entnehmen sein. Ihm liegt der gedachte Fall zugrunde, daß eine zum Landesbereich gehörende Bestimmung „einen untergeordneten Bestandteil des Vertrages" bildet. Ein solcher Fall ist denkbar, wenn diese Vertragsbestimmung unüblich ist und eine ent-

---

[5] *Bernhardt*, S. 150 (s. oben S. 127). Ob allerdings „ein notwendiger Zusammenhang zwischen kommerziellen und anderen Bestimmungen nicht anerkannt werden kann" (*Bernhardt*, a.a.O.), ist indes zweifelhaft. Wie sich aus den Art. 57 und 128 EWGV (s. oben S. 100 ff.) ergibt, ist ein solcher Zusammenhang durchaus denkbar. Ein wirtschaftlicher Zusammenschluß zweier Länder ohne Bildung einer supranationalen Gemeinschaft allein durch einen völkerrechtlichen Vertrag muß also auch Vorschriften über die Äquivalenzen von Diplomen und die Vereinheitlichung der Berufsausbildung enthalten können.

sprechende innerstaatliche Norm auch durch eine andere Zuständigkeitsbestimmung des Grundgesetzes nicht gedeckt ist. Enthält ein Bundesvertrag eine solche Bestimmung dennoch, so hat die Lindauer Vereinbarung für diesen Fall die Bedeutung einer Kompetenzübertragung von den Ländern auf den Bund[6]. Der Bund kann auf diese Weise also auch die übergreifenden Bestandteile des Vertrages transformieren. Dies gilt jedoch nicht, soweit nach landesverfassungsrechtlichen Vorschriften die Bestimmungen, wären sie in einem Landesvertrag enthalten, nur durch Zustimmung des Landesparlaments transformiert werden könnten. Denn über das dadurch begründete Transformationsrecht des Landesgesetzgebers konnten die — an der Lindauer Vereinbarung allein beteiligten — Landesregierungen nicht verfügen. Der Vertrag müßte also nach der norddeutschen Lösung hinsichtlich dieser Bestimmungen den Landesparlamenten zur Transformation vorgelegt werden.

2. Verträge, die die politischen Beziehungen des Bundes regeln (Art. 59 II 1 GG)

a) Auch die Transformation der „Verträge, welche die politischen Beziehungen des Bundes regeln" (politische Regelungsverträge), ist nicht auf Grund von Art. 59 II 1 GG Sache des Bundes, Grundlage der Bundeszuständigkeit ist vielmehr „der in Art. 32 Abs. 1 dokumentierte Wille, als Staat an der internationalen Ordnung erneut gleichgeordnet teilzunehmen"[7]. Die Zuständigkeit des Bundes zur Transformation politischer Regelungsverträge wird aber unzweideutig in Art. 59 II 1 als Zuständigkeit des Bundes vorausgesetzt. Es ist deshalb im Hinblick auf die übergreifenden Verträge von größter Bedeutung, den Begriff der politischen Regelungsverträge zu bestimmen. Zur Transformation übergreifender Verträge könnte der Bund nämlich ausnahmsweise berechtigt sein, wenn zu den Verträgen, welche die politischen Beziehungen des Bundes regeln, auch übergreifende Verträge gehören können. Wenn dies zutrifft, würden diese zwar nicht in ihrer Eigenschaft als übergreifende Verträge, aber doch in ihrer Eigenschaft als politische Regelungsverträge von der Bundeslegislative transformiert werden. Um die Frage zu entscheiden, ob es eine Überschneidung zwischen übergreifenden und politischen Verträgen gibt, muß zunächst der Begriff der politischen Regelungsverträge im Sinne von Art. 59 II 1 GG geklärt werden.

b) Das Bundesverfassungsgericht hat in dem Urteil über die deutsch-französischen Wirtschaftsabkommen vom 10. Februar 1950 unter den

---

[6] Für deren Zulässigkeit hat sich bereits *Haenel* ausgesprochen (S. 559 f.), vgl. oben S. 38; für das Grundgesetz ebenso *Mosler*, ZaöRuVR 16, S. 25 und *Maunz* in *Maunz - Dürig*, Art. 32, Rdn. 42 und 44.

[7] *Mosler*, ZaöRuVR, Bd. 16, S. 28.

Verträgen, die die politischen Beziehungen des Bundes regeln, solche völkerrechtlichen Vereinbarungen verstanden, die „die Existenz des Staates, seine territoriale Integrität, seine Unabhängigkeit, seine Stellung oder sein maßgebliches Gewicht in der Staatengemeinschaft" berühren[8]. Zu den politischen Regelungsverträgen gehören deshalb vor allem Bündnisse und Garantiepakte[9], aber auch „Neutralitätsverträge, Friedensverträge, Kriegsverhütungsverträge sowie solche über Gebietsabtretungen und Gebietsgarantien, Wirtschafts- und Zollunionen..., über die Zugehörigkeit zu internationalen Organisationen nicht rein technisch-fachlichen Charakters, usw."[10]. Obwohl der Begriff der politischen Regelungsverträge nicht mit der Absicht geprägt worden ist, den Raum der notwendigen außenpolitischen Handlungsfreiheit des Bundes zu bestimmen, sondern seine Bedeutung durch die Notwendigkeit legislativer Mitwirkung erhält, sind „die vom Gericht gegebenen Merkmale und Beispiele... auch für die Abgrenzung der Bundeszuständigkeiten im Verhältnis zu den Ländern akzeptabel"[11].

Der Begriff der politischen Verträge ist nicht in dem Sinne negativ an die innerstaatlichen Kompetenzen gebunden, daß er nur Verträge beträfe, die keine Entsprechung im innerstaatlichen Gesetzgebungsbereich haben[12]. Die beiden in Art. 59 II genannten Arten von Verträgen schließen sich also nicht begrifflich aus[13]. Es handelt sich vielmehr um zwei verschiedene Ordnungsgesichtspunkte: die erste Gruppe der Verträge wird durch außenpolitische, die andere durch innerstaatliche Kriterien definiert. Außenpolitische und innenpolitische Relevanz schließen sich nicht aus, so daß ein Gegenstand, der der inneren Politik entstammt und deshalb unter die Gesetzgebungsmaterien zu rechnen ist, zugleich auch in einem grundlegenden völkerrechtlichen Vertrag geregelt werden kann. Jede Materie der Gesetzgebung und jede Frage der internationalen Beziehungen kann im Einzelfall eine politische Intensität erlangen, die einen entsprechenden Vertrag zu einem politischen Regelungsvertrag im Sinne von Art. 59 II 1 GG macht. Deshalb kann ein Vertrag ein politischer Regelungsvertrag sein, obgleich er sich auf die Behandlung einer einzigen Frage beschränkt. Voraussetzung ist dann nur, daß diese eine Frage derart zum entscheidenden Punkt der Beziehungen zu einem anderen Staat geworden ist, daß das Verhältnis zu diesem Staat wesentlich von der Lösung dieser Frage abhängt.

---

[8] BVerfGE 1, 372 (381).

[9] *Grewe*, VVdStRL 12, S. 157.

[10] *Menzel*, BK, Art. 59, Anm. II 5.

[11] *Mosler*, ZaöRuVR, Bd. 16, S. 19.

[12] So aber *Maunz - Dürig*, Art. 59, Rdn. 14.

[13] Anders *Maunz - Dürig*, a.a.O.

c) Durch diese Definition ist die hier interessierende Frage nach der Einbeziehung von Ländermaterien in die Transformationskompetenz des Bundes für politische Regelungsverträge schon weitgehend entschieden. Denn wenn der Begriff dieser Verträge ganz nach der außenpolitischen Bedeutung zu bemessen ist und innerstaatliche Entsprechungen keine Bedeutung haben, dann finden politische Regelungsverträge des Bundes auch keine Grenze an den Gebieten der Landesgesetzgebung.

Hinzu kommt, daß in dieser Frage der Gegensatz zwischen dem Recht der Länder auf Wahrung ihrer Eigenständigkeit und dem Anspruch des Bundes, die Bundesrepublik in den außenpolitischen Grundentscheidungen als eine geschlossene Einheit zu vertreten, in einem gesteigerten Maße deutlich wird. Der vorliegende Fall zeichnet sich gegenüber dem Normalfall des übergreifenden Vertrages dadurch aus, daß er nur *einen* für das Problem kennzeichnenden Umstand in das Extrem führt, nämlich die Notwendigkeit einer einheitlichen Bindung des ungeteilten Gesamtstaates. Die Situation ist hier also zugunsten der Forderung nach Einheitlichkeit stark zugespitzt. Am stärksten gilt dies für den Sonderfall der politischen Regelungsverträge, durch die der Bund Hoheitsrechte auf zwischenstaatliche Einrichtungen überträgt (Art. 24 I GG)[14]. Politische Regelungsverträge können deshalb auch Materien der Landesgesetzgebung umfassen[15].

Die den Ländern vorbehaltenen Gesetzgebungsgebiete werden aber nur selten geeignet sein, die politischen Beziehungen des Bundes zu regeln. Doch können „auch Verträge über Unterrichtsfächer in besonderen Fällen politische Intensität haben“[16]. Das ist etwa bei Schulfragen einer fremdnationalen Minderheit denkbar. Auch im kulturellen Bereich kann deshalb der „Abschluß eines Abkommens bei kritischer außenpolitischer Konstellation eine Bedeutung ersten Ranges gewinnen, wenn dadurch dem ausländischen Partner eine besonders enge politische Verbundenheit dokumentiert wird“[17]. Durch die Europäische Konvention vom 15. Dezember 1956 über die Gleichwertigkeit der Studienzeit an den Uni-

---

[14] s. oben S. 127 ff. Deshalb ist es widersprüchlich, wohl für die politischen Regelungsverträge allgemein, nicht aber für die Integrationsverträge eine vertragliche Dispositionsbefugnis des Bundes über Materien der Landesgesetzgebung anzunehmen, wie *Bernhardt* das tut (vgl. einerseits S. 188, andererseits S. 195).

[15] *Hüchting*, S. 37 f.

[16] *Maunz - Dürig*, Art. 59, Rdn. 15; dies Beispiel verträgt sich allerdings kaum mit der Definition der politischen Verträge als einer Regelung von Fragen außerhalb der innerstaatlichen Gesetzgebungsbereiche wie *Maunz* sie vertritt.

[17] *Mosler*, ZaöRuVR 16, S. 20; *Hüchting*, S. 40; diese Feststellung ist zwar auf die Abkommen der Länder gemünzt, muß aber auch gelten, wenn der Bund ein solches Abkommen schließt.

versitäten[18] werden allerdings sicher nicht die politischen Beziehungen des Bundes geregelt[19].

Zugunsten der Länder ist von der Definition der politischen Regelungsverträge des Bundesverfassungsgerichts (die ja ganz auf die Beteiligung der Legislative abgestellt war) eine Einschränkung zu machen: Hat der Vertrag als ganzer die Aufgabe, die politischen Beziehungen des Bundes zu regeln, so ist damit noch nicht gesagt, daß auch jede einzelne Bestimmung des Vertrages diese Bedeutung hat. Soll eine übergreifende Vertragsbestimmung vom Bund auf Grund seiner Zuständigkeit für die politischen Regelungsverträge transformiert werden, so ist deshalb nicht der Vertrag auf seine Bedeutung zu prüfen, sondern die übergreifende Bestimmung selbst. Sie muß durch die außenpolitische Situation derart dringend erforderlich sein, daß die Eigenständigkeit der Länder zurückstehen muß. Die Bundesregierung gewinnt also nicht für jede wünschenswerte übergreifende Bestimmung allein schon unter dem Etikett eines politischen Regelungsvertrages die Transformationsbefugnis. So stellt etwa der deutsch-französische Vertrag vom 22. Januar 1963[20] zweifellos einen politischen Regelungsvertrag dar; die Bundesregierung hat aber ganz zurecht in diesen Vertrag keine verbindlichen Zusagen über die Förderung der französischen Sprache im Schulunterricht aufgenommen, weil die Regelung der Beziehungen zu Frankreich eine Bindung in dieser Frage nicht zwingend erforderte.

d) Bedarf der Bund für die Transformation übergreifender politischer Verträge der Zustimmung der Länder? Dem Grundgesetz ist eine solche Einschränkung nicht zu entnehmen, doch hat sie Bernhardt aus allgemeinen bundesstaatlichen Grundsätzen hergeleitet[21]. Nach seiner Auffassung ist der Bund trotzdem nicht von dem Ermessen der Länder abhängig. Bernhardt nimmt nämlich eine „aus dem Grundsatz der Bundestreue" abzuleitende „Rechtspflicht der Länder zur Billigung von Eingriffen in ihren Bereich" für den Fall an, daß die Verträge „unbedingt politisch notwendig sind"[22]. Dabei hat der Bund das Recht, diese Pflicht notfalls mit Gewalt durchzusetzen: „Versagen die Länder einem solchen Vertrag nach einer entsprechenden Aufforderung ihre Zustimmung, so verstoßen sie damit gegen ihre verfassungsrechtlichen Pflichten, für deren Feststellung und Erzwingung die allgemeinen Verfassungsbestimmungen und -garantien maßgeblich sind"[23].

---

[18] s. oben S. 97.

[19] Anders Carlo Schmid vor dem Deutschen Bundestag, 4. Wahlperiode, 107. Sitzung vom 22. 1. 1964, StenBer. S. 4972 (A).

[20] s. oben S. 93 ff.

[21] S. 195.

[22] a.a.O.

[23] a.a.O.

Dieser Lösungsvorschlag ist in mehrfacher Hinsicht eigenartig. Zunächst muß man fragen, welchen Sinn eine Billigung der Länder zu Eingriffen in ihren Bereich haben kann, wenn diese Billigung nicht durch freiwilligen Entschluß erfolgt, sondern Pflicht ist. In Wahrheit liegt dann gar kein eigenständiger Bereich der Länder vor, vielmehr weicht die Landeszuständigkeit in diesen Fällen dem strikten Vorrecht des Bundes. Ein „Recht", das darin besteht, sich in einer ganz bestimmten, von einer anderen Stelle vorgeschriebenen Weise verhalten zu müssen, ist kein Recht. Es ist der Würde der Länder zudem nicht angemessen, vorgeschriebene Erklärungen abgeben zu müssen, und es ist ganz besonders undenkbar, den Landesparlamenten eine Zustimmung vorzuschreiben. Denn die Unterwerfung eines Parlaments unter das Gebot, eine bestimmte Erklärung abzugeben, ist mit dem Gedanken einer auf dem freien Mandat beruhenden parlamentarischen Demokratie unvereinbar. Schließlich ist es verfehlt, diese Konstruktion mit der Pflicht zu bundesfreundlichem Verhalten zu begründen, weil dies der Korrektur und dem Ausgleich dienende Prinzip außerstande ist, eine massive Kompetenzverschiebung gegen den Verfassungswortlaut zu tragen[24].

Es ist deshalb nicht richtig, den Umweg über die Farce einer erzwingbaren Zustimmung zu gehen. Verzichtet man auf die Mitwirkung der Länder, so kommt die notwendig auch von Bernhardt zugrundegelegte Voraussetzung zum klaren juristischen Ausdruck, daß der Bund auf Grund der Verfassung das Recht hat, in politische Regelungsverträge auch übergreifende Bestimmungen aufzunehmen, wenn diese Bestimmungen unbedingt notwendig sind. Als Ergebnis ist also festzuhalten, daß die Transformation der Verträge, die die politischen Beziehungen des Bundes regeln, Aufgabe des Bundes ist. Dies gilt auch dann, wenn solche Verträge übergreifende Bestimmungen enthalten. Die Länder sind auch in diesen Fällen nicht zu beteiligen[25].

e) Über den Bereich der politischen Regelungsverträge hinaus hat Mosler[26] für den Bund ein ‚ius eminens' in außergewöhnlichen Lagen gefordert[27]: Über die Notwendigkeit des Vertragsschlusses — Mosler nennt als Beispiel Abkommen über Schulfragen einer fremdnationalen

---

[24] s. unten S. 181 ff.

[25] Ebenso *Mosler* in Bilfinger-Festschrift, S. 266 und ZaöRuVR 16, S. 28; *von Mangoldt - Klein*, S. 1129.

[26] a.a.O., S. 26, 31, 33.

[27] „Sie (sc. die Länder) können auch außenpolitische Entscheidungen der Bundesorgane nicht durch Gebrauch ihrer Zuständigkeit verhindern. Das gilt nicht nur im engen Bereich der Verträge, die die politischen Beziehungen der Bundesrepublik regeln. Darüber hinaus muß der Gesamtstaat in Fällen zwingender Notwendigkeit ein ius eminens gegenüber seinen Gliedverbänden haben" (S. 26); ähnlich *Hüchting*, S. 44 ff.

Minderheit — soll die Bundesregierung entscheiden. Eine nähere Abgrenzung der Fälle sei nicht möglich[28].

Ist ein Vertrag auf Grund des ‚ius eminens' vom Bund geschlossen worden, so „reicht die auswärtige Gewalt des Bundes in diesem Punkt weiter als die innerstaatliche Kompetenzverteilung. Die Länder sind jedoch aus dem bundesstaatsrechtlichen Grundsatz, daß sie die Reichspolitik nicht stören dürfen, nicht berechtigt, die vorherige Zustimmung oder die spätere Erfüllung zu verweigern, weil darin eine unzulässige Rechtsausübung liegen würde"[29].

Zunächst erhebt sich die Frage, ob für die Einführung eines ‚ius eminens' ein Bedürfnis besteht. Es scheint, als könnte man die Fälle, an die Mosler hier denkt, durch eine entsprechende Auslegung des Art. 59 II 1 GG unter die politischen Regelungsverträge subsumieren.

Wenn man bei dem Begriff der politischen Regelungsverträge nicht nur auf die Geschlossenheit der durch sie geknüpften politischen Bindungen abstellt, sondern auf die grundlegende politische Bedeutung, dann wird man auch in Fällen wie den von Mosler genannten Schulfragen einer fremdnationalen Minderheit helfen können. Denn dann können „auch Verträge über Unterrichtsfächer politische Intensität haben"[30]. Angesichts solch erlaubter Interpretation einer Verfassungsvorschrift erscheint die Einführung einer aus allgemeinen bundesstaatlichen Erwägungen abgeleiteten unbestimmten Zuständigkeit als ein verwirrender und unnötiger Umweg[31].

Darüber hinaus bestehen Bedenken gegen die von Mosler vorgeschlagene Art der Durchführung solcher Verträge. Gegen das Verbot „die vorherige Zustimmung oder die spätere Erfüllung zu verweigern" gelten die gleichen Einwände wie gegen die entsprechende Lösung von Bernhardt für die politischen Verträge. Bei Mosler zeigt sich die gleiche Neigung wie bei Bernhardt, die Selbständigkeit der Länder zu schonen und ihnen deshalb ihre Zuständigkeit zu belassen, sie aber zu zwingen, von ihr nur in einer ganz bestimmten Weise Gebrauch zu machen. In Wahrheit dürfte es aber, wie schon ausgeführt, in den Fällen, in denen die

---

[28] a.a.O.

[29] S. 33.

[30] *Maunz - Dürig*, Art. 59, Rdn. 15.

[31] Soweit der Vertreter des Landes Rheinland-Pfalz im Unterausschuß „Verwaltungsabkommen" Ausnahmen von der süddeutschen Lösung im Anschluß an *Mosler* forderte (s. oben S. 66), ist ihm deshalb im Ergebnis, nicht aber in der Begründung zuzustimmen: Die Bundeszuständigkeit für Abschluß und Transformation aller drei genannten Gruppen von Verträgen folgt aus Art. 32 I (nicht aus Art. 24 I bzw. lediglich aus der Natur des Bundesverhältnisses). Zudem gehören alle genannten Verträge unter den umfassenderen Begriff der „Verträge, welche die politischen Beziehungen des Bundes regeln" (Art. 59 II 1).

Länder aus zwingender Notwendigkeit nun einmal zurückzustehen haben, der Würde der Länder allein entsprechen, ohne alle Bemäntelungen eine ausschließliche Bundeszuständigkeit auch für die Transformation anzunehmen.

3. Hat der Bund ein darüber hinausgehendes Transformationsrecht (Berliner Lösung)?

Aus der Untersuchung des Art. 59 II 1 GG hat sich ergeben, daß die Transformation der dort genannten Verträge zwar unzweifelhaft Bundessache, daß damit aber noch keine Grenze für die Bundeszuständigkeit gesetzt ist. Da Art. 59 keine Kompetenznorm für den Bund darstellt, kann sich die Bundeszuständigkeit auf den dort bezeichneten Umfang beschränken, doch muß dies nicht so sein. Es ist deshalb nunmehr zu prüfen, ob die Zuständigkeit des Bundes nicht über die Transformation der die Bundesgesetzgebung betreffenden und der politischen Verträge hinausgeht. Eine unbegrenzte Zuständigkeit könnte auf zweierlei Weise begründet sein. Einmal könnte sich auf Grund einer besonderen Theorie über die unmittelbare innerstaatliche Geltung völkerrechtlicher Verträge (Rezeptionstheorie) eine notwendige Koppelung von Abschluß- und Transformationszuständigkeit ergeben (unten a) oder die Gesetzgebungszuständigkeit für die „auswärtigen Angelegenheiten" in Art. 73 Ziff. 1 könnte die Grundlage für die Transformation auch der übergreifenden Verträge abgeben (unten b).

a) Die Rezeptionstheorie

Eine Gegenüberstellung der unterschiedlichen Theorien zur Erklärung der innerstaatlichen Geltung von Völkervertragsrecht ist notwendig, weil sich Verfechter einer bei Abschluß und Transformation unbegrenzten Bundeszuständigkeit (Berliner Lösung) darauf berufen haben, die Rezeptionstheorie gelte auch für das gegenwärtige deutsche Staatsrecht und aus ihr ergebe sich zwangsläufig die Verbindung von Abschluß- und Transformationsgewalt. Denn da die (unmittelbar anwendungsfähigen) Vertragsbestimmungen schon mit dem völkerrechtlichen Abschluß und ohne gesonderten Rechtssetzungsakt der Legislative innerstaatliches Recht würden, sei kein Raum für eine von den Landesparlamenten vorzunehmende Transformation[32].

Sowohl die Transformations- wie auch die Rezeptionstheorie gehen davon aus, daß der Bundespräsident in den Fällen des Art. 59 II GG der parlamentarischen Zustimmung bedarf, um den Vertrag mit völker-

---

[32] Erich *Kaufmann*, Jellinek-Gedächtnisschrift, S. 452; *Heckt*, S. 446; vgl. dazu auch *Bernhardt*, S. 45.

rechtlicher Bindungswirkung zu schließen[33]. Unterschiede ergeben sich jedoch bei der Frage, auf welche Weise der Inhalt des Vertrages — soweit er dazu fähig ist — zu innerstaatlichem Recht wird.

aa) Nach der einen Ansicht (sog. Transformationstheorie) hat das Vertragsgesetz einen doppelten Charakter. „Es stellt sich zunächst als Beschluß der gesetzgebenden Körperschaften dar, der den Bundespräsidenten ermächtigt[34], den Vertrag für die Bundesrepublik endgültig abzuschließen. Es hat weiterhin aber auch die Bedeutung, dem Inhalt des völkerrechtlichen Vertrages die Geltung als innerstaatliches deutsches Recht zu verleihen (Transformation)“[35]. Das Transformationsgesetz ist deshalb ein materielles Gesetz[36].

Die Transformationstheorie geht also davon aus, „daß Individuen und Staatsorgane nur durch ein vom eigenen Staate erlassenes Gesetz gebunden werden können; das könne der völkerrechtliche Vertrag als solcher nicht, da er nur die Staaten als Völkerrechtssubjekte zum Adressaten habe“[37].

bb) Nach der anderen Ansicht (sog. Rezeptionstheorie) kommt die innerstaatliche Wirkung des völkerrechtlichen Vertrages durch die Ratifikationserklärung des Bundespräsidenten zustande. Die innerstaatliche Geltung ist also nur insofern von der Entscheidung des Parlaments abhängig, als der Bundespräsident innerstaatlich einer Ratifikationserlaubnis (nämlich des Vertragsgesetzes) bedarf. Die Ratifizierung eines völkerrechtlichen Vertrages bedeutet dieser Ansicht zufolge eine „Rezeption“ völkerrechtlicher Vorschriften in Landesrecht. Die Verfassung muß dann das Völkervertragsrecht dem Gesetzesrecht als gleichwertige Quelle innerstaatlichen Rechts an die Seite gestellt haben. Diese Kon-

---

[33] Zur Form der Transformation und der deutschen Staatspraxis nach dem Ermächtigungsgesetz vom 24. 3. 1933 vgl. Werner *Weber*, ZAkDR 1938, S. 532, Anm. 1 mit weiteren Nachweisen.

[34] Gegen das Wort ‚ermächtigt‘ hat sich Erich *Kaufmann* (Jellinek-Gedächtnisschrift, S. 446) zu Recht gewendet, weil die Zuständigkeit des Bundespräsidenten sich unmittelbar aus Art. 59 I GG ableitet und er zum Vertragsabschluß deshalb wohl der Zustimmung, nicht aber der Ermächtigung bedarf.

[35] BVerfGE Bd. 1, S. 396 f. (S. 410 f.).

[36] *Maunz - Dürig*, Art. 59, Rdn. 25. Nach *von Mangoldt - Klein*, S. 1147 f. hat das Vertragsgesetz drei verschiedene Funktionen, die nur in wenigen Fällen zusammentreffen, nämlich die Funktion der Zustimmung zur Ratifikation, zur Vollziehung und — wenn die Vollziehung durch Umsetzen des Vertragswortlauts notwendig ist — auch die Funktion der Transformation.

[37] Erich *Kaufmann*, a.a.O., S. 447. Vgl. auch *von Mangoldt - Klein*, S. 1127; für die alte Reichsverfassung mit besonderer Ausführlichkeit *Laband* II, S. 126 ff. und *Heilborn*, S. 172.

struktion ist trotz einer Beteiligung der Legislative möglich; das Zustimmungsgesetz ist dann nur ein Gesetz im formellen Sinne[38].

In der Praxis ist dieser Theorienstreit nicht entschieden worden. Das Zustimmungsgesetz bildet eine Einheit und zerfällt nicht erkennbar in Zustimmung und Transformation. Die Transformationstheorie nimmt daher an, daß beide Funktionen „in einem einzigen Akt unausscheidbar gegeben" sind[39]. Im Zustimmungsgesetz wird eine neutrale Formel gewählt und die Wendung „mit Gesetzeskraft" schon deshalb vermieden, weil die unmittelbare Anwendungsfähigkeit der Vertragsbestimmungen oft zweifelhaft sein kann[40]. Die Transformationstheorie hatte sich schon in der Literatur zur Bismarck-Verfassung durchgesetzt[41]. Sie ist auch heute führend[42] und ist auch vom Bundesverfassungsgericht anerkannt worden[43].

Eine endgültige Stellungnahme für oder gegen die Rezeptionstheorie ist hier weder möglich noch nötig. Die Rezeptionstheorie führt nämlich in der Frage der Bundeszuständigkeit zu keinen wesentlich anderen Ergebnissen als die Transformationstheorie. Vielmehr stimmt sie mit der Transformationstheorie aa) im Ausgangspunkt (unbeschränkte Zuständigkeit des Bundes), bb) in der Trennbarkeit der Funktionen und der Möglichkeit ihrer Aufteilung zwischen Bund und Ländern und cc) in der sich mittelbar aus Art. 59 II GG ergebenden Einschränkung der Bundeszuständigkeit überein.

Zu aa): Auch die Transformationstheorie kann von einer zunächst unbeschränkten Bundeszuständigkeit ausgehen. Art. 32 I ist nicht nur die Kompetenznorm für die Vertragsschlüsse des Bundes, sondern auch für die Transformation. In dem einen wie in dem anderen Falle ist aus der

---

[38] *Maunz - Dürig*, Art. 59, Rdn. 22; Erich *Kaufmann*, a.a.O., S. 449. Kaufmann entnimmt auch der Tatsache, daß das Parlament nur mit ja oder nein zu dem Vertragsentwurf Stellung nehmen, Änderungen aber nicht vornehmen kann (‚en-bloc-Zustimmung'), daß es sich dabei nicht um eine Gesetzgebungszuständigkeit handelt, sondern die Legislative „als Teilhaber der auswärtigen Gewalt, die ihren eigenen und besonderen Gesetzen unterliegt, die von denen der innerstaatlichen Gesetzgebung abweichen" tätig wird (a.a.O., S. 452).

[39] *Maunz - Dürig*, Art. 59, Rdn. 25.

[40] *Maunz - Dürig*, Art. 59, Rdn. 21 und 27.

[41] Vgl. *Laband* II, S. 126 ff., S. 157 ff. mit heftiger Kritik an der von Preußen und dem Reich geübten Praxis, den Vertrag lediglich im Reichsgesetzblatt abzudrucken (a.a.O., S. 130 ff.); *Triepel*, Völkerrecht und Landesrecht, S. 389 ff.

[42] *Maunz - Dürig*, Art. 59, Rdn. 25; *von Mangoldt - Klein*, S. 1145 ff.; *Hamann*, Art. 59, Anm. C 8; ebenso die übereinstimmende Ansicht der Ländervertreter im Unterausschuß „Verwaltungsabkommen" des Rechtsausschusses des Bundesrates, Sitzungen vom 17. 3. und 17. 5. 1955 R 1011 (59 II 2) c — Nr. R 77/55 —.

[43] Urteil vom 30. 7. 1952, BVerfGE 1, S. 396 ff. (410 f.).

Vorschrift keine Beschränkung zu entnehmen[44]. Das ergibt sich aus der Tatsache, daß Art. 59 II keine Kompetenznorm für den Bund, sondern nur für den Bundesgesetzgeber darstellt und deshalb als Grundlage der Bundeszuständigkeit ausscheidet. Art. 32 gilt deshalb nicht nur für den Bereich der vollziehenden Gewalt[45] und gilt auch nicht nur dergestalt für das Außenverhältnis, daß er die Zuständigkeit für die innerstaatlich wirkende Transformation nicht begründen könnte[46]. Da sich Abschluß und Transformationskompetenz aus der gleichen Quelle herleiten, haben sie auch zunächst den gleichen (unbeschränkten) Umfang. Während aber eine nachträgliche Einschränkung für die *Abschluß*kompetenz aus anderen Vorschriften des Grundgesetzes nicht zu entnehmen ist, ergibt sie sich für die *Transformations*zuständigkeit aus Art. 59 II in Verbindung mit allgemeinen rechtsstaatlichen Grundsätzen[47].

Zu bb): Auch die Rezeptionstheorie muß die Aufspaltung der Auswärtigen Gewalt auf Exekutive und Legislative anerkennen, und ebenso wie bei der Transformationstheorie ergibt sich aus dieser Aufspaltung auch die Möglichkeit zu einer weiteren Trenung, nämlich zu einer Übertragung der Zustimmungszuständigkeit auf die Länder(parlamente). Bei näherem Zusehen ist deshalb die Ansicht, die Rezeptionstheorie lasse eine Entscheidung der Länder über die innerstaatliche Wirksamkeit der Vertragsbestimmungen nicht zu, nicht begründet. Nach der Rezeptionstheorie kommt die innerstaatliche Verbindlichkeit durch die — von der parlamentarischen Zustimmung abhängige — Ratifikationserklärung des Bundespräsidenten zustande. Damit ist noch nicht gesagt, daß der Bundespräsident immer an die Zustimmung des *Bundes*parlaments und nicht im Ausnahmefall auch einmal an die Zustimmung des *Landes*parlaments gebunden ist. Die norddeutsche Lösung läßt sich mit der Rezeptionstheorie leicht vereinbaren, wenn man davon ausgeht, daß der Bundespräsident zur Ratifikation übergreifender zustimmungsbedürftiger Verträge der Zustimmung der Länder, gegebenenfalls der Landesparlamente bedarf. Dann mag die innerstaatliche Geltung als Landesrecht die Folge der Ratifizierung sein; der Sache nach ist der Bundespräsident jedenfalls nur nach zustimmendem Entscheid der Län-

---

[44] s. oben S. 147 und 149; nach *von Mangoldt - Klein,* S. 1128, kann die Transformationskompetenz „nicht in Art. 32 geregelt oder angesprochen sein, da dieser ausschließlich die inter governmental division of powers betrifft"..., die Transformationskompetenz aber — zumindest in der Hauptsache — „in den Bereich der intra governmental division of powers gehört". Dem muß jedoch entgegengehalten werden, daß auch *von Mangoldt - Klein* in Art. 59 II keine Kompetenznorm zugunsten des Bundes sehen, diese Funktion dann aber nur Art. 32 I zukommen kann.

[45] So aber *Hamann,* Art. 32, Anm. C 2, *Böning,* DÖV 58, S. 447.

[46] Vgl. *Heckt,* S. 446; anders *Maunz - Dürig,* Art. 32, Rdn. 32 und Art. 59, Rdn. 18.

[47] s. unten S. 162 f.

der tätig geworden. Man kann also nicht sagen, daß eine Beteiligung der Länder bei übergreifenden Verträgen nach der Rezeptionstheorie nicht in Betracht komme, weil ein besonderes Transformationsverfahren im Grundgesetz nicht vorgesehen sei, vielmehr der Vertragsabschluß als solcher die Transformation bewirke[48]. Denn auch nach der Rezeptionstheorie ist es möglich, den Ländern die Entscheidung über die Einführung landesgesetzlicher Normen zuzubilligen; ob die Erklärung des Landesgesetzgebers als „Transformationsgesetz" oder als bloße parlamentarische Zustimmung in Gesetzesform angesehen wird, ist gleichgültig. Es muß sich bei der norddeutschen Lösung also nicht notwendig um eine Trennung von Zustimmung (Bund) und Transformation (Länder) handeln. Will man der Rezeptionstheorie folgen, so läßt sich die Kompetenzverteilung auch im Sinne von Zustimmung (Länder) und rezipierender Ratifikation (Bund) vornehmen.

Zu cc): Die gleiche Grenze wie nach der Transformationstheorie findet die Bundeszuständigkeit auch nach der Rezeptionstheorie, weil auch hier der Satz gilt: Wo die Exekutive nur unter Mitwirkung der Legislative tätig werden darf, eine solche Mitwirkung aber nicht vorgesehen ist, entfällt damit die Befugnis der Exekutive. Auch die Rezeptionstheorie führt also nicht an der Tatsache vorbei, daß die Entscheidung über alle die Gesetzgebung betreffenden Verträge aus dem Grundsatz der Gewaltenteilung heraus bei der Legislative liegen muß und daß das Grundgesetz — neben den politischen Verträgen — doch nur die Zustimmung zu den die *Bundes*gesetzgebung betreffenden Verträgen zur Kompetenz des Bundesgesetzgebers rechnet (Art. 59 II 1). Wer eine Zuständigkeit des Bundes zur Transformation übergreifender Verträge behauptet, ist deshalb auch dann, wenn er sich auf die Rezeptionstheorie beruft, zu einer erweiternden Anwendung des Art. 59 II 1 gezwungen[49].

Die Rezeptionstheorie führt allerdings insofern zu einem abweichenden Ergebnis, als sie dem Bundestag bei übergreifenden Verträgen seine Funktion nimmt. Während nach der Transformationstheorie die Landesparlamente für die Transformation übergreifender Verträge zuständig sind, der Bundestag aber für die vom Bundespräsidenten benötigte Zustimmung[50], ist nach der Rezeptionstheorie die (allein notwendige) Zustimmung Sache der Länder. Eine Beteiligung des Bundestages kommt dann nicht in Betracht.

Für die Frage nach der Kompetenz, die innerstaatliche Wirkung übergreifender Verträge zu bewirken, bedeutet die Rezeptionstheorie aber in keiner Hinsicht den Weg zu einer eigenständigen Lösung.

---

[48] *Heckt*, S. 446.

[49] s. unten S. 162 ff. (164).

[50] s. unten S. 176 f.

b) Artikel 73 Ziff. 1 GG

aa) Ebensowenig wie die Rezeptionstheorie von sich aus zu einer unbegrenzten Transformationszuständigkeit des Bundes führt, so wenig wird umgekehrt ein solches Ergebnis durch die Transformationstheorie von vornherein ausgeschlossen. Es ist zwar eine naheliegende Ansicht, daß die Transformationstheorie den Zentralstaat deswegen an die innerstaatliche Kompetenzordnung bindet, weil es eines Aktes der Gesetzgebung bedarf, um den Vertrag anwendbar zu machen[51]. Warum aber soll der Gesetzesbefehl für den Fall der Transformation ebenso an die Grenzen bundesstaatlicher Kompetenzen gebunden sein wie im Normalfall der Gesetzgebung? Wenn eine Verfassung unzweifelhaft dem Zentralstaat die Befugnis einräumt, auch für die Gliedstaaten Verträge mit bindender Wirkung einzugehen, andererseits sich aber für die Transformationstheorie entscheidet, so zwingt dies nur zu der Annahme, daß die Gesetzgebungszuständigkeit des Zentralstaats für den Sonderfall der Transformation unbegrenzt ist. Die Rechtslage ist dann so zu verstehen, „daß diese Vertheilung der Zuständigkeit zwischen Gesammtstaat und Einzelstaaten nach verschiedenen Materien sich auf diejenigen Fälle beschränkt, in welchen die betreffenden Materien lediglich eine Regelung *innerhalb* des bundesstaatlichen Bereiches erheischen ...“[52]

Dieser Ausweg könnte für das Grundgesetz durch Art. 73 Ziff. 1 eröffnet sein, wenn diese Vorschrift dem Bund unabhängig von der innerstaatlichen Zuständigkeit eine generelle Kompetenz zur Transformationsgesetzgebung verleiht, was nunmehr zu prüfen ist.

bb) Bei der Untersuchung der Abschlußkompetenz des Bundes wurde Art. 73 Ziff. 1 im Hinblick auf die Frage geprüft, ob jede Angelegenheit, die im konkreten Fall Gegenstand eines völkerrechtlichen Vertrages werden kann, damit schon zu den auswärtigen Angelegenheiten zu rechnen ist. Wäre diese Frage zu bejahen gewesen, so hätte sich daraus eine selbständige Begründung für die unbeschränkte Zuständigkeit des Bundes zum Abschluß völkerrechtlicher Verträge ergeben — und dazu noch unter Berücksichtigung der Ansicht, daß auch der Bund zum Abschluß eines Vertrages grundsätzlich einer zugrundeliegenden Gesetzgebungszuständigkeit bedarf. Das Ergebnis war jedoch negativ. Das Grundgesetz versteht in Art. 73 Ziff. 1 unter den auswärtigen Angelegenheiten Gesetzgebungsgegenstände, die ihrer Natur nach ständig für die auswärtigen Beziehungen der Bundesrepublik von Bedeutung sind, also insbesondere alle mit dem deutschen diplomatischen Dienst und den auswärtigen Missionen in Deutschland zusammenhängenden Fragen[53].

---

[51] *Paur*, S. 48; *Bernhardt*, S. 31.
[52] Wilhelm *Kaufmann*, S. 49.
[53] s. oben S. 122 ff.

cc) Nunmehr ist Art. 73 Ziff. 1 unter dem Gesichtspunkt zu prüfen, ob er seine Bedeutung *nach* dem Abschluß eines Vertrages dergestalt erweitert, daß er nunmehr Grundlage zum Erlaß des notwendigen Vertragsgesetzes sein kann. Wäre diese Frage zu bejahen, so ergäbe sich daraus eine elegante Begründung für die Berliner Lösung, weil auf diese Weise auch Art. 59 II 1 keine Schwierigkeiten bereiten würde. Jeder völkerrechtliche Vertrag wäre eine auswärtige Angelegenheit, sein Inhalt gehörte also zur ausschließlichen Bundeszuständigkeit. Jedes Vertragsgesetz würde sich damit auf einen Gegenstand der Bundesgesetzgebung beziehen. Die Nichterwähnung der übergreifenden Verträge in Art. 59 II 1 wäre auf diese Weise erklärt; wie alle übrigen Verträge fielen auch die übergreifenden unter die Verträge, die „sich auf Gegenstände der Bundesgesetzgebung beziehen". Art. 32 I und Art. 73 Ziff. 1 GG würden sich in dem Sinne ergänzen, daß die erstgenannte Bestimmung der Bundes*exekutive* den *Abschluß*, die zweite der Bundes*legislative* die *Transformation* sämtlicher Verträge ermöglichen würde. Diese Ansicht ist von Erich Kaufmann, Scheuner und Grewe geäußert worden[54].

Ihr hat man jedoch zurecht widersprochen[55]. Zunächst bedeutet diese Auslegung, daß dann auch alle anderen Bundesverträge — nicht nur die übergreifenden — auf Grund des Art. 73 Ziff. 1 transformiert würden. Denn eine Einschränkung gerade auf die Verträge, für die eine andere Bundeszuständigkeit nicht gefunden werden kann, ist nicht ersichtlich. Eine so ausgedehnte Auslegung ist aber nie behauptet worden. Wäre jeder Bundesvertrag mit seinem Abschluß eine auswärtige Angelegenheit, dann würden aber auch die von den Ländern gemäß Art. 32 III GG abgeschlossenen Verträge auswärtige Angelegenheiten darstellen und die Transformation zur ausschließlichen Bundeskompetenz zählen. Das wäre völlig abwegig[56]. Bei der von Scheuner, Kaufmann und Grewe vorgeschlagenen Auslegung des Begriffs „Auswärtige Angelegenheiten" müßte man also mehr Ausnahmen machen, als Regelfälle übrig blieben. Schon deshalb verbietet sich diese Ansicht.

Eine Bestätigung der hier vertretenen Auffassung ergibt sich aus der Entstehungsgeschichte der Vorschrift, die sich wörtlich bereits ebenso in Art. 35 Ziff. 1 des Herrenchiemseer Entwurfs findet. Das Recht zum Vertragsschluß folgte damals noch ausdrücklich — für Bund und Länder — der Befugnis zur Gesetzgebung. Da übergreifende Verträge da-

---

[54] Erich *Kaufmann*, Wehrbeitrag II, S. 59; *Scheuner*, Wehrbeitrag II, S. 107, 153; ders., Konkordatsprozeß, S. 709; *Grewe*, VVdStRL 12, S. 167—173, S. 177 (Leitsatz IV 3 c).

[55] *Mosler*, Bilfinger-Festschrift, S. 255, 266; *Bernhardt*, S. 149.

[56] *Mosler*, a.a.O.; *Böning*, DÖV 1957, S. 820.

durch ausgeschlossen waren, konnte das Problem ihrer Transformation nicht auftauchen. Art. 35 Ziff. 1 Herrenchiemseer Entwurf konnte also gar nicht die Kompetenz zur Transformationsgesetzgebung meinen. Wenn man nun annimmt, daß die unverändert in das Grundgesetz übernommene Vorschrift ihren Sinn nicht geändert hat, so ergibt sich daraus, daß die ausdehnende Auslegung für Art. 73 Ziff. 1 nicht zutrifft[57].

c) Erweiternde Anwendung von Artikel 59 II 1 GG?

Schon die erste Durchsicht des Art. 59 II auf seine Vereinbarkeit mit einer unbeschränkten Abschlußkompetenz des Bundes[58] ergab, daß die Vorschrift wohl mit der norddeutschen, nicht aber mit der Berliner Lösung vereinbar ist. Diese Feststellung, die bisher nur in einem Vorgriff auf die jetzt notwendige Prüfung der Transformationszuständigkeit getroffen worden war, ist jetzt näher zu erläutern.

In Art. 59 II 1 GG findet der Grundsatz seinen Ausdruck, daß die Exekutive nicht auf dem Umweg über völkerrechtliche Verträge Normen in das innerstaatliche Recht soll einführen können, die sie nicht auch ohne einen solchen Vertrag erlassen könnte. Art. 59 II 1 dient damit der Durchsetzung der Gewaltenteilung im Bereich der völkerrechtlichen Verträge. Bemerkenswerterweise hat das Grundgesetz diese Absicht in Art. 59 II 1 aber nicht in allgemeiner Weise ausgedrückt, sondern daraus die praktische Konsequenz gezogen und die Verträge, die auf Grund des Gewaltenteilungsprinzips von einer legislativen Zustimmung abhängig sein müssen, ausdrücklich genannt. Es sind dies die Verträge, die bei dem Erlaß entsprechender innerstaatlicher Normen dem Vorbehalt des Gesetzes unterlägen (Verträge, die „sich auf Gegenstände der Bundesgesetzgebung beziehen") und alle Verträge von grundlegender Bedeutung („Verträge, welche die politischen Beziehungen des Bundes regeln"). Aus der Notwendigkeit, auch den Abschluß von Verträgen aus dem *Landesbereich,* die die Gesetzgebung betreffen, von der Zustimmung des Gesetzgebers abhängig zu machen auf der einen Seite — und der Tatsache, daß diese Verträge in Art. 59 II 1 nicht erwähnt sind auf der anderen Seite, ergibt sich der Umfang der Transformationskompetenz des Bundes.

Übergreifende Verträge können gelegentlich unter die politischen Regelungsverträge fallen[59], sie gehören jedoch nicht unter die Verträge, die die Bundesgesetzgebung betreffen. Dabei ist zuzugeben, daß der hier so entscheidende erste Bestandteil des Wortes „Bundesgesetzgebung" im Gesamtzusammenhang des Art. 59 II gerade ohne besondere Bedeutung

---

[57] *Bernhardt,* S. 147; *Maunz - Dürig,* Art. 32, Rdn. 34.

[58] s. oben S. 119 ff.

[59] s. oben S. 149 ff.

ist[60], weshalb Bundes*gesetzgebung* zu betonen ist[61]. Dennoch steht das Wort „Bundes" nun einmal da. Will man also das Transformationsrecht des Bundes auch auf übergreifende Verträge erstrecken, so steht man vor folgender unerquicklicher Alternative:

aa) Entweder erlangen übergreifende Verträge innerstaatliche Wirksamkeit ohne Beteiligung der Legislative. Sie werden dann also, auch wenn sie Gegenstände der Gesetzgebung betreffen, durch einfachen Regierungsakt als innerstaatliche Norm verbindlich.

Diese Lösung bedeutet, daß nicht nur der Bund in Rechte der Länder, sondern zugleich vor allem die Exekutive in Rechte der Legislative eingreifen könnte. Denn auf diese Weise würde die Bundesregierung (bzw. der Bundespräsident) Gesetzesrecht im Bereich der Landesgesetzgebung schaffen, sich also zugleich über rechtsstaatliche Schranken hinwegsetzen können. Dies Ergebnis ist in der Tat „inkonsequent", wie auch ein Vertreter der Berliner Lösung einräumt[62].

bb) Oder man entschließt sich dazu, den Wortteil „Bundes" zu vernachlässigen[63].

Dies würde dem Sinn des Art. 59 II GG nicht grundsätzlich zuwiderlaufen und hätte eine Beteiligung des Bundestages in allen Fällen zur Folge, in denen eine legislative Mitentscheidung notwendig ist. Damit wäre dann das rechtsstaatliche, nicht aber das durch die übergreifenden Verträge aufgeworfene bundesstaatliche Problem gelöst. Denn man muß hier fragen: Sollte der Bundesrat „bei solchen Verträgen, deren Inhalt innerstaatlich in die Bundeszuständigkeit fällt, aber nur mit Zustimmung des Bundesrats normiert werden kann, ein absolutes Vetorecht haben, aber bei den schwerwiegendsten Eingriffen in die Ländersphäre, nämlich bei Bundesverträgen über ausschließliche Ländermaterien, ganz ausgeschaltet sein?"[64].

Diese Frage stellen heißt sie verneinen. Das Auswärtige Amt hat denn auch gelegentlich[65] den Vorschlag gemacht, die Bestimmungen über die Zustimmung des Bundesrates in diesem Falle analog anzuwenden.

---

[60] s. oben S. 120.

[61] *Maunz - Dürig*, Art. 59, Rdn. 17.

[62] *Heckt*, S. 446.

[63] Vgl. *Grewe*, VVdStRL 12, S. 163; vgl. auch *Hüchting*, S. 117 ff., 138 ff.; s. oben S. 121 f.

[64] *Bernhardt*, S. 152 f.

[65] Schreiben des Auswärtigen Amtes an den Vorsitzenden des Rechtsausschusses des Bundesrates vom 26. 3. 1956 — 500-512-07-1884/56 —; vgl. oben S. 72. Der Vertreter Hamburgs sprach sich im Unterausschuß „Verwaltungsabkommen" des Rechtsausschusses des Bundesrates (vgl. oben S. 67 f.) ebenfalls für eine Beteiligung des Bundestages und des Bundesrates aus. Trotzdem soll die Transformation übergreifender Verträge Sache der Länderpar-

Die mangelnde Berücksichtigung des Bundesrates für den Fall der Transformation übergreifender Verträge durch den Bund ist in der Tat so widersinnig, daß man aus ihm ebenso wie aus dem Wort „Bundesgesetzgebung“ den sicheren Schluß ziehen kann, das Grundgesetz lasse eine Transformation übergreifender Verträge durch den Bund — von dem besonderen Fall übergreifender politischer Regelungsverträge abgesehen — nicht zu. Obwohl Art. 59 II 1 GG nicht unmittelbar die Kompetenzen des Bundes bestimmt, tut er dies also doch mittelbar durch den Umstand, daß dort jede Bundeszuständigkeit entfallen muß, wo sie nur durch ein Zusammenwirken von Legislative und Exekutive ausgeübt werden könnte, die Beteiligung der letzteren aber von der Verfassung nicht vorgesehen ist. Die Lösung eines bundesstaatlichen Problems ergibt sich hier also durch ein Zusammenspiel rechtsstaatlicher und bundesstaatlicher Prinzipien; während sich aus der Nichtberücksichtigung des Bundestages ein ausschließlich rechtsstaatliches Argument herleitet, spielen bei dem aus dem Fehlen des Bundesrates gewonnenen Argument auch bundesstaatliche Grundsätze mit.

Wenn auch eine verfassungswidrige Einbeziehung von Bundestag und Bundesrat für die Transformation übergreifender Verträge nicht möglich ist, so ist doch an eine entsprechende Verfassungsänderung zu denken[66]. Ob diesem Ausweg aber gegenüber der norddeutschen Lösung der Vorzug gebührt, muß doch zweifelhaft sein. Er besticht zunächst durch den Umstand, daß der Bundesrat seine Beschlüsse mit der Mehrheit seiner Stimmen faßt, während die norddeutsche Lösung die Entscheidung über die Transformation des Vertrages jedem Land einzeln überlassen muß. In Wahrheit dürfte sich aber auch bei einer Beteiligung des Bundesrates eine Praxis ergeben, die der auf der Lindauer Vereinbarung beruhenden sehr ähnlich wäre. An die Stelle der Ständigen Vertragskommission der Länder[67] würde wohl ein Ausschuß des Bundesrates treten, an den sich die Bundesregierung — um einer Abstimmungsniederlage zu entgehen — ebenfalls schon vor der endgültigen Festlegung des Vertragstextes wenden würde. Bevor dann eine endgültige Stellungnahme des Bundesrates erfolgte, hätte sich wie auch sonst „längst ein zähes Ringen hinter den Türen der Ministerien und Ausschüsse vollzogen“ und wäre „die Mehrzahl der Projekte schon gescheitert oder umgebogen“[68]. Die Solidarität der Länder untereinander ge-

---

lamente sein. Die Zustimmung des Bundesrates sollte eigenartigerweise diesem Transformationsakt vorausgehen und ihn den Ländern zur Pflicht machen.

[66] Vgl. *Heckt*, S. 446.

[67] s. oben S. 84 ff.

[68] Werner *Weber*, Die Verfassung der Bundesrepublik in der Bewährung, S. 24.

genüber dem Bund läßt sie nicht nur im Bundesrat, sondern auch in einer gemeinsamen Einrichtung wie der Ständigen Vertragskommission einheitliche Stellungnahmen suchen. Was im Bundesrat also trotz der Möglichkeit von Mehrheitsentscheidungen eine Stellungnahme erschweren würde, kommt der norddeutschen Lösung in der Form zugute, daß die Länder sich an eine in der Vertragskommission gemeinsam gefaßte Entscheidung — wie die Praxis zeigt — in der Regel halten. Damit würde der theoretische Gegensatz zwischen der Mehrheitsentscheidung des Bundesrates auf der einen und der Unverbindlichkeit der Empfehlungen der Vertragskommission auf der anderen Seite in der Praxis viel von seiner Schärfe verlieren.

Die Einbeziehung des Bundesrates in das Transformationsverfahren bei übergreifenden Verträgen durch eine Verfassungsänderung wäre demnach zwar der einzige Weg zur Verwirklichung der Berliner Lösung, dürfte aber kaum zu praktischeren Ergebnissen führen als die norddeutsche Lösung.

d) Bundesstaatliche Bedenken gegen die Berliner Lösung

aa) Das Grundgesetz garantiert zwar die Gliederung des Bundes in Länder und die grundsätzliche Mitwirkung der Länder bei der Gesetzgebung (Art. 79 III GG), nicht jedoch den ihnen einmal von der Verfassung belassenen Bestand an Gesetzgebungszuständigkeiten. Die Länder haben auf diese Weise den „Status einer autonomen Selbstverwaltungs- oder Gebietskörperschaft, deren Autonomie beträchtlich sein kann, in jedem Falle aber variabel ist und unbeschadet der Verfassungserschwerungen für Verfassungsänderungen (Art. 79 Abs. 1 und 2) zur Disposition des gesamtstaatlichen Gesetzgebers steht“[69]. Wenn deshalb den Länderkompetenzen auch nicht der gleiche Verfassungsschutz wie den Bundeszuständigkeiten zukommt[70], so hat das Grundgesetz die Länderkompetenzen doch auch nicht zur Disposition des *einfachen* Bundesgesetzgebers gestellt. Zu diesem Ergebnis würde aber die Berliner Lösung bei den übergreifenden Verträgen führen. Durch sie würde „der Teilordnung Bund auf Grund einer formalen Zuordnungsnorm eine bedingt konkurrierende Zuständigkeit auf allen sonst den Gliedern vorbehaltenen Gebieten verliehen“ werden[71]. Das kann nicht die Absicht des Grundgesetzes sein.

bb) Die Bedenken gegen die Berliner Lösung werden durch grundsätzliche Darlegungen über die Selbständigkeit der Länder im Bundesstaat

[69] Werner *Weber*, Spannungen und Kräfte im westdeutschen Verfassungssystem, S. 71.

[70] Anders *Mosler*, ZaöRuVR 16, S. 32.

[71] *Bernhardt*, S. 46.

verstärkt, die das Bundesverfassungsgericht im Konkordatsurteil gemacht hat. Es heißt dort, es sei ein „wesentliches Prinzip des Bundesverfassungsrechts..., daß die Länder in ihrem Gesetzgebungsbereich keiner anderen Bindung unterliegen als der an das Grundgesetz"[72]. Damit ist in dem konkreten Zusammenhang des Konkordatsprozesses zunächst gemeint, daß die Länder nicht durch Verträge des Reiches im Bereich der heutigen Landesgesetzgebung gebunden werden können. Daraus läßt sich aber der Schluß ziehen, daß der Bund die Länder — wenn diese nicht einmal durch vorkonstitutionelles Reichsvertragsrecht gebunden sind — erst recht nicht durch neue Verträge verpflichten kann[73]. Der Bund kann also auch nicht auf dem Umweg über eine völkerrechtliche Verpflichtung des Gesamtstaates in den Länderbereich eingreifen. Dies ergibt sich insbesondere auch nicht aus völkerrechtlichen Pflichten, denn „rechtliche Folgen aus einem den Bundesstaat verpflichtenden völkerrechtlichen Vertrag entstehen für die Gliedstaaten ausschließlich nach Maßgabe des Verfassungsrechts. Dieses innerstaatliche Verhältnis kann nicht nach Völkerrecht beurteilt werden, sondern wird ausschließlich durch die bundesstaatliche Rechtsordnung geregelt"[74].

4. Ergebnis

Die Transformationskompetenz des Bundes erstreckt sich grundsätzlich nicht auf Verträge oder Vertragsbestimmungen, die Gegenstände der Landesgesetzgebung betreffen. Ihre Transformierung ist damit Sache der Länder (norddeutsche Lösung). Das ergab sich im wesentlichen aus der Tatsache, daß die Zuständigkeit des Bundes in den Fällen einer aus rechtsstaatlichen Gründen notwendigen Beteiligung des Gesetzgebers mit den Kompetenzen des Bundesgesetzgebers identisch ist. Mittelbar erwies sich deshalb Art. 59 II GG im Verhältnis zu den Ländern als die Grenze für die Transformationszuständigkeit nicht nur des Bundesgesetzgebers, sondern des Bundes überhaupt.

Die Kompetenz des Bundes reicht aber nicht in jedem Falle nur soweit, wie seine allgemeinen Gesetzgebungszuständigkeiten reichen[75]. Darüber hinaus kann der Bund nämlich „diejenigen gegenständlich zum ausschließlichen Bereich des Landesgesetzgebers gehörenden völkerrechtlichen Verträge des Bundes durch Erlaß bundesrechtlicher Vor-

---

[72] BVerfGE 6, 309 ff. (354).

[73] Vgl. *Böning*, DÖV 1957, S. 821.

[74] Bundesverfassungsgericht, a.a.O., S. 366.

[75] So aber Ministerialrat Schumacher in seinem Bericht über die Beratungen des Unterausschusses „Verwaltungsabkommen" des Rechtsausschusses des Bundesrates — Niederschrift über die 160. Sitzung des Rechtsausschusses des Bundesrates vom 26. 1. 1956.

schriften ausführen oder vollziehen und insbesondere den Vertragswortlaut in Bundesrecht umsetzen, die zugleich ‚die politischen Beziehungen des Bundes regeln'"[76]. Soweit — was der Regelfall sein wird — nur einzelne Bestimmungen eines politischen Regelungsvertrages dem Bereich der Landesgesetzgebung angehören, kommt es aber für die Transformationskompetenz des Bundes auf ihre eigene zwingende Erforderlichkeit, nicht auf das Gewicht des ganzen Vertrages an.

III. Die Transformation übergreifender Verträge als Aufgabe der Länder (norddeutsche Lösung)

1. Die Trennung von Abschluß- und Transformationskompetenz

Die erstmalig von norddeutschen Ländern im Bundesrat vorgeschlagene Verteilung von Abschluß- und Transformationskompetenz auf Bund und Länder war zwar zu ihrer Zeit ein novum im deutschen Staatsrecht, läßt sich aber der herkömmlichen Dogmatik ohne weiteres einordnen. Das liegt in erster Linie an der Tatsache, daß Abschluß- und Transformationskompetenz im deutschen Staatsrecht seit langem innerhalb der Reichs- bzw. Bundesorgane getrennt werden, so daß nur die zusätzliche Verteilung auf Bund und Länder nötig ist (unten a). Auf der anderen Seite hat auch die mit der Abhängigkeit von der Zustimmung der Länder im Innenverhältnis verbundene Zuständigkeit des Reiches nach außen sowohl in der Lehre der Kaiserzeit (unten b) als auch in einer Bestimmung der Weimarer Reichsverfassung (unten c) eine alte Tradition. Schließlich ist eine der norddeutschen Lösung entsprechende Konstruktion auch im Schweizer Recht vorgeschlagen worden (unten d).

a) Die Unabhängigkeit der völkerrechtlichen Vertretungsmacht von den internen Befugnissen

Die der norddeutschen Lösung zugrunde liegende Unterscheidung zwischen dem Außenverhältnis und dem Innenverhältnis im Sinne einer unbeschränkten Vertretungsmacht nach außen und einer Beschränkung nach innen ist dem deutschen Verfassungsrecht seit langem im Verhältnis zwischen der Exekutive und der Legislative vertraut. Schon unter der alten Reichsverfassung tauchte die Frage auf, ob die Befugnisse des Kaisers zur Vertretung des deutschen Reichs beim völkerrechtlichen Vertragsschluß nur soweit gingen, wie sie durch die erforderliche Zustimmung des Reichsgesetzgebers abgedeckt waren, oder ob die Vertre-

---

[76] *von Mangoldt - Klein*, S. 1129; die entgegengesetzte Ansicht findet sich — offenbar aufgrund eines Redaktionsversehens — auf S. 1147/48, wo die Transformation übergreifender Bestimmungen politischer Regelungsverträge als Ländersache bezeichnet wird.

tungsmacht von den innerstaatlichen Befugnissen grundsätzlich unabhängig war[77]. Die besonders von Laband sehr eingehend begründete Lehre[78] war der Ansicht, daß Art. 11 III aRV die Legitimation des Staatsoberhaupts zur völkerrechtlichen Vertretung nicht beschränken, sondern den Kaiser nur bei der Vollziehung des Vertrages an die Mitwirkung der Volksvertretung binden wollte, weil *„die Legitimation zur Vertretung* ein ganz anderes Rechtsverhältnis" betreffe als „die Befugnis, Untertanen und Behörden rechtsgültige *Befehle* erteilen zu dürfen"[79].

Im Bundesstaat kann entsprechend die Fähigkeit (des Bundes), sich in völkerrechtlichen Verträgen rechtswirksam zu verpflichten, grundsätzlich von der ganz anderen Befugnis (bei übergreifenden Verträgen: der Länder), innerstaatlich rechtsgültige Befehle zu erteilen, unterschieden werden. Obwohl Laband an eine Möglichkeit wie die norddeutsche Lösung nicht im entferntesten gedacht hat, liest sich seine Verteidigung einer generellen Legitimation des Kaisers zum Abschluß von Verträgen oft wie eine theoretische Vorbereitung der norddeutschen Lösung, so etwa der folgende Satz: „So wie bei den Personen des Privatrechts die Befugnis zur rechtswirksamen Vertretung derselben an ganz andere Bedingungen geknüpft sein kann, wie die Befugnis zur Geschäftsführung, Vermögensverwaltung, Statutenveränderung *innerhalb* der Korporation, so ist auch bei den Personen des öffentlichen Rechtes und insbesondere bei den Staaten weder ein begriffliches noch tatsächliches Hindernis gegeben, daß die Legitimation zur Vertretung durch andere Vorschriften geregelt sei, wie die Befugnis zur Vornahme von Herrschaftsakten innerhalb des Staatsverbandes[80]."

Die Parallele zwischen dem Verhältnis der Bundesorgane untereinander und dem Bund-Länder-Verhältnis ist für den Bereich der völkerrechtlichen Beziehungen nicht nur eine zufällige formale Übereinstimmung, sondern hat ihren guten Grund. Denn es entspricht den Erfordernissen des völkerrechtlichen Verkehrs, daß eine einzige Stelle (die Exekutive bzw. der Bund) zum Abschluß aller Verträge zuständig ist, weil „die Trennung der völkerrechtlichen Legitimation von der innerstaatlichen Durchführungsmacht ... dem Bedürfnis nach Rechtssicherheit im Völkerrecht" entspricht[81]. Andererseits ist es angesichts der durch die Teilung der Gewalten und die bundesstaatliche Struktur begrenzten innerstaatlichen Befugnisse der Bundesexekutive notwendig, daß sie sich die erforderliche Zustimmung vor der endgültigen völkerrechtlichen Bindung erteilen läßt, weil sonst die Erfüllung der übernommenen Ver-

[77] s. oben S. 39.
[78] *Laband* II, S. 133 ff.
[79] *Laband* II, S. 134.
[80] II, S. 134 f.
[81] *Laband* II, S. 143.

pflichtungen nicht gesichert wäre[82]. Die in der norddeutschen Lösung ausgeprägte Parallele zwischen der Kontrollfunktion des Bundesgesetzgebers und der Länder im Rahmen der auswärtigen Gewalt ist um so näherliegend, als sich immer mehr die Überzeugung durchsetzt, „daß die 'horizontale Gewaltenteilung' der alten Lehre sehr wirkungsvoll durch die ‚vertikale' Gewaltenteilung des föderalistischen Prinzips ergänzt wird"[83], so daß Parlament und Länder oft ähnliche machthemmende Funktionen gegenüber der Bundesexekutive ausüben.

b) *Die Vertretungsbefugnis des Reichs nach Haenel*

Die norddeutsche Lösung kann sich auf eine Praxis berufen, die auf die Kaiserzeit zurückgeht und die zum erstenmal von Haenel auch theoretisch begründet worden ist. Wie oben[84] dargelegt, war es im Kaiserreich die fast einhellige Ansicht von Lehre und Praxis, daß das Reich auch beim völkerrechtlichen Vertragsschluß grundsätzlich an seine innerstaatlichen Kompetenzen gebunden war. Es hat deshalb auch keine Reichsverträge gegeben, die ausschließlich oder hauptsächlich Materien der Landesgesetzgebung behandelt hätten. Das Reich hat aber wiederholt Verträge geschlossen, die zugleich die Zuständigkeit des Reiches wie eines Einzelstaates betrafen, ohne daß das Reich auch im Namen des Einzelstaates den Vertrag abgeschlossen hätte. Es handelte sich dabei um Verträge, die die Eisenbahn, die Post, die Telegraphie, die Zölle und das Paßwesen betrafen. Haenel[85] nennt drei Eisenbahnverträge, die „lediglich im Namen des Reiches, aber materiell zugleich für Preußen geschlossen" wurden. Weitere Beispiele bilden die von Haenel genannten Reblauskonventionen vom 17. September 1878[86] und vom 3. November 1881[87], die „die Kompetenz des Reiches nur in Rücksicht auf die stipulierten Verkehrsbeschränkungen und Zollbehandlungen der Reben" berührten, im übrigen aber „in Rücksicht auf die Überwachungs- und Vertilgungsmaßregeln zweifellos in die Kompetenz der Einzelstaaten" fielen[88].

Haenel nahm nun nicht an, daß das Reich bereits auf Grund der Verfassung zu solcher Vertretung der Einzelstaaten befugt sei, aber er wies

[82] Vgl. für die in diesem Sinne gedeutete Funktion des Zustimmungsgesetzes BVerfGE 1, 372 ff. (390).
[83] Werner *Weber*, Stichwort „Gewaltenteilung", a.a.O., S. 501; vgl. ders., Spannungen und Kräfte im westdeutschen Verfassungssystem, S. 72 f.
[84] S. 36 ff.
[85] S. 561, Anm. 2.
[86] RGBl. 1880, S. 15.
[87] RGBl. 1882, S. 125.
[88] *Haenel*, a.a.O.; Nachweise über weitere Reichsverträge, die Fragen der den Einzelstaaten vorbehaltenen Gebiete (Eisenbahnen von untergeordneter Bedeutung, Benutztung von Kanälen, Fischerei in den Flüssen) behandeln, bei Wilhelm *Kaufmann*, S. 54.

doch als erster den Weg, solche Verträge in das System der bundesstaatlichen Kompetenzordnung einzufügen: Er deutete sie als Ausdruck des jederzeit zulässigen Verzichts der Einzelstaaten auf die Ausübung ihrer völkerrechtlichen Befugnisse[89] und leitete daraus für den Einzelfall ein Abschlußrecht des Reichs her, das „alle Beziehungen (s. c. der Einzelstaaten) zu auswärtigen Staaten" deckte[90].

Das bedeutete aber nach Haenel nicht, daß das Reich damit in dem konkreten Fall alle den Vertragsschluß betreffenden Rechte des Einzelstaats wahrnehmen konnte, vielmehr war das Reich nur zum Abschluß selbst berechtigt, im übrigen aber an die verfassungsrechtlichen Vorschriften des Einzelstaats gebunden: „Selbstverständlich ist es, daß das Reich in dem einen wie in dem anderen Falle an die Voraussetzungen gebunden ist welche, sei es nur für die staatsrechtliche oder auch für die völkerrechtliche Gültigkeit eines die partikularen Kompetenzen berührenden Vertrages die Verfassung des Einzelstaates aufstellt. Hier kann also für die rechtliche Gültigkeit eines Vertrages des Reiches die Mitwirkung der legislativen Faktoren des Einzelstaates in Frage kommen[91]."

Mit diesem letzten Satz hat Haenel auch für die konstitutionelle Seite des Problems eine weit vorausschauende und zutreffende Lösung angegeben. Der Schritt von dieser Theorie für Einzelfälle der Praxis zur norddeutschen Lösung liegt nur darin, daß es nach der norddeutschen Lösung nicht eines ausdücklichen Verzichts der Länder auf die eigene Vertretung bei den Verhandlungen mit auswärtigen Staaten bedarf, dies Recht vielmehr als bereits durch das Grundgesetz dem Bund übertragen angesehen wird.

Erich Kaufmann[92] hat der Haenelschen Lösung vorgehalten, „ein solches Zusammenwirken von Reichs- und Landesorganen" sei „eine staatsrechtliche Unmöglichkeit". Kaufmann verneint damit — allerdings ohne Begründung — die Frage, ob Landesparlamente einem vom Bund geschlossenen Vertrag zustimmen können[93]. Man wird diese Lösung aber zulassen müssen, wenn man bedenkt, daß der Bund beim Abschluß dieser Verträge für den Gesamtstaat tätig wird, die Landtage also einem stillschweigend auch im Namen ihres Landes abgeschlossenen Vertrag zustimmen[94].

---

[89] S. 559.

[90] S. 562.

[91] S. 561.

[92] Auswärtige Gewalt, S. 94 f.

[93] Vgl. auch die Stellungnahme von MinDir *Roemer*, o. S. 75 f.

[94] Erich *Kaufmann* äußerte noch ein zweites Bedenken, nämlich daß die Kompetenzscheidung nicht durch einen Vertrag zwischen Reich und Einzel-

c) Artikel 78 III 1 WRV

Für einen Sonderfall, nämlich für „Vereinbarungen mit fremden Staaten über Veränderung der Reichsgrenzen" enthielt die Weimarer Reichsverfassung in Art. 78 III 1 eine Regelung, die die Zuständigkeit des Reiches nach außen mit der Entscheidungsfreiheit des betroffenen Landes im Innenverhältnis verband. Da solche Verträge „nach Zustimmung des beteiligten Landes durch das Reich abgeschlossen" wurden, erschien nach außen „das Reich hier als Einheitsstaat, nur im Innenverhältnis zwischen Reich und Länder" wirkte sich „die Gebietshoheit der Länder durch ihr Zustimmungsrecht noch aus"[95]. Damit war die staatsrechtliche Möglichkeit einer Kombination der Reichs- und der Landeszuständigkeit, die für die alte Reichsverfassung noch geleugnet werden konnte[96] durch die Verfassung anerkannt. Durch die Zustimmung des betroffenen Landes wurde der Vertrag aber auch innerstaatlich nicht zu Landesrecht, vielmehr bestimmte Art. 78 III 2: „Die Grenzveränderungen dürfen nur auf Grund eines Reichsgesetzes erfolgen ...". Auch bei den Grenzverträgen war also Abschluß und Transformation einheitlich Sache des Reiches. Die Zustimmung des Landes hatte daneben nur eine ähnliche Funktion wie umgekehrt die Zustimmung des Reiches zu Verträgen der Länder (Art. 78 II WRV), die an der Umwandlung des Landesvertrages in Landesrecht ebenfalls nichts änderte.

Art. 78 III 1 WRV verband auf eine glückliche Weise die völkerrechtliche Alleinzuständigkeit des Reiches in dieser Frage mit einer vollen Respektierung des in seiner territorialen Integrität betroffenen Landes. Gegen sie war damit „selbst vom partikularistischen Standpunkt sachlich nichts einzuwenden"[97]. Sie unterscheidet sich allerdings von der norddeutschen Lösung dadurch, daß der Grenzänderungsvertrag auch innerstaatlich Reichsrecht wurde (Art. 78 III 2 WRV), während die norddeutsche Lösung in Ermangelung ausdrücklicher Gesetzgebungszuständigkeiten des Bundes annehmen muß, daß die entsprechenden Verträge in Landesrecht transformiert werden.

d) Parallelen zur norddeutschen Lösung im Schweizer Recht

Eine der norddeutschen Lösung entsprechende Theorie vertritt Ruck für das schweizer Staatsrecht[98]. Er übernimmt von Fleiner[99] und der

---

staaten — und sei es auch nur für den Einzelfall — abgeändert werden kann. Dieser Einwand hat jedoch nur noch für die süddeutsche Lösung Bedeutung, die mit einer Rechtsübertragung von Fall zu Fall helfen muß.

[95] *Heckel*, S. 218.

[96] Erich *Kaufmann*, Auswärtige Gewalt, S. 94 f.

[97] *Nawiasky*, Grundprobleme, S. 62.

[98] S. 325 f.; vgl. dazu oben S. 29 f.

älteren „föderalistischen" Ansicht die enge Interpretation des Art. 8 BV, wonach dem Bund nur ein umfassendes *Abschluß*recht zusteht, dem keine innerstaatlichen Befugnisse entsprechen. Ruck scheint aber diese für den Bund zunächst nutzlose Zuständigkeit nun in der Weise ausgestalten zu wollen, daß er ihm auch das Recht zubilligt, Staatsverträge im eigenen Namen einzugehen, die kantonale Angelegenheiten zum Inhalt haben. „Deren staatsvertragliche Regelung durch den Bundesrat" kann dann aber nur „mit kantonaler Zustimmung in Kraft treten"[100]. „In solchen Fällen wäre der Abschluß eines Vertrages ohne die rechtliche Sicherung seiner Erfüllung unverantwortlich. Der Bundesrat muß daher die kantonale Zustimmung vor Abschluß des Vertrages beschaffen oder dem ausländischen Vertragsstaate gegenüber als Vertragsbedingung vorbehalten; andernfalls könnten sich bei kantonaler Ablehnung staats- und völkerrechtliche Schwierigkeiten ergeben, die mit dem Ansehen des Bundes nicht vereinbar sind[101]."

Auch wenn man eine solche Auffassung für das schweizer Recht angesichts des Art. 8 BV ablehnt[102], so zeigt sie doch, daß eine der norddeutschen Lösung entsprechende Zuständigkeitsverteilung auch in der Schweiz für verfassungsrechtlich möglich gehalten wird.

2. Die Zustimmung der Länder als Transformation in Landesrecht

a) Stimmen die Länder dem Entwurf eines übergreifenden Vertrages zu, so bewirkt diese Erklärung, daß der Vertrag mit dem Augenblick seiner völkerrechtlichen Verbindlichkeit in Landesrecht transformiert wird. Die Zustimmung bedeutet also die aufschiebend durch den Abschluß des Vertrages bedingte Transformation des dazu geeigneten Vertragsinhalts in Landesrecht. Ob die Zustimmung des Landes zunächst durch das Landesparlament erfolgt und durch das zur Vertretung nach außen berufene Landesorgan dem Bundespräsidenten nur mitgeteilt, oder aber ohne Einschaltung des Parlaments von diesem Organ selbst erteilt wird, ist dabei gleichgültig. Dies mag zunächst überraschen, weil als Transformation gewöhnlich nur die Zustimmungserklärung des Parlaments angesehen wird. Doch bedarf es eines Transformationsaktes auch dann, wenn das Parlament nicht beteiligt ist; er liegt dann in der Veröffentlichung oder der sonstigen Bekanntgabe des Vertragsinhalts als verbindliches innerstaatliches Recht. Aufgrund der Transformationserklärung ist mit dem Augenblick der völkerrechtlichen Verbindlichkeit

[99] S. 751.
[100] S. 326.
[101] a.a.O.
[102] s. o. S. 30 f.

nicht nur der dazu fähige Teil des Vertrages transformiert; die zuständigen Landesorgane sind darüber hinaus zur Erfüllung des nicht-transformationsfähigen Vertragsinhalts durch den Erlaß der entsprechenden Vorschriften verpflichtet.

Zwar repräsentiert der Bundespräsident nicht nur den Bund, sondern den Gesamtstaat, also auch die Länder. Ein von ihm im Namen der Bundesrepublik geschlossener Vertrag wird damit aber auch dann, wenn er sich auf Landesgesetzgebungsfragen bezieht, nicht zu einem Vertrag der Länder. Es liegt also das eigenartige Phänomen eines in Landesrecht transformierten Bundesvertrages vor. Diese Konstruktion wäre sicherlich nicht möglich, wenn Bund und Länder getrennte Staaten wären, muß aber im Bundesstaat zulässig sein. Sie ist der Ausdruck des allgemeinen bundesstaatlichen Prinzips, daß die Aufgaben des Gesamtstaates auf die Teilordnungen Bund und Länder verteilt sind, die sich wiederum gegenseitig zu dem Gesamtstaat integrieren. Eine enge Verzahnung von Bundes- und Landeszuständigkeiten liegt damit im Wesen des Bundesstaates.

Die Länder haben — nachdem die Beratungen in der ständigen Vertragskommission abgeschlossen[103] sind und ihnen der Text zur Zustimmung zugegangen ist — nur noch das Recht, mit ja oder nein zu stimmen. Änderungsanträge sind ebenso unzulässig wie bei den Beratungen des Parlaments über ein Vertragsgesetz[104].

b) Welches Organ des Landes für die Erklärung der Zustimmung zuständig ist, wird nach Landesrecht entschieden. Da der Fall einer Zustimmung zu Bundesverträgen in den Landesverfassungen nicht vorgesehen ist, richtet sich die Zuständigkeit nach der Regelung für die entsprechenden Fälle von Landesverträgen. Würde ein dem übergreifenden Vertrag entsprechender Landesvertrag also dem Parlament zur Zustimmung vorgelegt werden, so muß auch die Zustimmung zu dem übergreifenden Vertrag vom Parlament erteilt werden[105].

Hinsichtlich der Beteiligung des Parlaments an dem Zustandekommen von Verträgen sind drei verschiedene Arten von Landesverfassungen zu unterscheiden: Die Verfassungen von Baden-Württemberg (Art. 50), Bayern (Art. 72 II), Hessen (Art. 103 II), Nordrhein-Westfalen (Art. 66 Satz 2) und die Verfassung des Saarlandes (Art. 97 Satz 2) sehen eine notwendige Zustimmung der Parlamente bei schlechthin allen „Staatsverträgen" vor. Dagegen ist in Hamburg (Art. 43) die Zustimmung der

---

[103] s. o. S. 85 ff. (bb).

[104] Vgl. § 78, Satz 4 der Geschäftsordnung des Bundestages; *Baade*, S. 89.

[105] Vgl. von *Mangoldt-Klein*, S. 1129 (Transformation „durch die jeweils für die Landesgesetzgebung zuständigen Körperschaften").

Bürgerschaft nur vorgesehen, „sofern die Verträge Gegenstände der Landesgesetzgebung betreffen oder Aufwendungen erfordern, für die Haushaltsmittel nicht vorgesehen sind". In ähnlicher Weise ist in Niedersachsen (Art. 26 II) die Zustimmung des Landtags auf die Verträge beschränkt, „die sich auf Gegenstände der Gesetzgebung beziehen". Nach der schleswig-holsteinischen Verfassung (Art. 25 II 2) bedürfen Verträge mit der Bundesrepublik oder mit anderen Ländern, soweit sie „Gegenstände der Gesetzgebung betreffen oder zu ihrer Durchführung eines Gesetzes bedürfen" der Zustimmung des Landtages. Die dritte Gruppe bilden schließlich die Stadtstaaten Bremen (Art. 118 I 2) und Berlin (Art. 43 I 1), die eine Beteiligung der Parlamente gar nicht erwähnen. Die Unterschiedlichkeit in der Formulierung der Landesverfassungen dürfte jedoch ohne materielle Bedeutung sein. Aus dem Grundsatz der Rechtsstaatlichkeit ergibt sich ganz allgemein die Pflicht, das Parlament in all den Fällen zu beteiligen, in denen durch einen Vertrag Fragen der Gesetzgebung betroffen werden.

Die Zustimmung der Landesparlamente erfolgt entsprechend der Transformationstheorie[106] in der Form eines materiellen Gesetzes. Steht der Inhalt des Vertrages in Widerspruch zu Bestimmungen der Landesverfassung, so kann die Zustimmung nur unter den Voraussetzungen erfolgen, unter denen eine Verfassungsänderung zulässig ist.

Die Beteiligung der Landesparlamente ist in der Lindauer Vereinbarung[107] zwar nicht vorgesehen, doch ist das ohne Bedeutung[108].

Obwohl im allgemeinen „die föderalistische Zuständigkeitsverteilung des GG dem Bunde im Schwerpunkt die Gesetzgebung, den Ländern aber die Verwaltung zugewiesen hat" und dadurch „eine neuartige Gegenüberstellung von Legislative und Exekutive entstanden" ist[109], ergibt die norddeutsche Lösung — soweit sie eine Beteiligung der Landesparlamente notwendig macht — für den Bereich der übergreifenden Verträge eine Umkehrung dieser typischen Zuordnung: Beteiligt ist auf der Seite des Bundes die Bundesregierung bzw. der Bundespräsident, auf seiten der Länder sind es die Landesparlamente.

Gegenstand des Zustimmungsgesetzes ist nicht der noch gar nicht abgeschlossene Vertrag, sondern ein Vertragsentwurf[110]. Ob der Vertrag

---

[106] s. o. S. 156 f.

[107] s. o. S. 80 ff.

[108] So richtig die Niedersächsische Landesregierung — Niedersächsischer Landtag, 5. Wahlperiode, Drucksache Nr. 155, „Begründung zum Zustimmungsgesetz", 1.; unrichtig Kopf, Deutscher Bundestag, 4. Wahlperiode, 107. Sitzung vom 22. Januar 1964, Sten. Ber., S. 4974 (B).

[109] Werner *Weber*, Stichwort „Gewaltenteilung", a.a.O., S. 501.

[110] *Laband* II, S. 156; Erich *Kaufmann*, Normenkontrollverfahren, S. 452.

tatsächlich abgeschlossen wird, liegt im Ermessen des Bundespräsidenten und des Vertragspartners und mag bei übergreifenden Verträgen mittelbar auch von der Zustimmung der übrigen Länder abhängen. Die Transformation des Völkervertragsrechts in Landesrecht tritt also erst mit dem Inkrafttreten des Vertrages ein[111]. Da der Zeitpunkt des Inkrafttretens des Vertrages „incertus an et quando" ist, sieht das Vertragsgesetz vor, daß er später im Gesetzblatt verkündet wird[112].

c) Durch die Deutung der von den Ländern erteilten Zustimmung als aufschiebend bedingte Transformation des Vertragsrechts ist bei der norddeutschen Lösung die Gefahr des völkerrechtlich wirksamen Abschlusses von Verträgen, denen die innerstaatlich zuständigen Stellen die Durchführung versagen (hinkende Verträge), genauso ausgeschlossen (aber auch theoretisch genauso möglich) wie nach der Transformationstheorie allgemein. Zu hinkenden übergreifenden Verträgen könnte es also, ähnlich wie in anderen Fällen, nur dann kommen, wenn der Bundespräsident eigenmächtig ohne die notwendige Zustimmung der Länder den Vertrag ratifizieren würde. Gegen solchen Mißbrauch ist das Verfassungleben aber auch im Verhältnis der Bundesorgane durch Art. 59 II nicht geschützt. Auch hier gibt es nur eine „verfassungsmäßige Rechtspflicht" des Staatsoberhauptes, von der ihm anvertrauten Vertretungsbefugnis nur nach der Erteilung der nötigen Zustimmung Gebrauch zu machen[113]. Bei übergreifenden Verträgen gelten also nur die gleichen Grundsätze im Verhältnis zwischen Bund und Ländern wie sonst im Verhältnis zwischen den Bundesorganen[114]. Der Grundsatz, daß unmittelbar anwendungsfähige Staatsverträge mit ihrem Abschluß auch innerstaatlich maßgeblich sein müssen[115], wird also durch die norddeutsche Lösung trotz der Aufspaltung der Zuständigkeiten nicht durchbrochen.

Mit der Verabschiedung des Zustimmungsgesetzes ist allerdings keine Gewähr dafür gegeben, daß der Bundespräsident den Vertrag auch ratifiziert, das Vertragsgesetz also endgültig in Kraft tritt. Wenn also auch hinkende Verträge praktisch ausgeschlossen sind, so kann es doch

---

[111] Erich *Kaufmann*, a.a.O., S. 448; vgl. auch von *Mangoldt-Klein*, S. 1149.

[112] Erich *Kaufmann*, a.a.O., S. 452; vgl. etwa das baden-württembergische „Gesetz über das Übereinkommen gegen Diskriminierung im Unterrichtswesen vom 10. 3. 1964" (Gesetzblatt für Baden-Württemberg, 1964, S. 107), dessen § 3 bestimmt: „Der Tag, an dem das Übereinkommen für die Bundesrepublik Deutschland in Kraft tritt, ist im Gesetzblatt bekanntzugeben."

[113] Vgl. *Laband*, II, S. 141.

[114] Vgl. den Bericht von MinR *Schumacher* über die Beratungen des Unterausschusses „Verwaltungsabkommen" des Rechtsausschusses des Bundesrates, Niederschrift über die 160. Sitzung des Rechtsausschusses des Bundesrates vom 26. Januar 1956, Anlage 1, s. oben S. 71.

[115] *Bernhardt*, S. 30.

umgekehrt zu unerfüllten Vertragsgesetzen kommen. Beispiele dafür finden sich auch unter den Vertragsgesetzen des Bundes[116].

d) Wie langwierig der Prozeß sein kann, der durch die Beteiligung der Länder bzw. Landesparlamente nötig wird, zeigte sich anläßlich der Europäischen Konvention über die Gleichwertigkeit der Studienzeit an den Universitäten vom 15. Dezember 1956[117]. Bei der ersten Lesung des von der Bundesregierung eingebrachten Gesetzentwurfes zu dieser Konvention stellte der Abgeordnete Hellige (FDP) am 22. Januar 1964 fest: „Heute, im achten Jahr nach dem Abschluß der Konvention, nach gut sechsjährigen Verhandlungen mit den Ländern liegt das Gesetz zur ersten Lesung auf dem Tisch des Hauses, nachdem die deutsche Delegation beim Europarat mehrmals durch Anfragen nachgeholfen hat[118]." Die Folge der langen Verzögerung war nach den Worten des Abgeordneten, daß die Absicht der Konvention ohnehin längst von den europäischen Universitäten verwirklicht worden war[119].

Demgegenüber nimmt es sich etwas allzu theoretisch aus, wenn Ministerialrat Schumacher in seinem Bericht über die Beratungen des Unterausschusses „Verwaltungsabkommen"[120] zu dem Ergebnis kam, in derselben Zeit, in der der Bundestag das Zustimmungsgesetz beschließe, könne auch die Zustimmung der Länder eingeholt werden; die Landesparlamente seien so wenig belastet, daß hier Schwierigkeiten nicht zu befürchten seien.

3. Die Zustimmung des Bundestages als die dem Bundespräsidenten erteilte Erlaubnis zum Abschluß des Vertrages

a) Obwohl eine Beteiligung des Bundestages für übergreifende Verträge in Art. 59 II 1 nicht vorgesehen ist und die Transformation durch die Länder bzw. ihre Parlamente erfolgt, bleibt noch Raum für eine Mitwirkung des Bundestages. Denn nach der Transformationstheorie hat die Zustimmung des Gesetzgebers nicht nur die Funktion der Umsetzung des Vertragsinhaltes, sondern auch die Bedeutung einer an den Bundespräsidenten gerichteten Erlaubnis zum Abschluß des Vertrages[121]. Die Erlaubnis können die Länder dem Bundespräsidenten aber nicht erteilen, da es sich um einen Bundesvertrag handelt. Andererseits be-

---

[116] Nachweis bei *Langner*, S. 229.

[117] s. o. S. 97.

[118] Deutscher Bundestag, 4. Wahlperiode, 107. Sitzung, Sten. Ber., S. 4973 (B).

[119] a.a.O. (C).

[120] Niederschrift über die 160. Sitzung des Rechtsausschusses des Bundesrates vom 26. Januar 1956, Anlage 1.

[121] s. o. S. 156.

darf der Bundespräsident der Erlaubnis bei allen Verträgen, die Gegenstände der Gesetzgebung (und nicht nur der Verwaltung) betreffen.

Die übliche Beteiligung des Bundestages ist also korrekt[122]. Doch muß dabei beachtet werden, daß das Vertragsgesetz des Bundestages in diesem Falle auch vom Standpunkt der Transformationstheorie aus betrachtet nur ein — da die Transformationswirkung entfällt — Gesetz im formellen Sinne ist. Es hat also eine ähnliche Funktion wie das Vertragsgesetz nach der Rezeptionstheorie überhaupt[123].

b) Eine Beteiligung des *Bundesrates* kommt nicht in Betracht. Sie ist vom Grundgesetz nicht vorgesehen und auch — da die Länder selbst eingeschaltet sind — nicht notwendig.

4. Verpflichtung der Länder zur Transformation?

a) Wenn die Länder für die Transformation zuständig sind, ist eine einheitliche innerstaatliche Geltung des Vertrages nur gewährleistet, wenn die Länder zur Transformation verpflichtet sind. Eine solche Lösung hat viel für sich. Sie beläßt dem Landesgesetzgeber die ausschließliche Zuständigkeit in seinem Bereich und macht die Bundesrepublik doch im völkerrechtlichen Verkehr so beweglich wie die Einheitsstaaten. Die Frage ist nur, ob sie zulässig ist.

Das Problem ist nicht häufig in der Literatur erörtert worden, weil es sich nur für Vertreter der norddeutschen Lösung stellt. Von ihm ist die ganz andere Frage zu unterscheiden, nämlich die, ob die Länder zu einer Transformation verpflichtet sind, nachdem sie dem Abschluß des Vertrages durch den Bund zugestimmt haben. Dieser Fall tritt nach der hier vorgeschlagenen Lösung, nach der die Zustimmung immer schon die aufschiebend bedingte Transformation bedeutet, nicht ein, doch ist er in der Literatur genannt worden, wobei eine Verpflichtung des Landes, den Vertrag zu transformieren, angenommen wurde[124]. Die hier

---

[122] Unklar allerdings der schriftliche Bericht des Ausschusses für Auswärtige Angelegenheiten des Deutschen Bundestages über den von der Bundesregierung eingebrachten Entwurf eines Gesetzes zu dem europäischen Übereinkommen vom 15. Dezember 1956 über die Gleichwertigkeit der Studienzeit an den Universitäten (4. Wahlperiode, Drucksache IV 2385 vom 16. Juni 1964): Das Übereinkommen bedürfe nach Art. 59 II 1 der Zustimmung der für die Bundesgesetzgebung zuständigen Körperschaften in der Form eines Bundesgesetzes, da es sich „auf Gegenstände der Gesetzgebung" beziehe. — Die Vertreter der Länder Baden-Württemberg und Niedersachsen hatten im Unterausschuß „Verwaltungsabkommen" des Rechtsausschusses des Bundesrates eine Beteiligung des Bundestages abgelehnt (vgl. o. S. 67 bb) a)).

[123] s. o. S. 216.

[124] *Haenel*, S. 560/561; *Böning*, DÖV 1957, S. 820; *Maunz-Dürig*, Art. 32, Rdn. 43 (Transformationspflicht der Länder nach entsprechender Bevollmächtigung des Bundes zum Abschluß des Vertrages oder einer entsprechenden Kompetenzübertragung auf den Bund).

interessierende Fragestellung wird ebenfalls nicht in den Stellungnahmen von Grewe[125], Kaiser[126] und Scheuner[127] behandelt. Da die genannten Autoren dem Bund das Recht zur Transformation aller Verträge zuweisen, stellt sich für sie nur die Frage, ob die den Ländern verbliebene Kompetenz zur *Durchführung* Recht oder Pflicht ist. Grewe kommt dabei zu dem Ergebnis, man werde „im Hinblick auf das System des Grundgesetzes annehmen müssen, daß die Länder verfassungsrechtlich verpflichtet sind, die zu einem vom Bunde geschlossenen Vertrage erforderlichen Ausführungsgesetze zu erlassen"[128]. In ähnlicher Weise nimmt Kaiser[129] an, daß die Länder „pflichtgemäß an der Erfüllung der völkerrechtlichen Verträge des Bundes" mitzuwirken haben.

Mit der Frage, ob die Länder zur Transformation verpflichtet sind, beschäftigen sich Böning und Maunz. Böning[130] hält es für „sehr zweifelhaft, ob die Länder einen ohne vorherige Fühlungnahme mit ihnen geschlossenen völkerrechtlichen Vertrag stets transformieren müssen". Es müsse von der „Lage des Einzelfalles" abhängen, „ob das Land im Falle der Ablehnung des Vertrages gegen den Grundsatz der Bundestreue" verstoße. Gegen eine Verpflichtung der Länder zur Transformation übergreifender Bundesverträge hat sich auch Maunz ausgesprochen[131]. Seiner Auffassung nach ergibt sich eine solche Verpflichtung auch nicht aus dem Grundsatz der Bundestreue, da dieser „keine neuen Kompetenzen schaffen oder im Zweifel eine Bundeszuständigkeit nahelegen" könne. Ihm stehe im übrigen die Bundesverpflichtung gegenüber, die Länderinteressen zu achten. Für eine Verpflichtung der Länder hatte sich nur der Vertreter Hamburgs in den Sitzungen des Unterausschusses „Verwaltungsabkommen" des Rechtsausschusses ausgesprochen[132]. Voraussetzung für die Verpflichtung der Länder zur Transformation übergreifender Verträge war aber nach Ansicht des Hamburger Vertreters die vorherige Zustimmung des Bundesrates.

b) Um den Entscheidungsspielraum richtig bemessen zu können, der den Ländern bei der Transformation übergreifender Verträge zukommt, ist es nützlich, dieses Problem im Zusammenhang mit anderen Fällen zu betrachten, in denen der Wunsch nach einheitlichem Landesrecht die

---

[125] VVdStRL 12, S. 172.

[126] a.a.O., S. 549.

[127] Konkordatsprozeß, S. 710.

[128] a.a.O.

[129] a.a.O.

[130] DÖV 1957, S. 820.

[131] *Maunz-Düring,* Art. 32, Rdn. 35: Dies ist jedoch bei Maunz nur eine außerhalb seiner eigenen Argumentation angestellte Überlegung, da er dem Bund bereits das Recht zum Abschluß übergreifender Verträge abspricht.

[132] s. o. S. 67 und 69.

Freiheit der Länder einschränkt. Die Erkenntnis, daß der landesrechtlichen Zersplitterung vieler Rechtsgebiete Einhalt geboten werden muß, ist weit verbreitet und so suchen die Länder vielfach Abhilfe in der freiwilligen Koordinierung ihrer Gesetzgebungsarbeit. Aber dieses Eingehen auf die Forderungen nach Übersichtlichkeit und weiträumiger Geltung unseres Rechts berührt den bundesstaatlichen Grundsatz der Selbständigkeit der Gliedstaaten. Denn hier taucht die Frage auf, „wo denn die Selbstbestimmung der Länder bleibt, wenn jedes von ihnen sich mit 9 oder 10 anderen zu einem von seinen Delegierten ausgehandelten Kompromiß verstehen muß"[133]. Das Bestreben, die offensichtlichen Nachteile der föderalistischen Struktur wieder auszugleichen, stellt aber nicht nur den Bundesstaat, sondern auch die Herleitung der gemeinschaftlichen Landesnormen aus der freien Entscheidung des Landesgesetzgebers und damit die Demokratie in Frage. Bezieht sich das Bestreben nach Vereinheitlichung des Landesrechts nämlich auf Gegenstände, die gesetzlich geregelt werden müssen, so stellt sich die Frage, wie sich „die Koordinierungskompromisse der internen Länderkonferenzen mit den Vorstellungen von demokratischer Willensbildung und öffentlicher demokratischer Verantwortung vertragen"[134]. Ob eine Transformationspflicht der Länder besteht, wird deshalb zweckmäßigerweise getrennt untersucht, je nachdem ob die Landesparlamente (unten c) oder die Landesregierungen (unten d) die Zustimmung erklären.

c) Das erste Bedenken gegen eine Transformationsverflichtung der Länder ergibt sich aus der mit ihr notwendig verbundenen Beeinträchtigung der Legislative zugunsten der Exekutive. Wenn die Transformation einen Akt der Gesetzgebung erfordert, wären alle Landtagsabgeordneten — oder doch ihre Mehrheit — verpflichtet, ein ganz bestimmtes Transformationsgesetz zu erlassen. Das wäre ohne Zweifel ein Verstoß gegen den auch in den Länderverfassungen verankerten Grundsatz der freien Gewissensentscheidung der Abgeordneten. Mag es auch zwischen Bund und Ländern Abhängigkeitsverhältnisse, Verpflichtungen und Rücksichtnahmen geben, die eine freie Entscheidung einschränken oder gar ausschließen — zum Erlaß eines bestimmten Wort für Wort feststehenden Gesetzes kann keine demokratische Volksvertretung verpflichtet sein, die diese Bezeichnung verdient[135]. Das Landesparlament wäre hier in einer anderen Lage als beim Erlaß eines Landesgesetzes im Bereich der Rahmengesetzgebung des Bundes. Dann liegt zwar eine letztlich selbständige Regelung des Landesgesetzgebers auch nicht vor, weil die Entscheidungsmöglichkeit der Landesparlamente durch die

[133] Werner *Weber*, Spannungen und Kräfte im westdeutschen Verfassungssystem, S. 78.

[134] Werner *Weber*, a.a.O.

[135] s. o. S. 153.

richtlinienartigen Bestimmungen des Rahmengesetzes begrenzt und, soweit unmittelbar geltende Vorschriften vorliegen, ausgeschlossen ist. Dennoch bleibt jedem Landesparlament ein gewisses Stück eigener Betätigung; die Abgeordneten sind nicht zur Verabschiedung eines im voraus festliegenden Textes verpflichtet.

Ein eigener Entscheidungsbereich bleibt den Länderparlamenten auch dann, wenn sie zum Erlaß von *Ausführungsgesetzen* verpflichtet sind, wie es beispielsweise Art. 16 der österreichischen Verfassung vorsieht[136]. Auch mit solchen Regelungen kann deshalb die Zulässigkeit einer Verpflichtung zur Transformation nicht begründet werden.

Zusätzliche Bedenken hat das Bundesverfassungsgericht im Konkordatsprozeß erhoben[137]. Das Gericht erörtert in diesem Urteil die Ansicht der Antragstellerin, der Landesgesetzgeber sei wegen Art. 123 II GG an das Reichskonkordat gebunden. Es weist diese Auffassung mit dem Hinweis zurück, sonst könnten einerseits „die Länder solchen Verträgen widersprechendes innerstaatliches Recht nicht setzen", andererseits könne der Bundesgesetzgeber „Recht auf diesem Gebiet ebenfalls nicht setzen, da ihm die Gesetzgebungsbefugnis" in Schulfragen nicht zustehe. Ein solcher Rechtszustand ist nach Ansicht des Bundesverfassungsgerichts nicht denkbar, und zwar bemerkenswerterweise nicht deshalb, weil das gesetzgeberische Vakuum zu einer erzwungenen Konservierung des bestehenden Rechtszustandes führen würde, sondern aus einem anderen, dem Verhältnis Legislative/Exekutive und zugleich dem Verhältnis Bund/Länder entnommenen Argument: „Die Dispositionsbefugnis über diesen Rechtsbestand stünde . . . formell der Bundesregierung zu, weil . . . sie allein darüber bestimmen könnte, ob am Vertragsinhalt festgehalten werden soll oder nicht[138]." Das Urteil fährt dann fort: „Dieses Ergebnis ist unhaltbar. Es würde dazu führen, daß das Regierungsorgan des Bundes allein über Landesrecht bestimmen könnte. Damit würde nicht nur die Kompetenzverteilung zwischen dem Bund und den Ländern verletzt, sondern es würde auch darüber hinaus die Gesetzgebungsbefugnis eines Gesetzgebungsorgans des Landes zugunsten der Regierung des Bundes verkürzt[139]."

Die Lehre aus diesen Ausführungen des Bundesverfassungsgerichts für das hier erörterte Problem liegt auf der Hand: Wenn es schon unhaltbar ist, der Bundesregierung die Entscheidung darüber einzu-

[136] „Die Länder sind verpflichtet, Maßnahmen zu treffen, die in ihrem selbständigen Wirkungsbereich zur Durchführung von Staatsverträgen erforderlich werden . . ."

[137] BVerfGE 6, 309 ff. (352).

[138] a.a.O.

[139] a.a.O.

räumen, ob sie einen Bereich der Landesgesetzgebung für die gesetzliche Regelung durch die Länderparlamente freigibt oder nicht, so ist es noch weniger vertretbar, der Bundesregierung sogar bis in den Wortlaut hinein die Entscheidung darüber zu überlassen, in welcher Weise die Länder einen Bereich ihrer Gesetzgebungszuständigkeit zu regeln haben.

d) Eine Verpflichtung der Landesregierungen zur Erteilung der Zustimmung ist — soweit sie dafür überhaupt zuständig sind — nicht von vornherein von der Hand zu weisen und könnte sich aus der Pflicht zu bundesfreundlichem Verhalten ergeben.

Innerhalb des Bundesstaates gibt es neben den in der Verfassungsurkunde festgelegten Normen, die das Verhältnis von Zentralstaat und Gliedstaaten untereinander regeln, auch ungeschriebene Verpflichtungen. Ein Teil von ihnen wird unter dem Begriff der Pflicht zu bundesfreundlichem Verhalten zusammengefaßt. Sie ist eine dem Grundgesetz immanente Verfassungsnorm[140], die sich aus dem Wesen des Bundesstaates ergibt[141]. Sie ist als ungeschriebenes Verfassungsrecht Bestandteil des Grundgesetzes[142]. Die Pflicht zu bundesfreundlichem Verhalten gilt in allen Bereichen des Zusammenwirkens von Bund und Ländern. Sie zwingt beide Teile des Bundesstaates zur steten Rücksichtnahme auf die Belange des anderen. Am treffendsten ist sie wohl mit Bilfinger[143] als „Pflicht zur Orientierung der Politik der Bundesmitglieder nach dem Sinne der Bundesordnung" oder als ein „Sich-Einordnen in das Ganze"[144] zu bezeichnen. Die Pflicht zu bundesfreundlichem Verhalten sorgt dafür, daß Bund und Länder nicht auseinanderstreben, daß sie sich aber auch nicht störend zu nahe kommen. Sie beläßt beiden Partnern des Bundesstaates den notwendigen Entscheidungsspielraum und gibt ihnen doch den begrenzenden Rahmen, der zur freien Entfaltung des anderen und zur gemeinsamen Erfüllung der beiden übereinstimmend gestellten Aufgabe notwendig ist.

---

[140] BVerfGE 6, 309 ff. (361); *Tietz*, Urteilsanmerkung, AöR Bd. 77, S. 337; *Maunz-Dürig*, Art. 20, Rdn. 23.

[141] *Nawiasky-Lechner*, Die Verfassung des Freistaats Bayern, Ergänzungsband, S. 11; von *Lex*, Die Entwicklung des Verhältnisses von Bund und Ländern in der Bundesrepublik, Festschrift für W. *Laforet*, S. 53; ähnlich *Schäfer*, Bundesaufsicht und Bundeszwang, AöR Bd. 78, S. 41; E. R. *Huber*, Deutsche Verfassungsgeschichte I, S. 660.

[142] Allgemeine Meinung; für die Beteiligten des Konkordatsprozesses: Werner *Weber*, Konkordatsprozeß, S. 1603; *Maunz*, Konkordatsprozeß, S. 1632; *Mosler*, ebd. S. 1583; *Schüle*, ebd. 1616; vgl. auch *Ipsen*, Hamburgs Verfassung und Verwaltung, S. 317.

[143] Betrachtungen über politisches Recht, ZaöRuVR, Bd. 1, S. 57 ff. (S. 74).

[144] *Bilfinger*, Preußen contra Reich vor dem Staatsgerichtshof, sten. Ber. der Verhandlungen vor dem Staatsgerichtshof in Leipzig vom 10./14. und 17. Oktober 1932, S. 150.

Das mit dem Stichwort „bundesfreundliches Verhalten" aufgeworfene Problem ist naturgemäß viel zu umfangreich, um hier eingehend erörtert werden zu können. Aus dem wenigen Gesagten ergibt sich aber schon, daß die Pflicht zu bundesfreundlichem Verhalten — wenn sie auch nicht nur negativ eine Kompetenzschranke ist, sondern selbständig neue Pflichten begründen kann[145] — doch nicht die Kraft hat, auch für einen kleinen Bereich die Kompetenzschranken dauernd zu verschieben. Sie allein ist kein taugliches Mittel, geschriebene Bestimmungen des Bundesverfassungsrechts zu ersetzen. Sie hält die Partner des Bundesstaates nur zu einer Abstimmung ihrer Tätigkeiten und Ziele an, zwingt sie aber nicht zu einem Gleichschritt, der von einem Teil bestimmt und vom anderen zwangsweise nachvollzogen wird. Das gilt selbst für untergeordnete Bereiche, die im Hinblick auf die Komplexität der Beziehungen zwischen Bund und Ländern kaum in das Gewicht fallen mögen.

Die Pflicht zu bundesfreundlichem Verhalten stellt auch im Spannungsverhältnis zwischen der Auswärtigen Gewalt und der föderalistischen Struktur unserer Bundesverfassung den Ausgleich her. Denn die Bundestreue fordert „die Rücksichtnahme jedes Gliedes ... insbesondere auf die nach außen gerichteten Interessen des Bundes. Daraus wird man folgern müssen, daß insbesondere auf dem Gebiete der auswärtigen Beziehungen, in denen der Bund die Kompetenzvermutung für sich hat, die Treupflicht der Länder dem Bund gegenüber besonders ernst zu nehmen ist"[146]. Wären die Länder strikt zur Durchführung der übergreifenden Bundesverträge verpflichtet, dann entstände aber ein Abhängigkeitsverhältnis, das gerade aus dem auf die Gleichberechtigung der Länder und des Bundes gegründeten Prinzip der Bundesfreundlichkeit nicht hergeleitet werden kann. Damit soll nicht gesagt sein, daß es eine Abhängigkeit der Länder vom Bund, z. B. die Pflicht, nach seiner Anweisung zu verfahren, nicht geben dürfte. Es steht der Bundesverfassung frei, das Bundesverhältnis teilweise so zu regeln. Es bedarf dazu aber immer einer ausdrücklichen Verfassungsvorschrift. Ohne solche Regelung ist die verfassungsrechtliche Situation „hier grundsätzlich einer staatlichen Aufgabenverteilung ähnlich, die verschiedene Organe derselben Ordnung zum Vertragsschluß und zur Vornahme der innerstaatlichen Hoheitsakte beruft, ohne durch die Ausgestaltung des Verfahrens ihre Übereinstimmung zu garantieren"[147].

Eine Verpflichtung der Länder, unbesehen und gewissermaßen automatisch alle vom Bund geschlossenen übergreifenden Verträge zu transformieren, würde im Ergebnis einer Transformationsbefugnis des Bun-

---

[145] Unrichtig *Schüle*, Konkordatsprozeß S. 1616/1617.

[146] BVerfGE, 6, 309 ff. (361/362).

[147] *Bernhardt*, S. 43.

des gleichkommen[148]. Es handelte sich dann nur um eine Aufgabenteilung; den Ländern stände zwar die Kompetenz zur Transformation zu, die Entscheidungsgewalt über die Ordnung ihres eigenen Bereichs wäre ihnen jedoch insoweit genommen. Aus dem Recht wäre eine Pflicht geworden. Die Länder sind deshalb grundsätzlich nicht durch die Pflicht zu bundesfreundlichem Verhalten zur Transformation verpflichtet, doch mag im Einzelfall — ohne daß dies im voraus festgelegt werden könnte — anders zu entscheiden sein.

5. Die Rechtslage bei fehlender Zustimmung der Länder

a) Wenn die Länder die von der Bundesregierung erbetene Zustimmung zum Abschluß eines übergreifenden Vertrages nicht erteilen, darf der Bundespräsident den Vertrag nicht ratifizieren. Stimmt dagegen zumindest ein Teil der Länder zu, so ist es denkbar, den Vertrag mit ausdrücklicher Beschränkung auf diese Länder abzuschließen[149]. Es handelt sich dann um einen völkerrechtlichen Vertrag des Bundes, dessen innerstaatliche Wirkung auf einen Teil des Bundesgebietes begrenzt ist.

b) Schwierige Probleme wirft der anomale Fall auf, in dem der Bundespräsident ohne Zustimmung der Länder einen übergreifenden Vertrag geschlossen hat, oder der Vertrag, obwohl nicht alle Länder zugestimmt haben, keine entsprechende Einschränkung enthält. Im ersten Fall ist der Vertrag im ganzen Bundesgebiet, im zweiten Fall in den betreffenden Ländern ohne rechtliche Wirkung. Es fragt sich jedoch, ob er auch völkerrechtlich nichtig ist.

Der Versuch, diese Frage zu beantworten, muß sich zunächst an der Diskussion des ähnlichen, sehr viel näherliegenden Problems orientieren, welche Bedeutung einem völkerrechtlichen Vertrag zukommt, dem die notwendige Zustimmung der *Legislative* fehlt. Da dieser Fall außerhalb des Themas dieser Arbeit liegt, muß der Hinweis genügen, daß die rechtliche Beurteilung solcher „hinkenden Verträge" schon im Kaiserreich unterschiedlich war[150], wenn wohl auch die Mehrheit der Trennung von völkerrechtlicher Vertretungsmacht und innerstaatlicher Kompetenz des Kaisers die abstrakte Wirksamkeit völkerrechtlicher Verträge entnahm. In der Weimarer Zeit galt hingegen ein der nötigen Zustimmung des Reichstages entbehrender Vertrag als in jeder Hinsicht nichtig[151]. Zur Begründung wurde auf die Entstehungsgeschichte des Art. 45 III WRV verwiesen.

---

[148] *Stralenheim*, S. 7; vgl. *Hüchting*, S. 142.
[149] Diese Möglichkeit übersieht *Hüchting*, S. 122.
[150] s. o. S. 39 f.
[151] *Anschütz*, Kommentar, S. 263; *Kraus*, HDStR II, S. 349; vgl. auch *Mosler*, Thoma-Festschrift, S. 165.

c) Heute setzt sich mehr und mehr die Ansicht durch, daß die Rechtssicherheit des völkerrechtlichen Verkehrs es erfordert, den Vertragspartner in seinem Vertrauen auf die Vertretungsmacht seines Kontrahenten zu schützen und daß eine völkerrechtliche Verpflichtung deshalb auch ohne die Möglichkeit der Erfüllung entstehen kann[152]. Ausnahmsweise wird man aber den Vertrag für nichtig halten müssen, wenn die Kompetenzüberschreitung des Staatsoberhauptes auch für den ausländischen Partner ohne weiteres zu erkennen war. Die Pflicht, sich mit dem Verfassungsrecht seines Vertragspartners auseinanderzusetzen, besteht aber schon deswegen nicht, weil darin eine Einmischung in fremde Verfassungsangelegenheiten liegen kann[153].

d) Ergibt sich nun eine andere Rechtslage, wenn nicht die Zustimmung des Parlaments, sondern die Zustimmung der Gliedstaaten fehlt?

Soweit man davon ausgeht, daß die Verfassung das Staatsoberhaupt des Bundesstaates nicht zum Abschluß übergreifender Verträge berechtigt, kann man daraus folgern, daß der Abschluß solcher Verträge ohne Ermächtigung durch die Gliedstaaten eine so offenbare Überschreitung der Vertretungsbefugnis darstellt, daß daraus die Nichtigkeit des Vertrages folgt. Dies war die herrschende Meinung der Kaiserzeit[154]. Sie läßt sich auch dann vertreten, wenn man andererseits der Ansicht ist, daß der Mangel der *legislativen* Zustimmung die völkerrechtliche Verbindlichkeit grundsätzlich nicht beeinträchtigt. Denn in diesem Fall handelt das Staatsoberhaupt beim Abschluß selbst durchaus im Rahmen seiner verfassungsmäßigen Zuständigkeit (und ermangelt nur der zusätzlichen Zustimmung), während er nach der süddeutschen Lösung nicht einmal zum *Abschluß* übergreifender Verträge befugt ist.

Legt man aber die norddeutsche Lösung zugrunde, so ergibt sich ganz offenbar kein wesentlicher Unterschied zwischen dem Fehlen der parlamentarischen Zustimmung des Bundesgesetzgebers und dem Fehlen der Zustimmung durch die Länder. In beiden Fällen ist das Staatsoberhaupt zum Abschluß ermächtigt und handelt lediglich ohne die für die Umsetzung des Vertrages notwendige Zustimmung. Es ist deshalb „völkerrechtlich in derselben Weise zu beurteilen ..., ob das nach außen auftretende Organ des Bundesstaates ... ohne die etwa notwendige Zustimmung des Parlaments gehandelt oder ob es sich Gliedstaatskompetenzen angemaßt hat“[155].

---

[152] *Menzel* BK, Art. 59, Erl. II 8; *Grewe*, VVdStRL 12, S. 174; *Mosler*, Thoma-Festschrift, S. 165 ff.; *Langner*, S. 228; von *Mangoldt-Klein*, S. 1150 mit weiteren Nachweisen.

[153] *Mosler*, Thoma-Festschrift, S. 167.

[154] *Haenel*, S. 544; *Proebst*, S. 298; *Triepel*, S. 244; s. oben S. 39 f.

[155] *Mosler*, Thoma-Festschrift, S. 164 unter Hinweis auf Le Fur.

e) Auch nach Eintritt der völkerrechtlichen Verbindlichkeit ohne Länderbeteiligung abgeschlossener übergreifender Verträge sind die Länder nicht zur Transformation verpflichtet[156]. Denn durch die völkerrechtliche Verpflichtung des Bundes entsteht keine derartige Notlage, daß aus der Freiheit der Länder *vor* Abschluß des Vertrages *nachträglich* eine Verpflichtung werden könnte. Allerdings steht den Ländern auch in diesem Zeitpunkt noch die Heilung des Vertrages durch eine nachträgliche Zustimmung offen[157].

Die Zustimmung ist dann rückwirkend vom Zeitpunkt des Inkrafttretens des Vertrages an wirksam[158].

6. Spätere Änderungen

Haben die Länder einem übergreifenden Vertrag zugestimmt, so können sie später — da sie sich selbst gebunden haben, den Vertrag für die Dauer seines Bestehens zu erfüllen — kein entgegenstehendes Landesrecht erlassen[159]. Der grundsätzliche Unterschied zu dem Fall, der dem Konkordatsprozeß zugrunde lag[160] besteht darin, daß die Länder einem alten Reichsvertrag naturgemäß nicht zugestimmt haben können, eine Bindung des Landesgesetzgebers also zumindest nicht auf eine Zustimmung zurückgeführt werden kann.

Umgekehrt bestehen im Hinblick auf die Länder keine Bedenken, den Bund für berechtigt zu halten, einen übergreifenden Vertrag ohne Beteiligung der Länder aufzulösen. Die Länder sind dadurch nicht gehindert, den bisherigen Rechtszustand aufrecht zu erhalten, und sind doch auch frei in seiner beliebigen Änderung. Will die Bundesregierung den Vertrag allerdings ändern, so ist zu unterscheiden: Sollen einzelne Vertragsbestimmungen ersatzlos entfallen, so ist das insoweit als Aufhebung des Vertrages anzusehen. Sollen aber Bestimmungen ergänzt oder neugefaßt werden, so ist dazu die Zustimmung der Länder wie bei dem Neuabschluß eines Vertrages erforderlich.

---

[156] So die Vertreter der Länder Bremen, Niedersachsen und Schleswig-Holstein im Unterausschuß „Verwaltungsabkommen" des Rechtsausschusses des Bundesrates, s. o. S. 69; anders die Vertreter der Länder Hamburg und Baden-Württemberg, die eine Verpflichtung der Länder für den Fall bejahten, daß der Vertrag mit Zustimmung des Bundesrates völkerrechtlich verbindlich geworden ist, s. o. S. 67 u. 69.

[157] Ministerialrat *Schumacher* in seinem Bericht über die Beratungen des Unterausschusses „Verwaltungsabkommen" des Rechtsausschusses des Bundesrates, Niederschrift über die 160. Sitzung des Rechtsausschusses des Bundesrates vom 26. Jan. 1956, Anl. 1, s. oben S. 71.

[158] Die Möglichkeit einer nachträglichen Zustimmung ist für andere Bundesverträge allgemein anerkannt; Nachweise für entsprechende Vertragsgesetze bei *Langner*, Anm. 25.

[159] A. A. *Hüchting*, S. 124.

[160] BVerfGE 6, S. 309 ff.

IV. Die Transformation der vom Bund geschlossenen völkerrechtlichen Verwaltungsabkommen

Daß der Bund durch innerstaatliche Kompetenzen unbehindert ebenso wie andere Verträge auch Verwaltungsabkommen schließen kann, war das Ergebnis bei der Prüfung der Abschlußkompetenz[161].

Auch für Verwaltungsabkommen gilt aber der Satz, daß der Bund ihre innerstaatliche Geltung nur in dem Umfang bewirken kann, wie er auch eine entsprechende interne Vorschrift erlassen könnte. Es ist deshalb zu unterscheiden zwischen der Transformation durch die Bundesregierung (1), durch die Bundesregierung mit Zustimmung des Bundesrates (2) und der Transformation durch die Landesregierungen (3).

1. Verwaltungsabkommen, die die bundeseigene Verwaltung betreffen

Im Bereich der bundeseigenen Verwaltung „erläßt die Bundesregierung . . . die allgemeinen Verwaltungsvorschriften" (Art. 86 GG). Die Bundesregierung kann also Verwaltungsabkommen, soweit sie Materien betreffen, die in bundeseigener Verwaltung geführt werden, ohne Beteiligung des Bundesrates und der Länder transformieren. Das ist unbestritten[162].

2. Verwaltungsabkommen, die die Bundesgesetze ausführende Landesverwaltung betreffen

Führen die Länder die Bundesgesetze als eigene Angelegenheiten aus (Art. 84) oder führen die Länder die Bundesgesetze im Auftrage des Bundes aus (Art. 85), so kann die Bundesregierung nur „mit Zustimmung des Bundesrates allgemeine Verwaltungsvorschriften erlassen" (Art. 84 II, Art. 85 II; ähnlich Art. 108 VI). Soweit Verwaltungsabkommen Fragen aus dem genannten Bereich der Landesverwaltung betreffen, kann die Bundesregierung ihnen also nur mit Zustimmung des Bundesrates innerstaatliche Gültigkeit verleihen[163].

Das ergibt sich nicht nur aus der Entsprechung zwischen Transformationskompetenz und allgemeinen innerstaatlichen Befugnissen, sondern mit ziemlicher Deutlichkeit ausdrücklich aus Art. 59 II 2. Soweit

---

[161] s. oben S. 145 f.

[162] *Haas*, S. 386; *Bernhardt*, S. 157.

[163] Nach *Maunz* (*Maunz-Dürig*, Art. 32, Rdn. 69) soll es ausgeschlossen sein, „daß der Bund auch solche Verwaltungsverträge transformieren könnte, zu deren Ausführung nach der allgemeinen Verwaltungszuständigkeitsregelung nach Art. 83 ff. die Länder zuständig sind". Dabei übersieht Maunz, daß die Zuständigkeit zur Transformation sich auch bei den Verwaltungsabkommen nach der Zuständigkeit zum Erlaß der entsprechenden innerstaatlichen Normen richtet; wer das transformierte Verwaltungsabkommen später auszuführen hat, ist gleichgültig.

dort die Vorschriften über die Bundesverwaltung für entsprechend anwendbar erklärt werden, wahren sie damit auch die Rechte des Bundesrates[164].

3. Verwaltungsabkommen, die die Landesgesetze ausführende Landesverwaltung betreffen

Verwaltungsabkommen des Bundes im Bereich der die Landesgesetze ausführenden Landesverwaltung sind immer übergreifende Verwaltungsabkommen. Zu ihrem Abschluß ist die Bundesregierung berechtigt, doch können sie innerstaatlich nicht ohne eine entsprechende Erklärung der Landesregierungen wirksam werden. Die Bundesregierung muß deshalb vor einer endgültigen Unterzeichnung der Abkommen die Zustimmung der Landesregierungen einholen[165], die den Transformationseffekt auslöst. Durch die Tatsache, daß eine Beteiligung der Landesparlamente dabei nicht in Betracht kommt, wird das Verfahren wesentlich vereinfacht.

Im Unterausschuß „Verwaltungsabkommen" des Rechtsausschusses des Bundesrates sprach sich der Vertreter Hamburgs für eine Beteiligung des Bundesrates am Abschluß der übergreifenden Verwaltungsabkommen aus[166], die offenbar eine Einschaltung der Länder ersetzen sollte. Dies dürfte wohl entsprechend der von Hamburg vertretenen norddeutschen Auffassung als Beteiligung des Bundesrates an der Transformation zu verstehen sein. Hamburg entnahm diese Ansicht der in Art. 59 II 2 vorgeschriebenen entsprechenden Anwendung der Vorschriften über die Bundesverwaltung, womit auch auf Art. 84 II verwiesen sei. So bestechend diese Ansicht erscheint, so läßt sie sich doch nicht aufrecht erhalten. Auch der Verweisung auf die Bundesverwaltung kann nicht entnommen werden, daß das Grundgesetz eine Ausnahme von dem Grundsatz machen wollte, daß der Bund bei der Transformation nur die gleichen Zuständigkeiten hat, wie er sie beim Erlaß entsprechender rein innerstaatlicher Normen hätte. Da der Bund innerstaatlich keine Verwaltungsvorschriften im Bereich der Landesgesetzgebung erlassen kann — auch nicht mit Zustimmung des Bundesrates —, ist ihm auch die Transformation entsprechender Verträge versagt. Auch für übergreifende Verwaltungsabkommen gilt deshalb, daß ihre Transformation Sache der Länder ist. Sie kann nicht durch eine Zustimmung des Bundesrates ersetzt werden.

---

[164] *Haas*, S. 386; *Maunz-Dürig*, Art. 59 Rdn. 40; von *Mangoldt-Klein*, S. 1155; *Hüchting*, S. 58; ebenso alle Mitglieder des Unterausschusses „Verwaltungsabkommen" des Rechtsausschusses des Bundesrates, s. o. S. 67. Im Ergebnis ebenso, aber ohne Bezug auf Art. 59 II 2, *Mosler*, ZaöRuVR Bd. 16, S. 28 und *Bernhardt*, S. 165.

[165] s. oben S. 82.

[166] s. oben S. 67.

Zusammenfassung

1. Verträge des Bundes, die Gegenstände der Landesgesetzgebung regeln, werden abgekürzt als „übergreifende Verträge" bezeichnet.

2. Zur Klärung der Kompetenzfrage empfiehlt es sich, zwischen dem Abschluß und der Transformation eines Vertrages zu unterscheiden. Die Abschlußkompetenz umfaßt das Recht, einen Vertrag im eigenen Namen einzugehen, die Transformationskompetenz das Recht, den transformationsfähigen Vertragsinhalt in innerstaatliches Recht zu überführen.

3. Die Länder sind im Rahmen ihrer Gesetzgebungszuständigkeit zum Abschluß völkerrechtlicher Verträge berechtigt. Jede darüber hinausgehende außenpolitische Betätigung ist ihnen versagt.

4. Der Bund ist unbeschränkt zum *Abschluß* aller Verträge, also auch aller übergreifenden Verträge berechtigt. Das ergibt sich aus folgendem:

5. Dem Wortlaut des Art. 32, insbesondere seinem Absatz III ist ein unbeschränktes Abschlußrecht des Bundes zu entnehmen. Aus der Entstehungsgeschichte des Art. 32 ergeben sich zwar gewisse Zweifel, doch wird dies Ergebnis durch keine Bestimmung des Grundgesetzes in Frage gestellt.

6. Art. 59 regelt die Zuständigkeit von Bundesorganen untereinander, nicht die Zuständigkeiten von Bund und Ländern. Aus Abs. II ergibt sich deshalb eine beschränkte Zuständigkeit des Bundesgesetzgebers, nicht jedoch des Bundes.

7. Die in Art. 73, Ziff. 1 GG genannten „auswärtigen Angelegenheiten" umfassen nicht alle Angelegenheiten, die Gegenstand eines völkerrechtlichen Vertrages werden können oder geworden sind, sondern nur Fragen, die ihrem Wesen nach dauernd für die Beziehungen zum Ausland von Bedeutung sind, wie den diplomatischen Verkehr. Auf Art. 73, Ziff. 1 kann deshalb weder eine umfassende Vertragsabschlußzuständigkeit gestützt werden noch die Zuständigkeit zum Erlaß beliebiger Transformationsgesetze.

8. Die Erklärung der „Handels- und Schiffahrtsverträge" in Art. 73, Ziff. 5 zur ausschließlichen Bundeszuständigkeit widerspricht nicht

der Annahme, der Bund sei schon auf Grund von Art. 32 I zum Abschluß sämtlicher Verträge berechtigt.

9. Der Bund kann auf Grund von Art. 24 I auch Hoheitsrechte der Länder auf zwischenstaatliche Einrichtungen übertragen.

10. Art. 123 II GG geht nicht davon aus, daß schlechthin die Länder die „Staatsverträge“ abschließen, „die sich auf Gegenstände beziehen, für die nach diesem Grundgesetz die Landesgesetzgebung zuständig ist“. Abschlußberechtigt sind vielmehr die „zuständigen Stellen“, eine Formulierung, die offenbar den Bund einschließen will.

11. Das Wesen des Bundesstaates läßt viele Lösungen der Zuständigkeitsverteilung in auswärtigen Angelegenheiten zu und ist deshalb als Auslegungshilfe unbrauchbar.

12. Die *Transformation* übergreifender Verträge ist grundsätzlich nicht Sache des Bundes, sondern der Länder.

13. Auch die Transformationszuständigkeit des Bundes beruht auf Art. 32 I und ist deshalb zunächst unbeschränkt.

14. Aus Art. 59 II 1 ergibt sich, daß der Bund die Verträge transformieren kann, die sich im Rahmen der Gesetzgebungszuständigkeiten des Bundes halten und darüber hinaus alle „Verträge, welche die politischen Beziehungen des Bundes regeln“.

15. Der Begriff der politischen Regelungsverträge ist ohne Rücksicht auf die innerstaatlichen Zuständigkeiten zu bestimmen und richtet sich nach der außenpolitischen Bedeutung des Vertrages. Politische Regelungsverträge können deshalb auch übergreifende Bestimmungen enthalten. Der Bund hat aber nur dann das Transformationsrecht, wenn der übergreifende Teil des Vertrages für die auswärtigen Beziehungen des Bundes zwingend notwendig ist.

16. Ein darüber hinausgehendes Transformationsrecht hat der Bund nicht. Insbesondere läßt Art. 59 II 1 eine Transformation von übergreifenden Verträgen durch den Bund, die nicht zugleich auch politische Regelungsverträge sind, nicht zu. Denn eine Transformation durch den Bundesgesetzgeber ist nicht vorgesehen, wäre aber bei Verträgen, die die Gesetzgebung betreffen, aus rechtsstaatlichen Gründen erforderlich.

17. Auch die Rezeptionstheorie führt in diesem Punkt zu keinem anderen Ergebnis.

18. Eine Verfassungsänderung müßte die Kompetenz nicht nur des Bundestages, sondern auch des Bundesrates auf die Transformation übergreifender Verträge erstrecken, weil die Übergehung des Bundesrates systemwidrig wäre. Die Einschaltung des Bundesrates

dürfte aber gegenüber einer Beteiligung der Länder kaum praktische Vorteile haben.

19. Eine unbeschränkte Transformationszuständigkeit des Bundes würde das Gleichgewicht im Bundesstaat empfindlich stören. Sie widerspricht zudem grundsätzlichen Ausführungen des Bundesverfassungsgerichts.

20. Der der norddeutschen Lösung zugrunde liegende Gedanke einer unbeschränkten Zuständigkeit des Bundes im völkerrechtlichen Verkehr und einer Kompetenzbeschränkung nach innen ist dem deutschen Staatsrecht im Verhältnis Staatsoberhaupt/Gesetzgeber seit der Kaiserzeit vertraut und war für einen Sonderfall (Art. 78 III 1) auch in der Weimarer Verfassung für das Verhältnis Reich/Länder vorgesehen.

21. Die Zustimmung eines Landes zu einem übergreifenden Vertrag bedeutet die aufschiebend bedingte Transformation des dazu geeigneten Vertragsinhalts in Landesrecht.

22. Ob die Transformation durch das Landesparlament erfolgt, richtet sich nach Landesverfassungsrecht. Der Landtag erläßt (entsprechend der Transformationstheorie) ein (materielles) Vertragsgesetz.

23. Hinkende Verträge sind bei der Beteiligung der Länder ebenso möglich und ebenso vermeidbar wie bei der Beteiligung der Bundesgesetzgebers.

24. Obwohl Art. 59 II 1 eine Beteiligung des Bundestages nicht vorsieht, ist die Vorschrift berichtigend so auszulegen, daß die nach der Transformationstheorie dem Bundespräsidenten zu erklärende Erlaubnis des Gesetzgebers vom Bundestag erteilt wird.

25. Die Länderparlamente sind zur Transformation nicht verpflichtet. Die Landesregierungen sind nur im Ausnahmefall durch die Pflicht zu bundesfreundlichem Verhalten in ihrer Entscheidung gebunden.

26. Der Bund kann den Vertrag mit Beschänkung auf die Länder abschließen, die ihm zugestimmt haben.

27. Ein ohne Zustimmung der Länder geschlossener übergreifender Vertrag ist gleichwohl völkerrechtlich gültig. Die Zustimmung kann nachträglich erteilt werden.

28. Die Länder sind an den Vertrag, dem sie zugestimmt haben, für die Dauer seines Bestehens gebunden. Der Bund kann den Vertrag aber ohne Zustimmung der Länder aufheben.

29. Die Zuständigkeit zum Abschluß von *Verwaltungsabkommen* richtet sich nach der Gesetzgebungs- nicht nach der Verwaltungszuständigkeit. Der Bund ist also im Bereich seiner Gesetzgebung allein

zum Abschluß von Verwaltungsabkommen berechtigt. Soweit Verwaltungsabkommen des Bundes allgemeine Verwaltungsvorschriften für die Länder enthalten, können sie nur mit Zustimmung des Bundesrates transformiert werden (Art. 59 II 2, Art. 84 II bzw. 85 II). Betreffen Verwaltungsabkommen des Bundes Gebiete der Landesgesetzgebung, werden sie durch die Zustimmung der Landesregierungen transformiert.

Literaturverzeichnis

Angerer, Hermann: Die Lehre von der Auswärtigen Gewalt in der Bundesrepublik Deutschland. Diss. München 1958

Anschütz, Gerhard: Deutsches Staatsrecht. Enzyklopädie der Rechtswissenschaft in systematischer Bearbeitung. Bd. IV, München, Leipzig und Berlin 1914

— Die Verfassung des Deutschen Reichs vom 11. August 1919. 14. Auflage, Berlin 1933

Arndt, Adolf: Verfassung des Deutschen Reichs. Kommentar, 4. Auflage, Berlin 1911

Baade, Hans W.: Das Verhältnis von Parlament und Regierung im Bereich der Auswärtigen Gewalt der Bundesrepublik Deutschland. Hamburg 1962

Backsmann, Horst: Über die Mitwirkung des Gesetzgebers bei der Änderung völkerrechtlicher Verträge. Ein Beitrag zur Lehre von der Auswärtigen Gewalt. DVBl 56, 317 ff.

— Über die staatsrechtliche Ermächtigung zum Abschluß zwischenstaatlicher Vereinbarungen. Ein Beitrag zu Art. 59 Abs. 2 GG, DVBl 56, 747 ff.

Becker, Hans-Joachim: Die Bedeutung des Artikels 123 Abs. 2 des Grundgesetzes für Reichsverträge. DVBl 1955, S. 105 ff., 145 ff.

Becker, Hellmut: Außenpolitik und Kulturpolitik. Merkur, Heft 164

Beer, Manfred: Staatsverträge und Verwaltungsabkommen im heutigen deutschen Staatsrecht. Diss. München 1959

Berber, Friedrich: Zu den föderalistischen Aspekten der „Auswärtigen Gewalt“. Festschrift für Hans Nawiasky, München 1956, S. 245 ff.

Bernhardt, Rudolf: Der Abschluß völkerrechtlicher Verträge im Bundesstaat. Eine Untersuchung zum deutschen und ausländischen Bundesstaatsrecht. Köln, Berlin 1957

Bilfinger, Carl: Der Einfluß der Einzelstaaten auf die Bildung des Reichswillens. Tübingen 1923

Böning, Eberhard: Gedanken zur Beteiligung der Bundesrepublik an der internationalen Zusammenarbeit auf kulturellem Gebiet. Hektografiertes Manuskript. Bonn 1964

Böning, Wolfgang: Abschlußkompetenz und Transformationskompetenz. DÖV 1957, 817 ff.

— Die Problematik der Transformationskompetenz. Erwiderung. DÖV 1958, 447 f.

Bonner Kommentar: Kommentar zum Bonner Grundgesetz. Redaktion: B. Dennewitz, fortgeführt von K. G. Wernicke. Hamburg 1950 ff., 1964

Brentano, Heinrich von: Internationale Kulturpolitische Beziehungen. Rechenschaftsbericht über die Tätigkeit der Bundesregierung auf kulturellem Gebiet. Bulletin 1956, 1670 ff.

Burckhardt, Walter: Kommentar zur Schweizerischen Bundesverfassung. Bern 1931, 3. Auflage

Coing, Helmut: Zur Auslegung des Artikels 57 Abs. 1 des EWG-Vertrages. Schwarze Hefte der Westdeutschen Rektorenkonferenz 1963, Stück 113, S. 137 ff.

Coombs, Philip H.: The Fourth Dimension of Foreign Policy: Educational and Cultural Affairs. New York and Evanston 1964

Corwin, Edward S.: The President. Office and Powers, 1787—1957. 4th ed., New York 1957

Crandall, Samuel B.: Treaties. Their Making and Enforcement. 2nd ed., Washington 1916

Daube, Wolfgang: Form und Wirkung der Zustimmung des Parlaments zur Ratifizierung völkerrechtlicher Verträge nach dem Grundgesetz. Diss. Köln 1956

Dünfründt: Das Vertragsschließungsrecht des Bundes (Betrachtung zum Konkordatsurteil des Bundesverfassungsgerichts). Zeitschrift für Zölle und Verbrauchssteuern, 1957, S. 361 ff.

Elben, Otto: Die Staatsverträge Württembergs mit nichtdeutschen Staaten. Völkerrechtsfragen, Heft 15, Berlin 1926

Erler, Georg: Grundprobleme des internationalen Wirtschaftsrechts. Göttingen 1956

Ferguson, John and Dean E. *McHenry:* The American Federal Government. New York and London 1947

Fleiner, Fritz: Schweizerisches Bundesstaatsrecht. Zürich 1923

Fleiner, Fritz und Zaccaria *Giacometti:* Schweizerisches Bundesstaatsrecht. Zürich 1949

Fleischmann, Max: Die völkerrechtliche Stellung des Reichs und der Länder. HdbDStR, Bd. 1, 1930, S. 209 ff.

Frey, Kurt: Bemerkungen zur auswärtigen Kulturpolitik und zur Mitwirkung der Länder an der internationalen kulturellen Zusammenarbeit. Kulturpolitik der Länder, 1961/62, S. 209 ff.

— Zur Mitwirkung der Länder der Bundesrepublik Deutschland in der internationalen kulturellen Zusammenarbeit. Jahrbuch der auswärtigen Kulturbeziehungen 1965, S. 57 ff.

— Das gemeinsame Wirken von Bund und Ländern in der internationalen kulturellen Zusammenarbeit. Auslandskurier 1965, Heft 3, S. 6 f.

Gerstenmaier, Eugen: Deutsche Kulturpolitik im Ausland. Bulletin 1958, S. 2041 ff., 2051 f.

Giacometti, Zaccaria: Die Auslegung der Schweizerischen Bundesverfassung. Tübingen 1925.

Giese, Friedrich und Egon *Schunck:* Grundgesetz für die Bundesrepublik Deutschland vom 23. 5. 1949. Frankfurt/Main 1965, 7. Auflage

Gorius, Friedrich: Das Vertragsrecht des Deutschen Reichs. Hirths Annalen des Deutschen Reiches für Gesetzgebung, Verwaltung und Statistik, 1874, Sp. 759—772

Grewe, Wilhelm: Das Bricker-Amendment. AöR 1953, Bd. 79, S. 122—128

— Verwaltungsabkommen. AöR, Bd. 77, S. 370 ff.

— Die auswärtige Gewalt der Bundesrepublik. VVdStRL Heft 12, 1954, S. 129 ff.

Haas, Diether: Abschluß und Ratifikation internationaler Verträge. AöR Bd. 78, S. 381 ff.

Haenel, Albert: Deutsches Staatsrecht (erster Band). Die Grundlagen des deutschen Staates und die Reichsgewalt. Leipzig 1892

Hallmayer, Kurt: Die völkerrechtliche Stellung der deutschen Länder nach dem Bonner Grundgesetz. Diss. Tübingen 1954

Hamann, Andreas: Das Grundgesetz für die Bundesrepublik Deutschland vom 23. 5. 1949. Berlin 1961, 2. Auflage

Hatschek, Julius: Deutsches und Preußisches Staatsrecht. 2. Auflage, neubearbeitet und herausgegeben von Paul Kurtzig. 2. Bd. Berlin 1930

Heckel, Johannes: Verträge des Reichs und der Länder mit auswärtigen Staaten nach der Reichsverfassung. AöR, Bd. 46 (n. F. Bd. 7) 1924, S. 209 ff.

Heckt, Wilhelm: Die Transformation von Verträgen des Bundes über Gegenstände der ausschließlichen Landesgesetzgebung. DÖV 1958, S. 445 ff.

Heilborn, Paul: Der Staatsvertrag als Staatsgesetz. AöR 12, 1897, S. 141 ff.

v. d. Heydte, Friedrich August: Zur Problematik der Begriffe Souveränität und auswärtige Gewalt. DÖV 1953, S. 585 ff.

Hüchting, Heinrich: Abschluß und Vollzug völkerrechtlicher Verträge des Bundes im Bereich der ausschließlichen Zuständigkeiten der Länder nach dem Grundgesetz. Diss. Göttingen 1965

Jellinek, Georg: Die Lehre von den Staatenverbindungen. Wien 1882

Jellinek, Walter: Verfassung und Verwaltung des Reichs und der Länder. Dritter durchgesehener Abdruck. Leipzig und Berlin 1927

Kaiser, Josef H.: Die Erfüllung der völkerrechtlichen Verträge des Bundes durch die Länder. ZaöRuVR, 1957/58, S. 526 ff.

Kaufmann, Erich: Auswärtige Gewalt und Kolonialgewalt in den Vereinigten Staaten von Amerika. Eine rechtsvergleichende Studie über die Grundlagen des amerikanischen und deutschen Verfassungsrechts. Leipzig 1908

— Normenkontrollverfahren und völkerrechtliche Verträge. Gedächtnisschrift für Walter Jellinek. München 1955, S. 445 ff.

Kaufmann, Wilhelm: Die Rechtskraft des Internationalen Rechtes und das Verhältniß der Staatsgesetzgebung und der Staatsorgane zu demselben. Stuttgart 1899

Kesseler, Wolfram: Geschichtliche Entwicklung internationaler Verwaltungsabkommen im deutschen Recht. Stuttgart 1960

Klein, Karl Heinz: Die Übertragung von Hoheitsrechten. Berlin 1952

Kölble, Josef: Auslandsbeziehungen der Länder? Zur Auslegung des Art. 32 Abs. 1 und 3 GG. DÖV 1965, S. 145 ff.

Köttgen, Arnold: Die Kulturpflege und der Bund. Staats- und verwaltungswissenschaftliche Beiträge. Stuttgart 1957

Kohler, Joseph: Grundlagen des Völkerrechts. Vergangenheit, Gegenwart, Zukunft. Stuttgart 1918

Kraus, Herbert: Verwaltungsfunktionen der Legislative auf dem Gebiet der auswärtigen Angelegenheiten (Staatsverträge, Krieg und Frieden). Hdb.-DStR II, S. 341 ff.

— Die auswärtige Stellung der Bundesrepublik Deutschland nach dem Bonner Grundgesetz. 1950

— Die Zuständigkeit der Länder der Bundesrepublik Deutschland zum Abschluß von Kulturabkommen mit auswärtigen Staaten nach dem Bonner Grundgesetz. Archiv des Völkerrechts, Bd. 3, 1951/52, S. 414 ff.

Kraske, Erich: Der Kampf um das Bricker Amendment. Bilfinger-Festschrift 1954, S. 149 ff.

Krüger, Herbert: Völkerrecht im Bundesstaat. Festgabe für Erich Kaufmann, 1950, S. 239 ff.

Kunzmann, K. H.: Die Abkommen der Europarat-Staaten. Archiv für Völkerrecht, Bd. 10, S. 237—334

Laband, Paul: Das Staatsrecht des Deutschen Reiches. Fünfte neubearbeitete Auflage in vier Bänden. Tübingen 1911/1914

Langner: Die Rechtsnatur der Bekanntmachung über das Inkrafttreten völkerrechtlicher Verträge für den Staatsbürger. NJW 1962, S. 228

Lechner, Hans: Die Stellung der Länder im Bund. Der Bayerische Bürgermeister 1949, S. 169

Lodemann, Werner: Begriff und Praxis von Verwaltungsabkommen der Zentral-Exekutive in Bundesstaaten, dargestellt am Beispiel der Vereinigten Staaten von Nordamerika, der Schweizerischen Eidgenossenschaft und der Bundesrepublik Deutschland. Diss. Kiel 1956

Loewenstein, Karl: Verfassungsrecht und Verfassungspraxis der Vereinigten Staaten. Berlin, Göttingen, Heidelberg 1959

v. Mangoldt, Hermann: Das Bonner Grundgesetz, Kommentar. 2. Auflage von Friedrich Klein. Bd. 1 (1957), Bd. 2 (1955 ff.)

Maunz, Theodor: Deutsche Kulturpolitik im Ausland. Bulletin 1960, S. 645 ff.

— Deutsches Staatsrecht. Ein Studienbuch. 14. Auflage 1965. München und Berlin

Maunz, Theodor und Günter *Dürig:* Grundgesetz, Kommentar. 2. Auflage 1963

Meier, Ernst: Über den Abschluß von Staatsverträgen. Leipzig 1874

Menzel, Eberhard: Die auswärtige Gewalt der Bundesrepublik in der Deutung des Bundesverfassungsgerichts. AöR Bd. 79 (1953/54), S. 326 ff.

— Die auswärtige Gewalt der Bundesrepublik. VVdStRL Heft 12 (1954), S. 179 ff.

— Gegenwartsprobleme der Auswärtigen Gewalt in den Vereinigten Staaten. Festschrift für Herbert Kraus, S. 259—303

Meyer-Anschütz: Lehrbuch des Deutschen Staatsrechts. 7. Auflage, Leipzig 1919

Möllenkamp, Dagmar und Eberhard *Böning:* Zur kulturellen Zusammenarbeit in internationalen Organisationen — Dokumentation Nr. 11 des Sekretariats der Kultusministerkonferenz. Bonn 1964

von Mohl, Robert: Das deutsche Reichsstaatsrecht. Tübingen 1873

Mosler, Hermann: Die völkerrechtliche Wirkung bundesstaatlicher Verfassungen. Eine Untersuchung zum Völkerrecht und zum vergleichenden Verfassungsrecht. Festschrift für Thoma 1950, S. 129 ff.

— Die auswärtige Gewalt im Verfassungssystem der Bundesrepublik Deutschland. Festschrift für Bilfinger 1954, S. 243 ff.

— Kulturabkommen des Bundesstaats. Zur Frage der Beschränkung der Bundesgewalt in auswärtigen Angelegenheiten. ZaöRuVR Bd. 16, 1955/56, S. 1 ff.

Mühlenhöver, Josef: Die deutsch-sowjetische Vereinbarung über den kulturellen und technisch-wirtschaftlichen Austausch. Bulletin 1959, S. 951 f.

— Die bilateralen Kulturabkommen der Bundesrepublik. Bulletin 1960, S. 1891 f.

Nawiasky, Hans: Der Bundesstaat als Rechtsbegriff. Tübingen 1920

— Bayerisches Verfassungsrecht. München, Berlin, Leipzig 1923

— Grundprobleme der Reichsverfassung. Erster Teil — Das Reich als Bundesstaat. Berlin 1928

— Die Grundgedanken des Grundgesetzes für die Bundesrepublik Deutschland. Stuttgart 1950

Nitschke, Ulrich: Die Regelung des Staatsvertragsrechts. Diss. Halle 1928

Paur, Marguerite: Der Abschluß von Staatsverträgen im Bundesstaat. Diss. Zürich 1938

Peters, Hans: Die Stellung des Bundes in der Kulturverwaltung nach dem Bonner Grundgesetz. Kaufmann-Festschrift 1950, S. 281 ff.

Poetzsch, Fritz: Vom Staatsleben unter der Weimarer Verfassung (vom 1. Januar 1920 bis 31. Dezember 1924). Jahrbuch des öffentlichen Rechts der Gegenwart. Bd. XIII, 1925, S. 1 ff.

Poetzsch-Heffter, Fritz: Handkommentar der Reichsverfassung vom 11. August 1919. 3. Auflage, Berlin 1928

Pfeffer von Salomon, Rainer: Kann über die auswärtige Gewalt die Kompetenzverteilung in der Bundesrepublik verschoben werden? Diss. Mainz 1956

Pinösch, Otto: Die Verteilung der Kompetenzen zum Abschluß von Staatsverträgen in der Schweiz. Diss. Leipzig 1906

Proebst, Max: Die Lehre vom Abschluß völkerrechtlicher Verträge durch das Deutsche Reich und die Einzelstaaten des Reichs. München o. J.

von Rönne, Ludwig: Das Verfassungsrecht des Deutschen Reiches. Hirths Annalen des Deutschen Reiches für Gesetzgebung, Verwaltung und Statistik. Bd. 4 (1871), Sp. 1 ff.

Sattler, Dieter: Kulturaustausch — Ein neues Feld der Begegnung. Bulletin 1960, S. 257 f.

— Die Dritte Bühne — Kulturelle Außenpolitik. Universitas 1963, S. 913 ff.

— Stichwort „Kulturabteilung des Auswärtigen Amtes“, in: Lexikon der Pädagogik, Ergänzungsband. Freiburg, Basel, Wien

Schmitz, Ernst: Die Methode des Abschlusses internationaler Verträge nach deutschem Recht. ZaöRuVR Bd. 3 (1933), S. 313 ff.

Schröcker: Die Wiederanwendung der Vorkriegsverträge nach dem Grundgesetz. DVBl. 1954, S. 486 ff., 525 ff.

Schwartz, Bernard: A Commentary on the Constitution of the United States. Second Volume. New York and London 1963

Schwarzenbach, Walter: Staatsverträge der Kantone mit dem Ausland. Diss. Zürich 1926

von Seydel, Max: Commentar zur Verfassungs-Urkunde für das Deutsche Reich. 2. Auflage, Freiburg und Leipzig 1897

Sonn, Peter: Die auswärtige Gewalt des Gliedstaates im Bundesstaat. Eine Untersuchung auf der Grundlage der bundesstaatlichen Verfassungen in Europa. Hektographierte Veröffentlichung des Instituts für Internationales Recht, Nr. 3, Kiel 1960.

Steffen, Fritz: Die Auswärtige Gewalt und der Reichspräsident. Berlin 1933

Stoke, Harold W.: The Foreign Relations of the Federal State. Baltimore, London, Oxford 1931

von Stralenheim, Henning: Die Zuständigkeiten des Bundes und der Länder zum Abschluß von Kulturabkommen mit auswärtigen Staaten. Bayerische Verwaltungsblätter 1955, S. 6 ff.

Stüben, Wulf-Dietrich: Die Grenze der parlamentarischen Kontrolle beim Abschluß von Verträgen der Bundesrepublik Deutschland. Diss. Göttingen 1957

Sutherland, Arthur E.: Restricting the Treaty-Power. Harvard Law Review, Bd. 65, 1951/52, S. 1305 (zitiert als Sutherland I)

— The Bricker Amendment. Harvard Law Review, Bd. 67, 1953, S. 281—292 (zitiert als Sutherland II)

Thoma, Richard: Das Reich als Bundesstaat. HdbDStR I, S. 169 ff.

Tinsch, Heinrich: Das Recht der deutschen Einzelstaaten. Diss. Erlangen 1882

Triepel, Heinrich: Völkerrecht und Landesrecht. Leipzig 1899

— Unitarismus und Föderalismus im Deutschen Reiche. Tübingen 1907

— Die Kompetenzen des Bundesstaats und die geschriebene Verfassung. Festgabe für Paul Laband. Bd. 2, S. 249 ff. Tübingen 1908

Usteri, Martin: Theorie des Bundesstaates. Zürich 1954

Wahl, Kurt H.: Die deutschen Länder in der Außenpolitik. Tübinger Abhandlungen zum öffentlichen Recht, Heft 22, Stuttgart 1930

Walz, Gustav Adolf: Völkerrecht und staatliches Recht. Untersuchungen über die Einwirkungen des Völkerrechts auf das innerstaatliche Recht. Stuttgart 1933

Weber, Werner: Das Reichskonkordat in der deutschen Rechtsentwicklung. ZAkDR 1938, S. 532 ff.

— Die Verfassung der Bundesrepublik in der Bewährung. Göttingen, Berlin, Frankfurt 1957

— Spannungen und Kräfte im westdeutschen Verfassungssystem. 2. erweiterte Auflage. Stuttgart 1958

Weber, Werner: Die Teilung der Gewalten als Gegenwartsproblem. Festschrift für Carl Schmitt. Berlin 1959, S. 253—272

— Stichwort „Konkordate", in: Die Religion in Geschichte und Gegenwart. 3. Auflage 1959, Bd. III, Sp. 1771—1776

— Stichwort „Gewaltenteilung", in: Handwörterbuch der Sozialwissenschaften, Bd. 4, S. 497 ff. Stuttgart, Tübingen, Göttingen 1964

Wenke, Hans: Die Kulturverwaltung im Verhältnis von Bund und Ländern. Festschrift für Hans Nawiasky, 1956, S. 269 ff.

Willoughby, Westel W.: The Constitutional Law of the United States. Vol. 1, 2nd ed. New York 1929

Wolff, Udo: Die Beteiligung von Bundesstaaten an völkerrechtlichen Kollektivverträgen. Diss. Kiel 1955

Wolgast, Ernst: Die auswärtige Gewalt des Deutschen Reiches unter besonderer Berücksichtigung des Auswärtigen Amtes. AöR, Bd. 44 (n. F. Bd. 5), 1923, S. 1 ff.

Wright, Quincy: Congress and the Treaty-Making Power. Proceedings 1952, S. 43 ff.

Zacher, Hans F.: Ratifizierungsgesetz und Normenkontrolle. DVBl. 1955, S. 649 ff.

Zelle, Claus: Die völkerrechtliche Bedeutung der parlamentarischen Mitwirkung zum Abschluß von Staatsverträgen. Diss. Münster 1957

FSC
www.fsc.org
MIX
Papier | Fördert gute Waldnutzung
FSC® C083411

Kolibri 360 GmbH
Ferdinand-Jühlke-Straße 7
99095 Erfurt, Deutschland
produktsicherheit@kolibri360.de

Druck:
CPI Druckdienstleistungen GmbH
im Auftrag der
Kolibri 360 GmbH
Ferdinand-Jühlke-Str. 7
99095 Erfurt